アメリゴとアメリカの出会い
（ヨハンネス=ストラダヌス，1600年ころ）

この寓意画にはヨーロッパ（文化・技術）とアメリカ（自然・野蛮）が対比される。服を着て立つアメリゴは左手に観測儀，右手に王旗・十字架を持ち，背後にはカラベラ船。惰眠から覚めたアメリカは無防備な裸。背景には食人の光景と自然を象徴する動物たち。

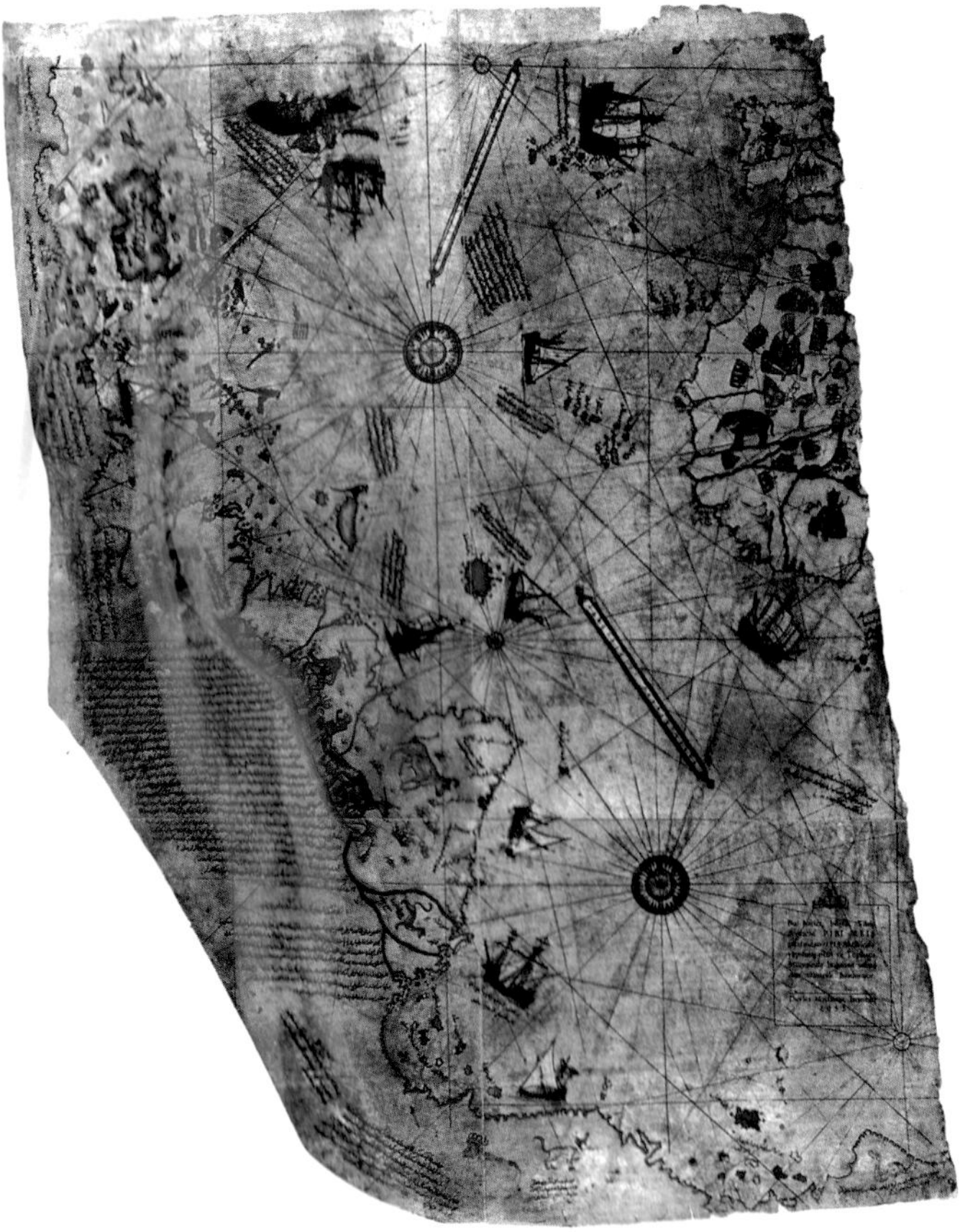

オスマン-トルコ提督ピリ=レイスの世界図（1513年）

1501年にトルコ海軍が拿捕したスペイン船から押収した世界図（コロンブスの地図も3種含む）をもとに作成された，大西洋の両岸を含む図。北の海域には聖ブレンダヌス，カリブ海域の島々にはオウム，大陸部にはキュノケパロイやブレミュアエも描かれている。

アメリゴ＝ヴェスプッチ

・人と思想

篠原　愛人　著

192

CenturyBooks　清水書院

はじめに

アメリゴ＝ヴェスプッチ。彼の知名度は日本でもかなり高い部類に入るのではないだろうか。アメリカという地名が彼に由来することを知っている人も少なくないだろう。では、彼は何をした人か。こう問われると、答えがすぐに出てくる人は少ないように思う。学校では「コロンブスがアメリカ大陸を発見した」（おおいに問題のある言い方だが、ここでは深入りしない）と習うのに、「発見者」にちなんでコロンビアでなく、アメリカと呼ばれるのはなぜか。いつ、誰が命名したのか。これらの問いに自信をもって答えられる人はさらに少ないに違いない。

それも仕方がないのかもしれない。なにしろ、アメリゴ＝ヴェスプッチに関する本が日本ではほとんど出ていないからである。彼と同時代人で、やはりイタリア出身の航海者コロンブス（以下、スペイン語式に**コロン**と呼ぶ）については、子ども向けの偉人伝や漫画をはじめ、映画もあれば、成人向けの教養書、専門的な研究書や論文が多数ある。それに対して、アメリゴに関しては色摩力夫著『アメリゴ・ヴェスプッチ　謎の航海者の軌跡』（中公新書）が一九九三年に出たものの、絶版になって久しい。それ以前にはツヴァイク全集の第一六巻『マゼラン』（みすず書房）にアメリゴの伝記が、付け足されたかのようにつつましく入っていた。初版は一九六二年で、それからも何度か版を重ねているが、手に入れやすいとは言えない。また史料翻訳として、アメリゴの書いた書簡とされる『新世界』と『四回の航海において新たに発見せる陸地に関するアメリゴ・ヴェスプッチの書簡』（以下、『四度の航海』と略す）が、大航海時代叢書（岩波書店）の第一巻『航海の記録』に入っている。ただ、これも一九六五年以来、何版も出ているものの、大きな図書館に行かないと利用できないであろう。

本書の執筆を依頼されたとき、新大陸がアメリカと命名されたいきさつやアメリゴという人物の素性について、わかりやすく説明してほしいという話から始まったように記憶している。先のような出版状況を知っていたので、そのギャップを少しでも埋めることができればとの思いで、二つ返事でお引き受けした。ところが、とんでもない所に足を踏み入れたと気づくのに時間はかからなかった。

当「人と思想」シリーズには、数々の著作を遺《のこ》した大思想家が名を連ねている。ところがアメリゴの思想を表す著作は何一つなく、数通の私的な書簡、それも原本ではなく、同時代の商人たちによる写しがあるだけ。そのうえ一六世紀初頭に公刊されたアメリゴ＝ヴェスプッチの代表作とされる『新世界』も、『四度の航海』も、どうやら彼自身が書いたものではなさそうだということも知った。厄介なことにそれらの内容に嘘や間違いは少なくないが、何から何まででたらめというわけでもない。そのような状況で何ができるのか、正直言って、途方にくれてしまった。「人」については、まず彼が生きた時代、育った環境、人間関係を描き、その中で彼が何をしたのかを明らかにできればいいだろう。もちろん、虚と実の腑《ふ》分けを慎重にすべきことは言うまでもない。

問題は「思想」のほうである。『新世界』と『四度の航海』以外のアメリゴの私的書簡からその一端を垣間見ることはできようが、現存する私信でさえアメリゴ直筆のものではない。生前に公刊された書簡と私信の真贋《しんがん》を判断しないとアメリゴの考えは明らかにならないが、まだ論争が続いており、アメリゴの思想がどのようなものだったか断言しにくい。そのため、本書ではどうしても「人」の部分、つまり彼自身とその環境および事績に多くの紙数を割かざるを得なかった。

「とんでもない所」と言った理由はもう一つある。一六世紀のメキシコ史を専門とする筆者にとって、大航海時代はごく近い分野だと思っていたが、そこに落とし穴があった。アメリゴと年齢・出身地とも近く、多数の書簡・文書を残したコロンはつねにスペイン語で書いている。家族に宛てた手紙、故郷ジェノヴァに送った書状や本への書きこみを含めて、である。アメリゴもそうだろうと思い込んでいたのだが、ダンテ、ペトラルカ、ボッカチオを輩出したフィレンツェで生まれ育っただけに、アメリゴはトスカーナ語（現在のイタリア語の母胎）で書いていた。そのため、遅ればせながらイタリア語の勉強にも時間を割く破目になった。

アメリゴに取り組んでまず浮かんだ単純な疑問は、彼が本当に航海したのかということであった。

というのは、港町ジェノヴァに生まれたコロンは若い頃から地中海だけでなく、アイルランドや西アフリカまで航海した経験をもつたたき上げの船乗りなのに対し、内陸部のフィレンツェで生まれ育ったアメリゴは四〇歳まで船に乗ったことさえなかったからである。さらに『四度の航海』にはスペイン国王から要請され航海に参加したとあるが、航海経験のない身分不詳の外国人に一国の王が遠洋航海を任せるとはどうしても思えない。航海に参加したとして、船隊の中でどのような役割を果たしたのか。公刊された彼の書簡が主張するように四度も航海したのか。航海したとして、どこまで行ったのか。そして、一六世紀半ばから非難されてきたように、アメリゴはコロンから「発見者」の名誉を奪おうとしたのか。したとすれば、その目的は何だったのか。そもそも誰が、いつ、なぜ「アメリカ」と命名したのか。『新世界』や『四度の航海』の記述はどこまで信用できるのか。それらは本当にアメリゴの著作なのか。あるいはアメリゴはそれらの書簡にまったく関与していないのか。彼が著者でないとすれば、誰が、何の目的で書いたのか。謎は尽きないし、すべての謎に十分に答えられる状態ではないが、それらの解明に多少なりとも貢献できれば幸いである。

本書の執筆に当たって前大阪大学大学院教授で本シリーズの『ラス＝カサス』を執筆された染田秀藤先生に、とても言葉では言いつくせないほどお世話になった。私がラテンアメリカ史を目指したのも先生のお導きがあったからで、その後もなかなか仕事がはかどらない私をいつも暖かく見守ってくださってきた。何年か前、本稿の下書きを見ていただいたときも、ご多忙の折にもかかわらず丁寧に目を通してくださり、数々のご指摘を賜った。そのご批判に応えられたのか、はなはだ心許ないが、この場を借りてあらためて御礼を申し上げたい。最後に、清水書院編集部の高田和則氏には、原稿を出してからも何度も訂正・修正を加え、さまざまな注文を出したにもかかわらず、我慢づよく対応していただいて感謝にたえない。

目次

プロローグ：ヴェスプッチ問題

アメリゴ批判

「偉大なアメリカがコソ泥の名を名乗らねばならぬとは何とも合点のいかぬ話である。セビーリャの漬け物商で、オヘーダのもとで副官を務めたものの、出航しそこなった探検隊でせいぜい水夫長補佐どまりの男、アメリゴ＝ヴェスプッチは…まんまとコロンブスに取って代わり、地球の半分に臆面もなく自分の名前をつけたのである」。

アメリゴにちなんでアメリカと命名されたことに不快の念をあらわにしているのは、一九世紀アメリカ合衆国の知性を代表するラルフ＝W＝エマソン［思想家・著述家一八〇三～八二］である。一九世紀半ばにここまでアメリゴをやり込めるのは、やや時代遅れの感がする。「アメリゴ＝名誉泥棒」とする評は、たしかに一八世紀末頃まではしっかり根づいていた。ところが一八世紀半ば以降、新たな史料が発見され、アメリゴ像の見直しが始まり、論争が起こっていたからである。

その論争はいまなお決着がついていない。先住民擁護の立場を貫いたドミニコ会修道士バルトロメ＝デ＝ラス＝カサス［一四八四～一五六六］、司祭で著述家のフランシスコ＝ロペス＝デ＝ゴマラ［一五一一～五九］らがアメリゴ非難の口火を切ったのは、一六世紀半ば。特にラス＝カサスはその急先鋒であった。「外国人たちは、あたかもこのインディアス（インドの複数形で、「インド諸地方」の意。インドから東アジアにかけての地方を漠然と指した）がアメリコによって最初に発見されたかのごとく、これをアメリカなどと呼んでいる…。アメリコは…たいへん能弁家であったから、自分の参加したはじめての航海を粉飾し、あたかも彼自身がその航海を指揮した船隊長であったかのごとく、巧みに自分自身に当てはめる術を心得ていた」。この引用箇所（『インディアス史』第一巻、第一三九章）に限らず、ラス＝カサスは同書の数章をアメリゴ批判に割いている。ラス＝カサスのこの大著は一九世紀後半まで出版されなかったが、一七世紀には勅任史官アントニオ＝デ＝エレーラがほぼそのまま『十巻の書』に引き写しており、ラス＝カサスのあげたアメリゴ非難の声がかき消されることはなかった。むしろ、ウィリアム＝ロバートソン、ヴォルテールなど一八世紀の英仏の著述家にも、その路線は継承された。では、アメリゴが粉飾して自らの手柄にしようとしたとされる航海とは、どのようなものだったのであろうか。

公刊書簡と四度の航海

やり玉に上げられてきたのは、一六世紀初めにアメリゴの名前で出版された『新世界』と『四度の航海』（以下、この二つを**公刊書簡**と呼ぶ）であるが、とりわけ後者である。それによれば、アメリゴは次の四つの航海を行ったことになっている。

第一回航海（一四九七年五月一〇日～九八年一〇月一五日）：カナリア諸島から西へ一〇〇〇レーガ

(一レーガは約五・五キロメートル)航海し、北緯一六度(ユカタン半島の南の付け根あたり?)に到着。北回帰線直下のラリアブ＊へ。そこから北西に沿岸を八七〇レーガ(四八〇〇キロ弱)航海。イティ島で交戦。二二二名の先住民を捕らえ、奴隷として連れ帰る。

＊ラテン語版ではパリアス。手書き文字の大文字のPとLは混同しやすい。コロンが第三回航海(一四九八年)で到達したベネズエラ北東のパリア(単数)か。イティはハイチか。

第二回航海(一四九九年五月一六日~一五〇〇年九月一八日):アフリカ西部ダカール沖のヴェルデ岬諸島から南西へ五〇〇レーガ進み、陸地(ブラジル北部?)に到達。東南東へ四〇〇レーガ進んだ後、激しい潮流に阻まれ、針路を北西に変更。トリニダード島付近から陸伝いに西へ。ある島で巨人と遭遇。南緯五度と北緯一五度の間を航海。

第三回航海(一五〇一年五月一〇日~〇二年九月七日):ベセキッチェ(ダカール)から南南西へ七〇〇レーガ。南緯五度で陸地(ブラジル北東部?)に到達。東南東へ進むと、陸地は南西へ湾曲。さらに西へ一五〇〇レーガ、南西へ六〇〇レーガ。そこからアメリゴが指揮を執り、南東へ。南緯五二度まで、五〇〇レーガ進む。四月七日、極寒の荒海で陸地(島)を発見するが、無人。帰路につく。

第四回航海(一五〇三年五月一〇日~〇四年九月四日):シエラ-レオネを経て南南西へ三〇〇レーガ。南緯三度で無人島発見。ブラジルのバイーアへ。さらに二六〇レーガ進み、砦を建設。そこに五か月滞在した後、二四人を残し、帰国。

最初の二回の航海はスペイン王室の要請で、残りの二回はポルトガル王旗の下で行ったというが、すべてが実際に行われた航海なのかどうか、またどれが本当の航海で、どの航海が嘘かについては意見が分かれている。ただし本書では、アメリゴの第何回航海というときは、真偽のいかんに関わらず、上述の諸航海を指すことにする。

さて、『四度の航海』を額面どおりに信じれば、アメリゴは四度の航海で北米のノース＝カロライナ州の大西洋岸からメキシコ湾岸一帯、中南米のカリブ海沿岸、さらにベネズエラからブラジル、アルゼンチン南部にかけて南米の大西洋岸を探検したことになる。しかも、カリブ海の島嶼《とうしょ》部は別にして、大陸部の第一発見者は自分だと言っている。コロンが南アメリカ大陸に到達したのは一四九八年で、アメリゴの第一回航海はその一年前になっているからである。だからこそ、ラス＝カサスはアメリゴがコロンの名誉を奪おうとしたと、激しい口調で非難したのである。

なお、『四度の航海』に先立ち、一五〇三年ないし〇四年に出版された『新世界』は、先の四つの航海のうち第三回のみを扱っている。それによると、アメリゴはベセキッチェから六七日かけて大西洋を横断し、着いた大陸の沿岸を計九〇〇レーガ航行し、南緯五〇度に達した。そして、その大陸は父祖たちの知らなかった地域であるから、「新世界(Mundus Novus)」と呼ぶにふさわしいと主張する。途中、新世界の住民と三週間あまり寝食をとも

「新世界」宣言

にし、彼らの社会・生活・風習を記録し、夜を徹して行った天体観測の結果も報告している。

公刊書簡はどちらも、故郷フィレンツェの知人に宛てた書簡という形をとる。『新世界』は、アメリゴがかつて仕えたメディチ家のロレンツォ＝ディ＝ピエルフランチェスコに宛てたもので、日付も発信地も記されていない。しかし、受取人が〇三年五月二〇日に亡くなっているので、書かれたのはその何か月も後にはなるまい。書いた場所はリスボンであろうが、初版の出版地については諸説ある。『四度の航海』は、「一五〇四年九月四日、リスボンにて」と書かれ、フィレンツェの新支配者ピエロ＝ソデリーニに宛てたものとされる＊。

＊宛名は刊本にはなく、手書き写本にのみ見られる。

四通の私信

一八世紀の半ば、新たな史料が見つかり、それに基づき、新しいアメリゴ像を描こうとする人たちが現れた。一七四五年、アンジェロ＝マリア＝バンディーニは自らが発見したアメリゴの私的な書簡を公表し、新たなアメリゴ像を描いた。計算高い商人、日和見《ひよりみ》といったイメージを打ち消し、彼の知的バックグランドを明らかにし、教養人アメリゴを浮き彫りにした。一七八八年にはスタニスラオ＝カノヴァァイも『アメリゴ＝ヴェスプッチ礼賛』で、擁護論を補強する。これまでに発見されている四通の私信とその内容を簡単に紹介しておこう。

第一私信（一五〇〇年七月一八日付：発信地セビーリャ）…先の四度の航海のうち、第二回（及び第一回）に相当する航海の報告（以下、**セビーリャ書簡**と略す）。一四九九年五月一八日に出航し、カナリア諸島を経て南西へ進み、二四日目に陸地に到達。南へ向かうが、強い潮流に阻まれ北西へ。北緯一〇度で島（トリニダード）を発見。パリアス湾（ベネズエラ北東端の現パリア湾）で真珠を入手。沿岸を西へ四〇〇レーガ。先住民と交戦。巨人の島、ヴェネツィア風の水上家屋の島に上陸。さらに三〇〇レーガ進んだ後、エスパニョーラ島（当時のスペイン領の中心で、現在ハイチとドミニカ共和国が二分する）で休息。帰国の途につくが、いくつかの島で先住民二三二人を捕らえ、奴隷とする。一五〇〇年六月半ばに帰国。

第二私信（一五〇一年六月四日付：発信地ヴェルデ岬）…第三回航海の前半部分の報告（以下、**ヴェルデ岬書簡**と略す）。一五〇一年五月一三日にリスボンを出て、ヴェルデ岬に寄港。インドから帰国途中のカブラル隊（前年リスボンを出、四月にブラジルを「発見」）と出会い、乗組員からアフリカ東岸、インドに関する情報を集めて、報告。

第三私信（一五〇二年日付なし：発信地リスボン）…第三回航海後半の報告（以下、**リスボン書簡**と略す）。ヴェルデ岬から六四日で大西洋を横断し、陸地に到達。その陸地に沿い南南西へ八〇〇レーガ踏査。南回帰線を越え、南緯五〇度に達する。

第四私信（一五〇二年九月〜一二月：発信地リスボン）…部分のみ伝わる（以下、**断片書簡**と略す）。これまでの航海報告（特に、第三回航海）に関して、フィレンツェの知人たちから寄せられた疑問に答えたもの。

以上は、宛名不明の断片書簡を除いていずれも、『新世界』と同じくメディチ家のピエルフランチェスコに宛てられた私的な書簡である。どの書簡もアメリゴ自筆のものは残っておらず、筆写されたものである。セビーリャ書簡の写しは六部見つかっている。リスボン書簡は一八二七年に発見された一通のみ現存し、ヴェルデ岬書簡は二部ある。断片書簡は一九三七年に発見された一部だけである。私信とはいえ、イタリア商人のこの種の書簡は多くの人に回覧・筆写されることを想定して書かれたものである。

ヴェスプッチ論争

アメリゴとその航海譚《たん》をめぐっては一六世紀半ばから批判と非難が相次いだが、私信が発見されると、アメリゴを擁護する人たちが出てきて論争が始まった。論点はなんと言っても、アメリゴの四度の航海が本当なのかどうか、誰が、なぜアメリカと命名したのかという二点であった。後者については一九世紀半ばに解明されたが、前者については議論百出で今も決着していない。

研究者の中には、四度の航海のすべてが本当と見なす人もおれば、最初の航海は嘘、あるいは第一回と第四回の航海は捏造《ねつぞう》と見る人もいる。また、南アメリカ南岸の航海（第三回航海）は実際に行われたと考える研究者が多いものの、最終到達地点については、見解が分かれる。『四度の航海』

にあるとおり南大西洋を南東に進んだというグループと、沿岸部を南西に進みパタゴニア近くまで来たという人たちがいる。それぞれの立場は、結局、公刊書簡と四通の私信のどれを、またどの部分を信じるのか、によって決まる。

公刊書簡しか知られていなかった一八世紀までは、それらが真正なものと見なされたが、私信が発見されると、史料の真贋《しんがん》が論じられた。詳しくは本論に譲るが、公刊書簡と私信には噛《か》み合わない点が少なからずあり、その齟齬《そご》をどちらの虚偽、あるいは誤記とするのかに議論が集中していた。二〇世紀前半イタリアの歴史家アルベルト＝マニャーギは、公刊書簡はアメリゴが書いたものではなく、私信だけをアメリゴの真正な史料と断定し、私信が扱う第二と第三の航海のみが実際に行われたもので、第一、第四は机上の創作とした。マニャーギはそれまでの錯綜《さくそう》した議論を小気味よく整理し、明快な結論を示し、多くの賛同を得た。伝記作家シュテファン＝ツヴァイクも彼の説に従い、「歴史的誤解の物語」という副題でアメリゴの伝記（一九四二年）を綴《つづ》った。アメリカ合衆国の歴史家フレデリック＝ポールもその立場に近く、『主席航海士　アメリゴ＝ヴェスプッチ』（一九四四年）ではアメリゴの第二、第三航海しか取り上げていない。

しかし、一九三七年に発見された断片書簡が新たな論争の火種となる。その書簡でアメリゴはスペイン王室の援助で二度航海したと、マニャーギ説を覆す発言をしているからである。そこでマニャーギは断片書簡を偽書と決めつけ、その発見者ロドルフォ＝リドルフィとの間で新たな論争が起こった。ところが第二次世界大戦が勃発し、混乱のなか断片書簡そのものが行方不明になり、先の論争も深まらないまま、うやむやになってしまった。

そうしたなかで、公刊書簡に史料的価値を認め、四度の航海はすべて行われたとする著述家も出てくる。アルゼンチンの歴史家ロベルト＝レビリエールの『ふさわしい呼び名、アメリカ』（一九四八年）、『アメリゴ＝ヴェスプッチ』（一九五一年）、さらにベネズエラの著述家ヘルマン＝アルシニエガスの『アメリゴと新世界』（一九五五年）をその代表として挙げることができる。また、少数ではあるが、研究者の中には私信に史料性を認めず、公刊書簡だけを信用する人もいれば、私信も公刊書簡も史料として価値がないという者もいる。

近年、公刊書簡についても新たな評価が見られる。イタリアのルチアーノ＝フォルミサーノは、『四度の航海』の手写本（アモレッティ文書）の一つにある加筆訂正をアメリゴ自身のものかもしれないとし、公刊書簡の執筆にアメリゴも関わっていた可能性を指摘する。他方、二〇〇六年にアメリゴの伝記を出したフェリペ＝フェルナンデス＝アルメストは、『新世界』は内容や筆致が私信にきわめて近く、編集者が介入したとしても、基本的にはアメリゴ自身の作品と言えるとするが、『四度の航海』は『新世界』とは性質が異なる作品で、アメリゴはまったく関わっていないと主張する。アメリゴ関係の網羅的な史料集を編み、〇七年に伝記も著したイラリア＝ルッツァーナ＝カラッチも後者の立場に近い。

その他の史料

論争が尽きない原因の一つは、史料の数が限られていることである。ヴェスプッチ論争は一種のクイズ、あるいはわずかな駒で遊べるチェスのようなものだ、とツヴァイクは言う。アメリゴが書いた文書はすべてを合わせても四、五〇枚にしかならないので、誰でも参加しやすいとも言う。確かに、駒の数は限られている。二通の公刊書簡の邦訳は、豊富な図版と注を含めて八〇ページ足らず。私信四通の邦訳は合計でもそれより少ない。これ以外にアメリゴが書いたと思われる文書は、航海とまったく関係のないもの（学生時代のラテン語練習帳、一九八〇年代に発見された遺言状など）か、少し関係はあっても便箋一、二枚程度の手紙にすぎない。

ただし、アメリゴに言及した、あるいは言及はなくても関わりの深い史料は少なからずある。フィレンツェの租税台帳、メディチ家に残るさまざまな書簡、イタリア商人の情報（通信記録、日記など。なお、アメリゴの私信も、それを有効な商業情報と判断した商人たちが書き写したおかげで残っている）、スペイン王室が出した勅令、遠征隊と結んだ協約、支払い命令、裁判記録などである。また、当時、探検航海によってもたらされた新情報を盛り込んだ地図も、ある程度、史料的価値をもつ。

本書の執筆にあたっては市販の史料集を参考にした。なかでも特に役に立ったのは『新コロンブス史料集』（*Nuova Raccolta Colombiana*）所収のＩ＝Ｌ＝カラッチ編纂の二巻本（二〇〇〇年）で、アメリゴ関連の史料を細大漏らさず、文字通り網羅している。また、スペインの MAPFRE 社から一九九四年に出た三巻の『発見史料集成』(*Colección Documental del Descubrimiento : 1470–1506*)はアメリゴに限らず「発見」時代の史料を集めており、これも大いに助けになった。アメリゴの公刊書簡や私信は以上の史料集に収められたテクスト以外にも、ルチアーノ＝フォルミサーノによる校訂版や彼が編集したスペイン語訳、英訳もある。無論、岩波書店の大航海時代叢書所収の『新世界』と『四度の航海』も利用させてもらった。なお、アメリゴの私信は邦訳が出版されていないため、読者の利便を考え、大学紀要に発表した拙訳に手を加え、巻末に掲載している。

I　フィレンツェでの日々──メディチ家の陰で

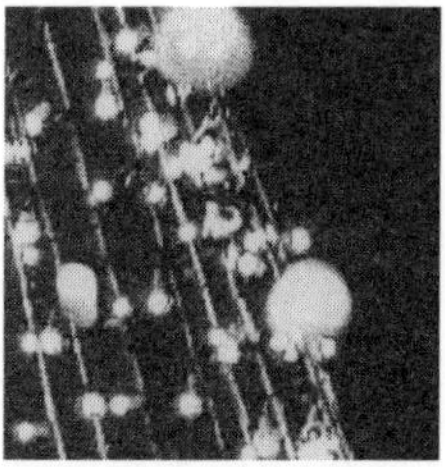

時代背景

アメリゴはルネサンス人と呼ばれることが多い。一方、彼より三歳ほど年長のコロンはどちらかというと中世人と言われる。これは誕生年の問題ではなく、両者の考え方やメンタリティの違いに基づいている。この評価を過信するのは危険だが、アメリゴが生まれてからフィレンツェを出ていくまでの約四〇年間がヨーロッパ史の大きな転換期だったことは間違いない。この間に中世から近代へと時代の歯車が回り、活動範囲を急速に拡大したヨーロッパは自ら大きなうねりを巻き起こす。そこに呑み込まれたアメリゴは、地理的にも社会的にもそれまでとはまったく異なる環境で、人生の残りの二〇年を過ごすことになる。

コロンやアメリゴが生まれた一五世紀半ばは、ほぼ一世紀前に猖獗《しょうけつ》を極めた黒死病からヨーロッパが立ち直ったばかりの頃になる。さてコロンが大西洋を横断した当時、ヨーロッパ最大の都市はパリであった。それでも人口は一五万ほど。意外なことにパリとほぼ同数だったのがナポリで、コンスタンティノープルも肩を並べていた。それに続くミラノとヴェネツィアが一〇万を超す程度。アメリゴの出身地、フィレンツェは六万強で、コロンの生まれたジェノヴァ、スペイン南部のコルドバ、グラナダ、セビーリャもほぼ同じであった。このように一五世紀末のヨーロッパは人口の規模だけでなく、人口集中地の分布も今とはずいぶん違っていた。

一四五三年

当時イタリア半島ではヴェネツィア、ミラノ、フィレンツェ、ローマ教皇領に、南のナポリ王国を加えた五大勢力が覇権争いをしていたが、相互不可侵条約（ローディの和約）が一四五四年にあわただしく締結された。それを促したのは外圧である。前年五月、オスマン朝の攻勢にコンスタンティノープルが陥落し、ビザンツ（東ローマ）帝国は滅亡。イスラム勢力はさらに西進する恐れがあった。さらに、同年一〇月に英仏百年戦争（一三三七年〜）を終えたフランスも目をイタリアに転じ、フィレンツェ、ミラノの誘いに乗じて攻め込んでくる可能性もあった。教皇ニコラウス五世の提唱に、主要都市国家もいがみ合っている場合でないことに気がついた。この和約によりイタリア半島の政治的混乱にとりあえず終止符が打たれ、比較的安定した四〇年間を迎える。

陥落したコンスタンティノープルからは、迫害を恐れた東方正教会の聖職者や学者が西ヨーロッパに逃れてきた。フィレンツェに避難場所を求めた人も少なくない。人と文物のこの流れがルネサンスに大いに刺激と深みを与えたことは否定できない。

他方、それまで東方貿易で潤っていたヴェネツィアなどイタリア諸都市は、イスラム勢力の伸張によって西方に目を向けざるを得なくなった。

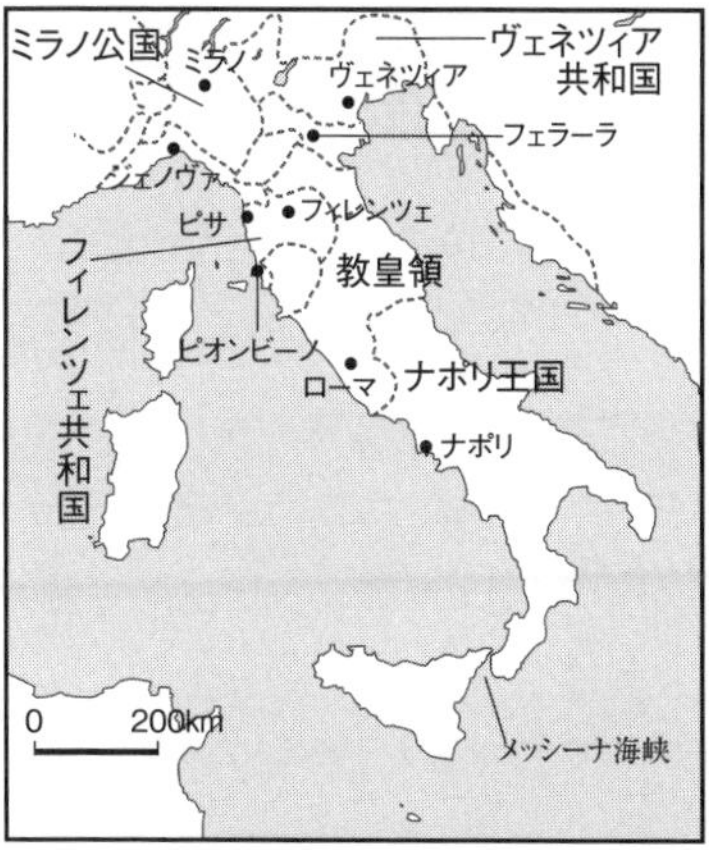

15世紀末のイタリア半島

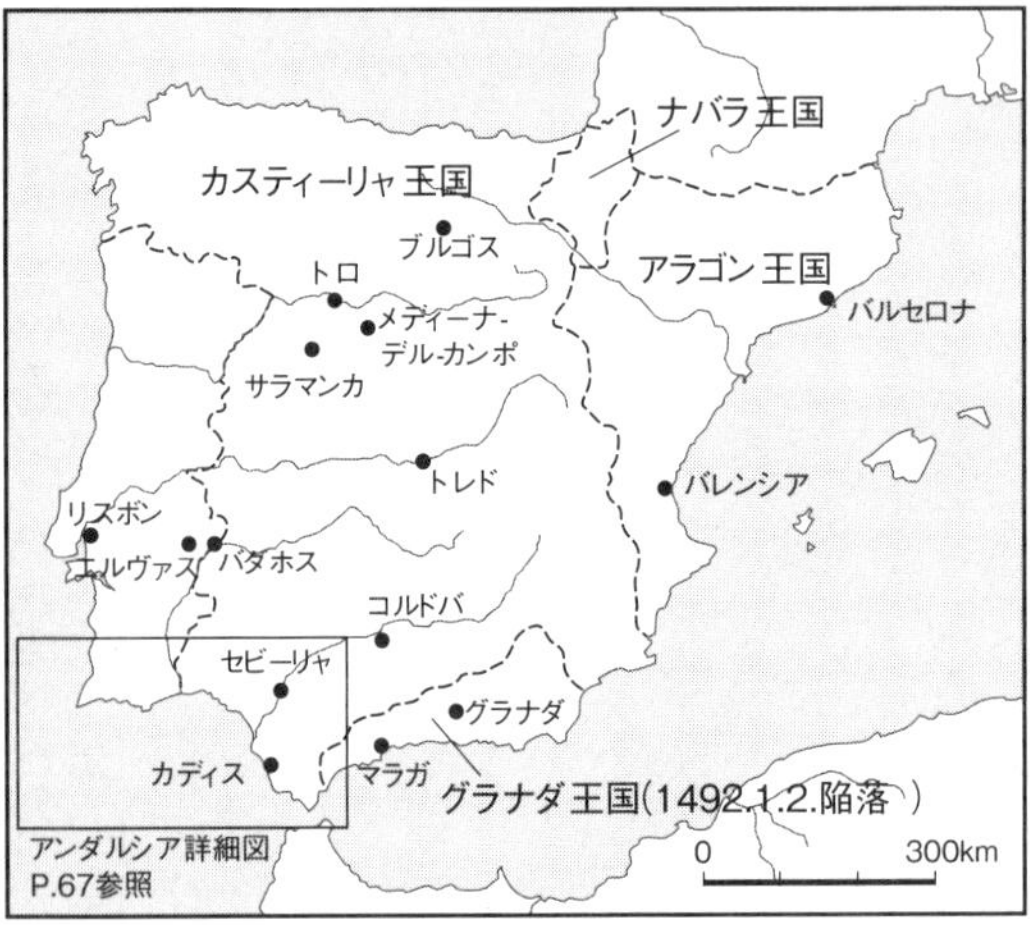

1492年のスペイン諸王国

大陸からイギリス勢力を追い出したフランスだが、長年の戦争で王室財政は苦しかった。しかし、封建貴族もそれ以上に疲弊しており、フランスはその後、王権を強化し絶対主義国家建設に取り組み始める。イギリスもいずれ同じような道をとるが、まだ一五世紀終盤まで続く内乱（ばら戦争）を乗り越える必要がある。スペインはまだイベリア半島南部にイスラム教徒最後の砦、グラナダ王国を残している。スペインと書いたが、じつはまだそのような統一王国はなく、半島にはカスティーリャ、アラゴン、ナバラ、ポルトガルの四つのキリスト教王国とグラナダのイスラム王国が併存していた＊。コンスタンティノープル陥落でカスティーリャの十字軍精神に火がつき、まもなくグラナダ王国への攻勢を強め始める。ポルトガルはすでに一三世紀半ばにレコンキスタを完了させ、アフリカ西海岸の探検をかなり進めていた。このように、ヨーロッパの多くの国々にとって、一四五三年は中世から近代へ移行していく大きな節目の年だったのである。

＊しかし、本書では、現在のスペインを構成する諸王国を指す場合、スペインと言う。

ヴェスプッチ家紋章（筆者撮影）：
オニサンティ教会床面

花の都のスズメバチ

ヴェスパ（Vespa）というイタリア製の有名なスクーターがある。映画『ローマの休日』で王女役のオードリー＝ヘップバーンを乗せ、新聞記者役のグレゴリー＝ペックがブンブン乗り回していた自動二輪である。ヴェスプッチという名もヴェスパ、つまりスズメバチから派生しており、同家の紋章には赤地に青い帯、そして花の上を飛び回る黄金のスズメバチが描かれている。花つまりフィオーレは、花の都フィレンツェ（形容詞形はフィオレンティーノ）を表わしているのであろう。

オニサンティ教会（筆者撮影）

フィレンツェ市内を流れるアルノ川右岸、ウフィッツィ美術館の下流寄りにオニサンティ（諸聖人）教会がある。訪れる観光客もさほどいないこの教会にはヴェスプッチ家の礼拝堂があり、後述するように（三三一〜三四ページ参照）、同家ゆかりの芸術作品をいくつか見ることができる。ヴェスプッチ一族はフィレンツェ郊外、プラート方面へ八キロほどの村ペレトラ（ここにあるフィレンツェ空

アメリゴ＝ヴェスプッチの生家（筆者撮影）

港はアメリゴ＝ヴェスプッチ空港の名でも知られる）の出身で、アメリゴの六世代前に市内に移ってきた。アメリゴの出色の伝記を書いたアルシニエガスは言う。まさに花に引き寄せられるように、スズメバチが飛んできた、と。

アメリゴ＝ヴェスプッチは、「中世の秋」から「ルネサンスの春」に移り変わる頃に生を受けた。彼が生まれた頃、ヴェスプッチ一族はフィレンツェの名門家系の仲間入りをしようと躍起になっていた。一四世紀末には病院建設資金を提供した。ペレトラから出てきた頃はワインを商っていたが、のちには絹、ときには羊毛を扱い、一族の中には銀行業に手を出す者もいた。ほとんどの親族はオニサンティ教会を中心とする地区に住んでおり、アメリゴの生家も同教会のすぐ近くにあった。

アメリゴの父も、祖父も公証人であった。公証人といっても、我々にはピンとこないが、中世来イタリアでは取り決めたことを文書化し、それに証拠能力をもたせ、重要視してきた。公証人は売買・賃貸・賃借などの契約だけでなく、遺言や夫婦間の財産目録や家畜飼育契約にいたるまで、さまざまな契約の場に立ち会い、記録を保管した。社会の上層部だけでなく一般の住民も、ほんのちょっとした決め事でも、公証人に公正証書を作ってもらった。一四二七年の税務調査では、人口四万弱のフィレンツェ市に公証人が三〇七名もいて、職種別では最も多かった。事実、公証人と弁護士の法曹ギルドは、七大ギルドの一つとしてフィレンツェで指導力を発揮していた。オニサンティ教会地区には職人が多く、アメリゴの父ナスタジオも皮なめし職人ギルドの公証人であった。

誕生・命名

一四五三年三月一六日土曜日（あるいは一八日月曜日）に、ナスタジオ＝ヴェスプッチの子、アメリゴ＝マッテオの受洗記録が残っている。この一四五三年というのはフィレンツェ暦＊によるものであり、今の西暦に直せば一四五四年になる。

＊フィレンツェでは三月二五日の聖母へのお告げの日、つまり受胎告知の日から年を改めていた。新年を一月一日から始めるのは、古代ローマの、つまりキリスト教以前の異教の習慣であり、一五、六世紀にはまだ抵抗があった。なお、本書では断りのない限り標準的な年号を用いる。

洗礼は生後一週間で受けることになっているから、誕生日は三月九日になる。しかし、よくわからない点もある。たとえば、アメリゴ＝マッテオという洗礼名。アメリゴという聖人はいないため、洗礼の都合上、マッテオ［マタイ］という聖人名も付けたと見る人が多い。他方、双子で生まれたが、マッテオは夭逝《ようせい》したと考える人もいる。いずれにせよ、その後だれもマッテオまで付けて呼ぶことはない。アメリゴ自身の遺言状にさえマッテオの名は出てこない。

さて、アメリゴという名は祖父の名をもらったものである。グッティエーレ＝ティボンの『人名起源事典』によると、この名はゲルマン起源で、アマラリコ（Amalarico）とアイメリコ（Aimerico）が混ざったものらしい。この両方に共通する（-ric）という要素はケルト語からゲルマン語に入ったもので、「首長、王、指揮」を意味する。アマラは東ゴート王家の祖先、アマルは「仕事」を意味しているので、アマラリコは「アマラ一族の長」もしくは「職場の指導者」ということになろうか。また、アイメは「家、住処」のことだから、アイメリコは「家長」という意味になる。

家　族

さて一五世紀のフィレンツェでは、所有する資産に応じて課税されるカタストと呼ばれる税が一四二七年から課され、納税者が申告し、当局が査定することになった。この税は毎年徴収されたわけでもないし、そのたびに調査がされたわけでもない。しかし、さあ徴収、申告となると家族構成・資産（おもに不動産）・借入金・貸付金などの記録を提出せねばならなかった。現存する記録でアメリゴに関わりがあるのは、一四五七年、七〇年、八〇年の三回分である。

一四五七年のカタストによると、家長はナスタジオ、三二歳。たいてい最初の「ナ」を取ってスタジオと呼ばれていた。しかし、彼の遺言ではアナスタジオとなっているので、略し方にも二段階あったことになる。妻はエリザベッタ、通称リサ、二二歳で、子供はすでに五人。男が四人で、一歳きざみ。六歳のアントニオを筆頭に、ジローラモ、アメリゴ、ベルナルド、そして末は女児アニョレッタ一歳。しかし、カタストの年齢はいい加減である。一四七〇年には父四二歳、母三六歳、子供は上から一六、一五、一四、一二歳となっている。末娘はすでに亡くなったのか、記載がない。八〇年にはそれぞれ五三、四六、三一、三〇、二九、二六……少なくともカタストから生年を逆算するのはやめた方がよさそうだ。この年、長子アントニオはすでに結婚していて、妻カテリーナ二二歳も、ナスタジオの扶養家族になっている。

長男アントニオは父の後を継ぎ、ピサの大学へ行って公証人の道を目指す。次男ジローラモは毛織物組合に属していたが、修道士に転身しロードス島へ行く。トルコとの最前線にあったヨハネ騎士団の本拠地である。ジローラモは、フィレンツェに戻ってからサヴォナローラ（五七ページ参照）に心酔し、自らに厳しい生活を課した。末弟ベルナルドは毛織物業のギルドに属していたが、二六歳になっても見習いで、収入はなかった。その後、書籍販売を請け負い、ハンガリーのブダへ行ってしまう。

母リサは長男にだけ愛情を注いだ。他の子たちは放っておかれ、愛情に飢えていたらしい。ジローラモはロードス島からアメリゴに手紙を書いて、家族の情愛の薄かったことをこぼしている。四〇歳になろうかという男が、である。しかし、それだけ寂しい思いをしたということであろう。ベルナルドもブダから、身の上を案じる兄に手紙を認《したた》めているが、宛名は長兄ではなく、アメリゴであった。母の愛を独り占めにする長男と、慰め合い寂しさを紛らわせる弟たちという構図は単純すぎるだろうか。

さて、アントニオは両親の期待に応え、人脈を広げ、一四七二年頃にはフィレンツェ市政庁《シニョリーア》の公証人となる。また、フィレンツェで活躍するスペイン商人たちをも顧客とした。二六歳で結婚し、八人の子をもうける。そのうちの一人ジョヴァンニは、後にアメリゴを頼ってセビーリャへ渡り、主席航海士となった叔父の助手を務めた。アメリゴの死後、彼は勅任航海士になり、今も残る世界地図を作成している。

教　育

兄弟の中で大学へ行ったのは長兄のアントニオだけであった。弟たちはどのような教育を受けたのであろうか。当時、商人の子弟ならば、六歳頃から私塾で読み書きを習い始め、四年から五年あまり勉強する。その後、二年ほど算術・算盤学校に通う子もいた。そしてどこかの店で見習いをするのが常であった。

ナスタジオは長男に自分の後を継がせ、次男をフィレンツェの主要産業である羊毛業の世界に入れ、アメリゴにはおそらく聖職者の道を考えていた。叔父のジョルジョ゠アントニオがアメリゴの教育係を引き受けた。ナスタジオより八歳年少で、ドミニコ会に属し、人文学者としてもよく知られていた叔父のもとで、アメリゴはラテン語の手ほどきを受けた。その頃の彼のラテン語練習帳が残っている。ノートの片方にトスカーナ語のテキスト、もう片方にはそれをラテン語に訳したもの（アメリゴが訳したのか、叔父が訳したものを口述したのかは不明）がある。内容は、政治・町の生活・食事・死・旅・聖職者など多岐にわたっている。一四七六年にフィレンツェでペストが流行した時、アメリゴはつてを頼って郊外に逃れた。その時、市内にとどまった父に宛てたラテン語の手紙も残っている。

無論、ラテン語だけを習っていたのではなかろう。ジョルジョ＝アントニオがいたサン＝マルコ修道院にはパオロ＝ダル＝ポッツォ＝トスカネリ〔一三九七〜一四八二〕もいた。トスカネリは宇宙誌学者として名高く、ポルトガル王室に、そしてコロンにも、西回りで航海する方が早くインドへ到達できるとする書簡、その説を裏付ける地図を送ったと言われている。当時、宇宙誌《コスモグラフィア》は一五世紀の初めにプトレマイオス〔二世紀、ギリシア生まれの天文・地理学者〕の書がラテン語に翻訳されて以来、もっとも脚光を浴びた分野の一つで、トスカネリのもとにはヨーロッパ各地から学生が聴講に集まった。大宇宙《コスモス》の構造＊を目に見える形で描写し、その中心にある地球を構成する要素（緯度帯・海洋・陸地・人々など）を分析するのが宇宙誌学者で、いわば地理学・天文学・数学・哲学を総合した学問であった。アメリゴもトスカネリの講義を聴いたのであろうか。またヴェスプッチ家の紋入りのプトレマイオス『宇宙誌』（一四七八年版）が、今もフィレンツェの国立図書館に残っており、アメリゴが貪るようにその書を読む姿を想像してしまう。後にスペインの初代主席航海士になる人

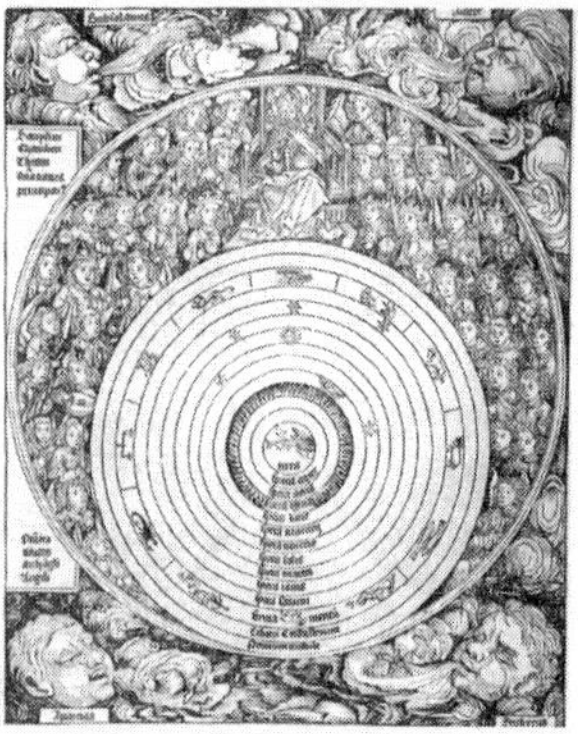

天球図：ニュルンベルク年代記(1492)による宇宙。地球の周りには水の層、空気の層、火の層があり、その外側に惑星の層が7つ。最後は恒星のある天空。(T・Lester)

物だけにそう期待したくなるが、あくまで状況証拠にすぎない。耳学問で聞きかじった程度だったのかもしれない。『四度の航海』では、あの時もっと勉強しておけばよかったと反省している。

＊当時はもちろん天動説で、太陽・月も含め惑星は同心円状に重なるそれぞれの天球にあり、一番外側にすべての恒星のある最高天、第八天球（firmamento）がある、と考えられていた。

幼なじみ、学友

オニサンティ地区には職人が多い。ヴェスプッチ家のすぐ近くにも、たとえば金細工師のビゴルディ家や皮なめし職人のフィリペピ家が住んでいた。ビゴルディ家の長男ドメニコはアメリゴより五歳年長だったが、家はすぐ近くで、弟が二人いたからヴェスプッチ家の兄弟と一緒に遊んだことであろう。ドメニコの父が作った「花輪の頭飾り《ギルランダ》」がフィレンツェの娘たちの間で流行したため、画家になってからはドメニコ＝ギルランダイオ［一四四九～九四］として知られる。ギルランダイオとヴェスプッチ家の親交は深く、オニサンティ教会にいくつものフレスコ画が残っている。なかでもヴェスプッチ家の礼拝堂に描かれた『ヴェスプッチ家を守護する慈悲の聖母』には、一族の姿を見ることができる。もっとも、アメリゴがどれなのかは必ず

書斎の聖ヒエロニムス（筆者撮影）：オニサンティ教会

慈悲の聖母（筆者撮影）：オニサンティ教会

しも明らかではない。向かって左、聖母のすぐ後ろにいる青年がそうだという説もあるし、この半円形の絵の下にある「キリスト降架」の中の一人という説もある。ギルランダイオは他にも『最後の晩餐《ばんさん》』と『書斎の聖ヒエロニムス』をこの教会に残している。

他方、フィリペピ家の四男アレッサンドロはアメリゴより九つも年上だったから、一緒に遊んだかどうかは定かではない。彼は父の皮なめしの仕事を継がず、ヴェスプッチ家の紹介で画家のフィリッポ＝リッピに弟子入りし、絵の道を目指す。大酒飲みだったのか、体型が似ていたのか、「酒樽《ボッテロ》」というあだ名を付けられ、サンドロ＝ボッティチェリ〔一四四五～一五一〇〕の名で親しまれることになる。その生家も工房もヴェスプッチ家と目と鼻の先にあり、ギルランダイオと競うように、彼も同家の礼拝堂に『書斎の聖アウグスティヌス』を描いた。『書斎の聖ヒエロニムス』と『書斎の聖アウグスティヌス』は、それぞれギルランダ

書斎の聖アウグスティヌス（筆者撮影）：オニサンティ教会

イオとボッティチェリがジョルジョ＝アントニオの依頼により描いたもので、後者のモデルになったのが依頼者だと言われている。その書斎にはユークリッドの幾何学のテキストが開かれ、二四時間を刻む時計や天球儀も見える。この絵は、その頃ポルトガルから入り始めたアフリカ大陸西岸に関する情報や世界図に、ジョルジョ＝アントニオたちの関心が向いていたことを示している。

ジョルジョ＝アントニオの薫陶《くんとう》を受けた仲間に、ピエロ＝ソデリーニ〔一四五〇～一五二二〕もいた。彼はフィレンツェの政治的混乱を正常化すべく、一五〇二年に終身のゴンファロニエーレ（「正義の旗手」の意で、市政府の長）に選ばれ、追放される一五一二年までその地位にいた（この時秘書を務めたのがマッキャヴェリ）。アメリゴの『四度の航海』はソデリーニに宛てたものとされ＊、その序には「かつて閣下と机を並べてジョルジョ＝アントニオのもとでラテン語を習った」という一節がある。

＊最もよく知られているサン＝ディエのラテン語版では、同地の領主ロレーヌ公宛てになっているが、これは印刷工あるいは翻訳者の仕業。

アメリゴの書簡などから判断すると、彼の関心は実用的な分野に向いていたようである。ダンテやペトラルカの作品はよく読んでいたとみえ引用もしているが、哲学や神学に深い関心があった様子はない。しかし、何らかの知的サークルに関わりがあったことは間違いない。航海に関する書簡をフィレンツェに書き送り、それがサークルで回覧されることも意識していた。断片書簡は、そのような仲間から持ち上がった疑問に答えようとしたものであった。

彼が育った環境について確かな史料で裏付けられる事実は少なく、断片的な史料をつぎはぎしながら、大きく空いた隙間は状況証拠で埋めざるを得ない。ルネサンス真っ盛りのフィレンツェ、周囲にいたであろう知識人や芸術家。このような知的バックグラウンドを知ると、アメリゴを一流の宇宙誌学者・天文学者・科学的航海士として描きたくなる。確かにそのような「ロマンチック史観」に彩《いろど》られた伝記が多いのも事実である。その傾向に警鐘を鳴らしたフェルナンデス＝アルメストは正しい。だが、その勢いでアメリゴを「詐欺師まがい」の「手品師・魔法使い」とまで言うのは行き過ぎであろう。

ざわめくフィレンツェ

アメリゴ誕生後のフィレンツェの状況について、ごく簡単に述べておこう。コジモがメディチ独裁の基盤を作ったあと、短命のピエロをはさんで一四六九年に後を継ぐのがロレンツォ［一四四九〜九二］で「イル－マニフィコ（偉大なる）」という尊称を与えられる。彼が権勢を誇った二三年間に、フィレンツェ－ルネサンス百花繚乱《ひゃっかりょうらん》の時代を迎えるが、メディチ家の本業である銀行は左前になる。放漫経営もさることながら、ヨーロッパ全体が経済不振に陥っていた。フィレンツェの銀行業者の数は一四二〇年代の七二行から、七〇年には半数以下に、九四年にはわずか五行に減ってしまう。

メディチ銀行はもともと教皇庁に依存する部分が大きかったが、シクストゥス四世〔在位一四七一〜八四〕の頃から関係がおかしくなる。教皇はメディチ家の宿敵、パッツィ家に肩入れし、ついには全面対立にいたる。教皇やパッツィ家を中心とする反メディチ勢力は、ロレンツォ、ジュリアーノのメディチ兄弟の暗殺計画を実行に移す。一四七八年四月二六日、フィレンツェ大聖堂での日曜ミサの直後である。ジュリアーノは一聖職者の手で命を落としたが、難を逃れたロレンツォはその後、報復の手を緩めようとしない。怒り狂った教皇はナポリなどを味方につけ、メディチ家のフィレツェとの対立は激化の様相を呈した。結局、ロレンツォ自らがナポリの宮廷に飛び込み、停戦の約束を取り付ける。教皇はなお交戦の構えを崩さなかったが、トルコ軍侵略の報が伝わりようやく和睦《わぼく》に応じる。

アメリゴ、パリへ

ローマ教皇庁と開戦した際にはフランスの支援を得ることがフィレンツェにとっては死活問題であり、七八年六月二三日、ロレンツォはルイ一一世〔在位一四六一〜八三〕のもとに大使としてドナート＝アッチャイウォーリを送った。ところが、彼はミラノで客死。その代理として、グイド＝アントニオ＝ヴェスプッチに白羽の矢が立った。

グイド＝アントニオはナスタジオの従兄弟（あるいは、はとこ）であったが、兄弟同然の仲だった。教皇庁への大使経験があるグイド＝アントニオは、二四歳の甥《おい》アメリゴを同行させることにした。途中、ボローニャ、ピアチェンツァ、ミラノ、リヨンなどを経由する。この外交使節の目的は、まずフランス王を動かしてヨーロッパ各国にフィレンツェ支援の声をあげさせることであったが、ほかにもメディチ銀行やフィレンツェ商人が抱える諸問題の解決も含まれていた。

この使節でのアメリゴの仕事は、外交文書の口述筆記をした程度と思われる。実際、使節からフィレンツェへ送られた報告書数通の筆跡は、アルゼンチンの歴史家レビリエールによってアメリゴのものと確認された。それまでイタリア、いやフィレンツェからも出たことのない彼にとって、これは最初の発見の旅、旧世界の発見であった、とスペインの史家コンスエロ＝バレラは言う。彼は初めての外交経験で何を得たのであろうか。マッキャヴェリの『フィレンツェ史』によるとグイド＝アントニオは法学の大家であったから、途上いろいろレクチャーを受けたかもしれない。また、交渉の現場に立ち会い、フィレンツェ商人の活動をつぶさに観察し、パリの宮廷でもさまざまな人たちと出会う機会があったかもしれない。さらに…いや、やめておこう。根拠もなしに想像を膨らませすぎるとロマンチック史観に陥る危険性がある。

結局この使命は不発に終わり、ヴェスプッチ外交団もフィレンツェに戻った。グイド＝アントニオは息つく暇もなくローマに向かい、教皇庁との最終調整に尽力したが、アメリゴは同行しなかった。父ナスタジオの容態が思わしくなかったのである。

メディチ家に仕える

ナスタジオは一四八二年四月二四日に遺書を認め、四日後に亡くなる。アメリゴが遺言執行人に指名されたが、残された財産はさほど多くなく、ペレトラの家や少しばかりの土地を売れば終わりだった。

ところで、パッツィ家の陰謀事件を境にメディチ家とヴェスプッチ家の関係がおかしくなった。陰謀に関与した側にヴェスプッチ家の関係者がいた*からであろうか。

*ピエロとマルコ父子は陰謀の関係者の一人をかくまったという嫌疑がかけられたが、マルコはそう勘ぐられても仕方のない事情があった。彼の妻シモネッタは多くの画家が彼女の肖像画を残すほど美女の誉れ高かった。その麗しのシモネッタに道ならぬ恋をしたのが大ロレンツォの弟、ジュリアーノ。文武に秀でた美男子と美しい人妻の恋は公然の秘密だったから、マルコとしては面白くなかった。アメリゴと同い年のシモネッタは七六年四月二六日、二二歳の若さで病死。ジュリアーノが暗殺されるのは、奇しくも、そのちょうど二年後のことであった。

父亡き後の身の振り方については、おそらく、グイド＝アントニオが世話をしてくれたのであろう。メディチ家に仕えることになる。主人の名前はロレンツォ＝ディ＝ピエルフランチェスコ＝デ＝メディチ［一四六三〜一五〇三］。歴史上有名な大ロレンツォではない。いわば分家の同名の甥である。アメリゴの主人となるロレンツォはロレンツィーノ、あるいはポポラーノ（民衆派）と呼ばれる。

メディチ家は「祖国の父」と呼ばれたコジモが本家、その弟ロレンツォの系が分家となる。本家が分家の遺産を預かって経営不振の銀行につぎ込むなどしたため、両家の関係は険悪になった。ヴェスプッチ家はもともと本家と商業上の繋がりがあったようだが、パッツィ家の事件以後、折り合いが悪くなり、分家と新たな関係を築くことになった。

アメリゴが仕えるようになったのは、八二年にロレンツィーノがセミラミデ＝ダッピアーノと結婚した後になる。彼女は「麗しのシモネッタ」の従姉妹で、アメリゴとも遠縁に当たる。ちなみに、ボッティチェリの名作『春』や『ヴィーナスの誕生』はロレンツィーノが所有するカステッロ別荘に飾られていたため、二人の結婚を祝って贈られた絵であるという説がある。そして、そこに描かれた美の女神ヴィーナスのモデルとされるのがシモネッタとされる。

さて、ロレンツィーノ夫妻はムジェロのカファジョーロ別荘で暮らすことが多く、アメリゴはフィレンツェと別荘の間の連絡係・雑用係をしていたようだ。その仕事を続けた十年足らずの間にアメリゴがやり取りした書簡が七〇通ほど残っている。I＝マゼッティ＝ベンチーニとM＝ハワード＝スミスがそれを集めて研究雑誌に発表したものが、最近、カラッチの史料集に再録された。商売上の細々とした数字は出てこないが、いろいろな依頼がアメリゴのもとに寄せられていることがわかる。追放先から帰国許可をもらえるよう取りなしの依頼、金銭の貸し借りの申し込み、支払い繰り延べの依頼、別荘で開くパーティーに必要な調度品の準備と発送についてのやりとり等、内容は多岐にわたっている。書簡の日付は八八年以降に集中しており、仕え始めて四、五年がたったころになる。徐々に皆から信頼されるようになり、いろいろな人とロレンツィーノの取り次ぎをしていたアメリゴの様子が浮かぶ。

しかし、この間のアメリゴを「敏腕の大番頭」、「メディチ商会を切り盛りしたキーマン」と描くことに、フェルナンデス＝アルメストは慎重な姿勢をとる。彼によると、アメリゴはワイン販売と債権回収を任され、メディチ家の商業上のパートナーの中でも扱いの難しい連中とのフィクサーのような立場にあった。しかもアメリゴへの依頼状は借金関係や表に出しにくい取り次ぎや交渉が少なくないため、アメリゴは裏の危険な仕事に関わっており、おそらく個人的に宝石類のディーラー業にも手を出していた、とフェルナンデス＝アルメストは考えている。

スペインとの結びつき

ベンチーニとスミスが古文書館で探し、集めたアメリゴ関係の書簡の中に、イベリア半島におけるメディチ銀行の代理人に関するものが数通ある。銀行と言っても貸し付け業務だけでなく、商品の買い付けも行い、客から資金を預かって投資もするなど手広く活動していた。また、本家は毛織物業や絹織物業も行っていたから、メディチ商会というほうがふさわしい。メディチ商会はイベリア半島には支店を設けず、リスボン、セビーリャ、バルセロナ、バレンシアなどに代理人を置いていた。現地ですでに商業を営んでいるフィレンツェ人の中から、信頼できる人を代理人に選び、メディチ家の指示に従って買い付けを行わせたのである。

スペイン南部アンダルシア地方の中心都市セビーリャの代理人は、一四八五年以降、トンマーゾ＝カッポーニであったが、その帳簿の不自然な点を指摘する報告がロレンツィーノのもとに届く。報告書を出したのはドナート＝ニッコリーニで、イベリア半島のメディチ商会の代理人たちが毎年提出することになっている帳簿の監査役である。カッポーニについては他からもトラブルを訴える手紙が届いていたので、ニッコリーニは彼との代理人契約を破棄するよう進言し、新たな代理人としてジャンノット＝ベラルディを推薦してきた。八九年九月二四日、ロレンツィーノはアメリゴにセビーリャ行きを命じ、ベラルディの人物調査を指示した。同日、セミラミデ夫人はアメリゴに手紙を送り、娘と息子のために象牙の櫛とビロードの帽子などをスペインで買ってくるよう依頼している。

アメリゴ、スペインへ

さて、ベネズエラの伝記作家アルシニエガスは、アメリゴがこの後すぐ、九月末にフィレンツェを出てセビーリャに渡り、一一月半ばにはピオンビーノ（イタリア中北部の港町）に戻ったとしている。一一月二〇日付けでピオンビーノにいたアメリゴ宛ての手紙が残っているからである。F＝ポール、R＝レビリエールら歴史家も、アメリゴがスペインに短期滞在したという意見である。たしかに一か月半あれば、一五世紀末のこととはいえ、セビーリャに行って帰ってくることは不可能ではない。

もっとも、十分な人物調査は困難であり、カッポーニとの契約解消、ベラルディとの新契約締結などは難しそうだ。イタリアの歴史家G＝カラッチは、一通の手紙を根拠に、このときアメリゴがセビーリャへは行かなかったと主張する。それは、ルチェライという人物がフィレンツェにいるアメリゴに宛てた書簡である。日付は一四八九年一〇月一二日で、アメリゴから一〇日付けの書簡を受け取ったという一文がある。しかもこの書簡の裏面には、アメリゴの自筆で「一〇月一五日、受領」という注記がある。となると、二週間ほどでフィレンツェとセビーリャの間を往復したことになり、ほとんど不可能に近い。できたとしても、任務は果たせない。したがって、主人から出張命令が出たにもかかわらず、アメリゴは何らかの理由でこの年の秋にはセビーリャへは行けなかった、と考えるのが妥当であろう。取りやめた理由は明らかでない。

いずれアメリゴはセビーリャへ行くのだが、それはいつか。アメリゴがフィレンツェにいることを示す文書のうち、最も日付の遅いものは一四九一年一一月一〇日付けの書簡。他方、九二年三月一〇日以前に彼がセビーリャにいたことを示す文書がある。同市に滞在中のフィレンツェ商人、ミケーレ＝デ＝ニッコロ＝リッチャルバーニは、同年二月一日、フィレンツェで貸付金を徴収する代理人を指名する必要が生じた。委任状を作成し、それに法的価値を与えるため、セビーリャ在住の四人のフィレンツェ人の署名を付した。ジローラモ＝ルファルディ、ベラルディ、ニッコリーニ、そしてアメリゴである。日付は一四九一年三月一〇日となっているが、フィレンツェ式の年号表記であるから九二年三月のことである。したがってアメリゴは九一年晩秋から九二年初春の間にフィレンツェを出て、セビーリャに来たと見なしてよい。

先の委任状に署名した四人のうち、ベラルディとニッコリーニについては前にも名前を出した。メディチ家の代理人カッポーニの不正を告発したニッコリーニは、アメリゴがすぐにスペインへ来られなかったため、自ら代理人を代行したらしい。彼が九一年四月初旬にはスペインに戻っていたことが、別の書簡からわかっている。そのニッコリーニが新たな代理人として推挙したのがベラルディ、彼の下で働いていたのがルファルディである。メディチ家と関係の深い二人とベラルディ商会の二人が名を連ねており、メディチ家がベラルディを代理人とする意志の表れであろう。

Ⅱ

セビーリャへ――ベラルディ、コロンとの出会い

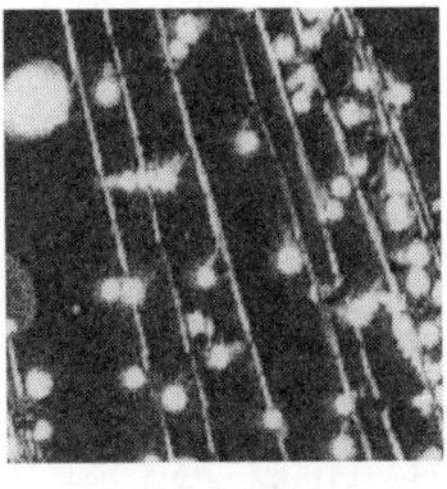

一四九二年

この年は世界史の一大転換軸で、まさに歴史の歯車が大きな音を立てて一つ回りきった年と言える。コロンがカスティーリャ王室の援助を受けて大西洋を西に向けて航海し、それまでヨーロッパ人が知らなかった土地に到達し、翌春、戻ってくる。その土地はどこなのか。コロンはインディアスだと確信し、そう喧伝するが、「西方の対蹠地《たいせきち》」だと言う人もいる。そこがどこかをめぐっては、まだ誰も確かなことは言えない。

この年、スペインにとっても歴史的な出来事が数多く起こっている。一月二日、カスティーリャ女王イサベル〔在位一四七四〜一五〇四〕、夫のアラゴン国王フェルナンド〔在位一四七九〜一五一六〕が、イベリア半島最後のイスラム王国グラナダのアルハンブラ宮殿に入城した。約八世紀も続いてきたレコンキスタの完了である。この西方十字軍活動によって、イサベルとフェルナンドはローマ教皇より「カトリック両王」の称号を与えられた。宿願を果たしたカスティーリャは半島の外にも目を向ける余裕ができ、それまで却下してきたコロンの提案（西回りでのインディアス航海）を受け入れ、グラナダ郊外のサンタ－フェで協約を結ぶ。四月一七日のことである。八月三日にスペイン南部のパロス港を出た三隻（サンタ－マリア、ラ－ニーニャ、ラ－ピンタ）は一〇月一二日、バハマ諸島の一つグアナアニ島（現ワトリング島と言われている）に到達する。

また、イスラム教徒を破った勢いに乗って、カトリック両王は国内のもう一つの異文化勢力、ユダヤ教徒に対しても手を打つ。同年三月末、ユダヤ教徒に対し、四か月以内に改宗するか、国外退去するか、決断を迫った。ユダヤ教から改宗した新キリスト教徒に対しても、異端審問所（いわゆる宗教裁判所）を通して監視の目を光らせていたし、イスラム教徒に対しても改宗を迫る（一五〇二年）などスペインの宗教統一をはかる一歩を踏み出したのである。追放令の結果、国外退去となったユダヤ人は数万人にのぼったと言われている。コロンがパロス港を出たのは、退去期限（七月三一日）の直後＊であった。

＊コロンも旧ユダヤ教徒（新キリスト教徒）で、出港の際、退去できなかったユダヤ教徒を乗船させ、新世界へ連れていったのではないかという人もいる。

また、この年の八月、人文学者アントニオ＝デ＝ネブリハ〔一四四一〜一五二二〕によって『カスティーリャ語文法』がカトリック両王に献呈された。当時のヨーロッパには古典語、特にラテン語を学ぶための文法書はあったが、日常使われている言葉（俗語）の体系的な文法書としては初めて＊のものであった。なぜこのようなものが必要なのか、イサベル女王の問いにネブリハはこう答えた。「言語は帝国の朋友」であり、帝国が異言語の民族を支配した場合、敗者は勝者の法と宗教を受け入れ、勝者の言葉（カスティーリャ語）を学ぶことになるのです、と。ただし、彼が念頭に置いていたのは新世界ではなく、北アフリカのイスラム諸国であった。

＊一五世紀半ば、L＝B＝アルベルティがトスカーナ語の文法小論を著しているが、本格的な俗語文法が出るのは、イタリア語はネブリハ文法の三七年後、ポルトガル語は四四年後、フランス語は五五年後であった。

イベリア勢力の海外進出

ポルトガルはレコンキスタを早くも一三世紀半ばに完成させており、王位継承の混乱と隣の大国カスティーリャの攻勢をしのいだアヴィス朝は、新興商人層や民衆の支持を得て安定した政権を打ち立てた。こうして国内が安定すると、一四一五年にセウタ（ジブラルタル海峡のアフリカ側対岸）を陥《おとしい》れたのを手始めに、地理的利点を生かしてアフリカ西海岸の探査を行った。目的はサハラ南部にあるはずの黄金、そしてあわよくば奴隷や胡椒《こしょう》を手に入れることであった。このような大事業には資金が必要だが、オスマン＝トルコの台頭で地中海東部を介してのアジア交易の道を断たれたイタリア商人が投資先を求めていた。また、アジアのどこかにあると信じられていたキリスト教国の司祭王、プレスター＝ジョン＊との提携も視野に入れていた。アフリカ北部、中近東のイスラム勢力を挟撃し、聖地イェルサレムを奪還するという十字軍精神が息づいていたのである。

＊ヨハネ司祭の意。スペイン語ではプレステ＝フワン。イスラム勢力に苦戦を強いられていた西欧諸国は、東方三博士の子孫であるこの神官王と彼の治める国が救世主になると期待していた。一二世紀半ば、その王からの書簡がローマ教皇に届いたという噂がヨーロッパを熱狂させた。マルコ＝ポーロもプレスター＝ジョンの国に言及している。

ポルトガルの第三王子エンリケ［一三九四〜一四六〇］が、このアフリカ西海岸の探検事業を積極的に支援した。当時一番の難所といわれていたボジャドール岬を一四三四年に回航すると、さらに南方をめざす勢いがついた。後に航海王子として知られるエンリケの生前にはアフリカ大陸最西端のヴェルデ岬を確認し、その沖では後に重要な中継基地となるヴェルデ岬諸島を発見するなど、順調に進展した。奴隷や黄金の取引で、収益もあがり始めた。ジョアン王子［後のジョアン二世、在位一四八一〜九五］がその事業を引継ぎ、一四八七〜八年にはバルトロメウ＝ディアスがアフリカ最南端の喜望峰を回航し、インド洋への道を開く。だがヴァスコ＝ダ＝ガマがインドのカリカットに到達し、帰還するのはその一〇年後のことで、その間にコロンが大西洋往復に成功し、「インディアス」に到達したため、ポルトガルはスペインに先を越された格好になった。

この間、スペインはどのような状況だったのか。一四六九年、カスティーリャとアラゴンの王位継承予定者どうしが結婚し、イサベルは七四年にカスティーリャの女王に、フェルナンドは七九年にアラゴン王となった。だが、波乱がなかったわけではない。カスティーリャでは王位継承をめぐって内戦が起こり、ポルトガル王アフォンソ［在位一四三八〜八一］が反イサベル派を支援した。七九年にイサベル側が全面的に勝ち、カスティーリャとアラゴンは、ともにイサベルとフェルナンドを国王に戴き、貴族勢力を抑えて近代国家建設の道を進む。

ポルトガルがアフリカ西岸で多大な利益をあげ始めたのに刺激されて、アンダルシア地方の漁民たちもしばしば船をギネア（西アフリカ）海域に派遣するようなった。一方、ポルトガル王室はロー

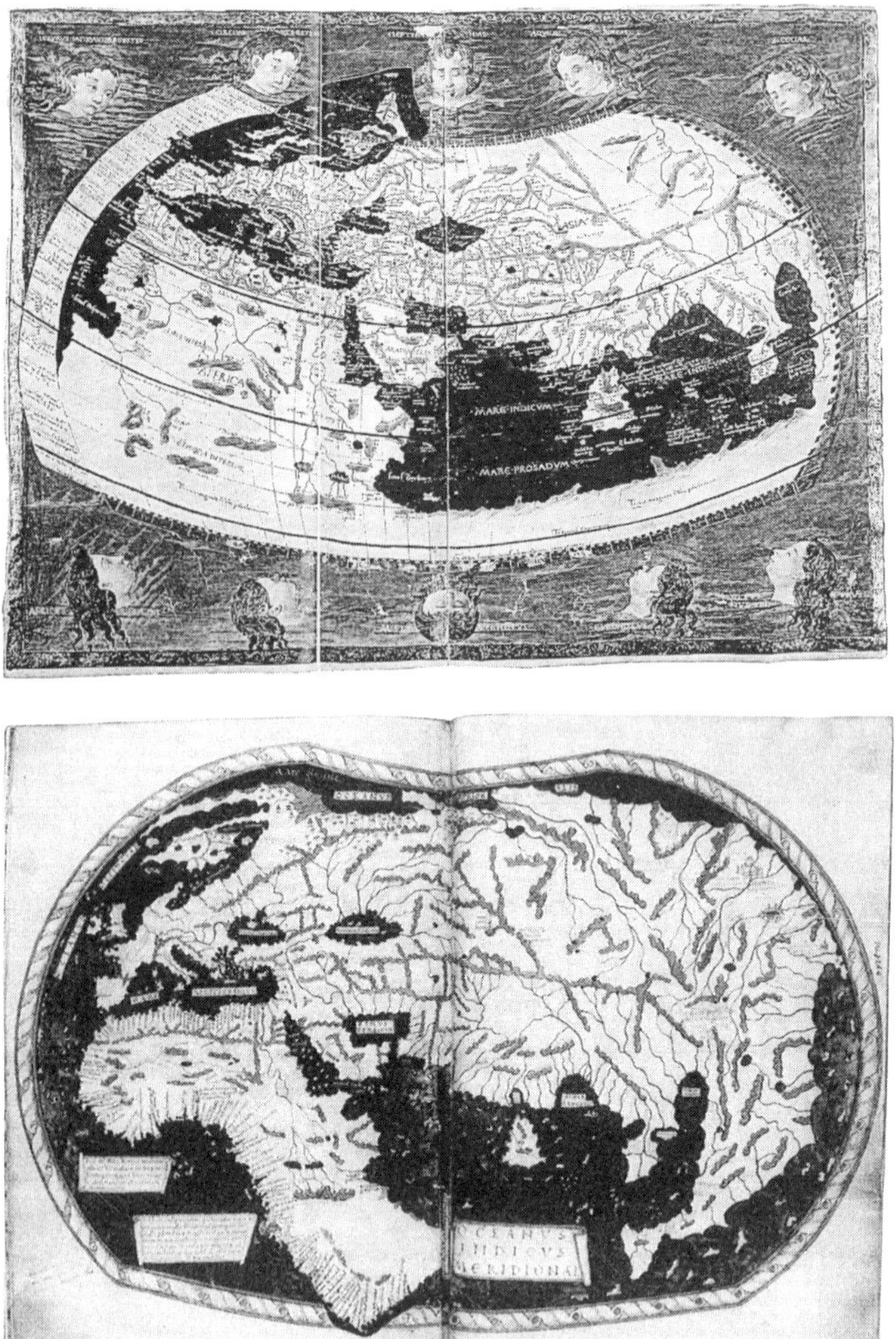

プトレマイオスの世界図：上のウルム版（1482）ではアフリカ南端とアジア東部が陸続きになり、インド洋は内海になっている。下のヘンリクス＝マルテルスの図（1489）は、最新の探検航海の情報を取り込み、上の世界図を修正。バルトロメウ＝ディアスの喜望峰回航（1487～88）により、アフリカ南端とアジア東端は離れていて、アフリカ回りでインド洋へ航海できることが示された。そのためアジアの東端は縮み、黄金半島として残った。（T・Lester）

マ教皇からさまざまな特権を獲得して、スペイン船の締め出しをはかったが、スペイン王室は拱手傍観するのみだった。

ポルトガルも関わったカスティーリャ内戦が終わって締結されたアルカソヴァス条約（一四七九年）には、両国の大西洋上の領有権・航海権を確定する条項が含まれていた。カナリア諸島およびその対岸はカスティーリャ領とし、それ以南の海域およびマデイラ諸島、アソーレス諸島などはポルトガルに帰属することになった。古い文献に出てくる「幸運の島々（Islas Fortunadas）」と見なされたカナリア諸島には、一四世紀からイタリアをはじめ、フランスやポルトガルの商人が征服を試みていた。さらに一五世紀にはカスティーリャとポルトガルが支配権を争ってきた。カナリア諸島七島のうち四つは、条約締結時にカスティーリャがすでに征服しており、残り三つの大きな島（グラン－カナリア、ラ－パルマ、テネリフェ）は、それぞれ一四八〇、九二、九六年に征服される＊。

＊カナリア諸島は、その後の探検事業を首尾よく進める上で重要な役割を果たす。長いインディアス航路の中継・補給基地であり、また、アメリカ大陸の新しい環境にスペイン人が適応するための実験場となった。

イベリア半島のイタリア商人

ポルトガルやスペインの大西洋およびアフリカ西岸への探検・征服・交易などの事業には莫大な資金が必要であった。農業や漁業以外に大した産業のないポルトガル、内戦や対グラナダ戦争で苦しいカスティーリャ、経済不振のアラゴンに潤沢な資金はない。その両国の領土拡張事業を資金面で支えたのが、イタリア商人であった。古くは一三世紀末のランサロット＝マルチェロによるカナリア諸島発見、ジェノヴァのヴィヴァルディ兄弟による大西洋航海、一四世紀半ばのジェノヴァとポルトガルによるアソーレス諸島発見をはじめ、なかば伝説的探検もある。はっきりとした証拠を残しているのはヴェネツィア人のカダモストで、一五世紀半ば、ヴェルデ岬まで二度も航海し、種々の情報を伝えた。オスマン帝国の伸張で地中海東方への行き場をなくしたイタリア商人、特にジェノヴァやフィレンツェの商人たちは、活路を西に求めた。

たとえば、フィレンツェのバルディ家は一四世紀半ばにはポルトガルに拠点を置き、一五世紀半ばには同国王室からさまざまな特権や保証を得て、初期の大西洋探検で重要な役割を果たした。フィレンツェのポッツィ商会の代表がリスボンの聖堂参事会員マルティンスに書簡を送り、西回りのアジアルートを推奨したのも、以前から繋がりがあったからである。ポッツィ商会の代表はトスカネリに他ならない。また、一四八〇年に、ポルトガル王室から奴隷と香料の独占交易権を年四万クルゼイロで獲得したのも、フィレンツェ商人バルトロメ＝マルキオーニであった。

スペインにもイタリア商人は多く、とりわけジェノヴァ商人はグラナダ王国の商業をほぼ独占し、セビーリャでも優位に立った。カスティーリャに帰化した者、アンダルシア諸都市で貴族となった者も多い。スピノラ、カターニョ、ボカネグラ、アドルノ、チェントゥリオーネ、リベロル、ピネッリ、ソプラニ家などがその代表的な例である。彼らは外国貿易に直接、間接に携わり、利益を得ていた。ジェノヴァ商人の数は、一五世紀後半にしだいに増加する。カスティーリャとアラゴンが共同統治され、グラナダ王国の征服も時間の問題であったから、彼らにとってスペインは魅力的な市場であった。カスティーリャにしても、ユダヤ教徒に強硬な政策を採ることになれば、その代わりの資金提供者を捜さねばならない。イタリア商人なら十分にその穴を埋めることができる。こうして両者の思惑、利害がうまく一致した。

フィレンツェ商人の活動も確認できる。メディチ家は一四二〇年代からセビーリャに代理人を置き、ブオナグイーシ家は七〇年代にカスティーリャのギネア交易の管理を任されていた。九〇年代にはいると、フィレンツェ出身のベラルディ、バルディ、カッポーニ、カルドゥッチ、リドルフィ家などが拠点を構えた。彼らの多くはメディチ家と関わりがあったが、シモンとドナートのニッコリーニ兄弟もその代理人で、その下でピエロとトンマーゾのカッポーニ兄弟が働いていた。

ベラルディという人物　ジャンノット＝ディ＝ロレンツォ＝ディ＝ベラルド＝ベラルディは、一四五七年、トスカーナ地方の村で絹織工の子として生まれた。父がポルトガルへ移住し、サンゴ漁とアフリカ交易で財を成し、息子を呼び寄せる。彼がリスボンへ移ったのは、父がアフォンソ五世から交易拡大の許可を得た一四七三年頃であろう。そして父のかたわらで商売を学んだ。

一四八五年のカスティーリャの文書に、ジャンノット＝ベラルディの名前が現れる。ベラルディ

&マルキオーニ商会保有の奴隷が、密輸の廉《かど》で差し押さえられたのである。差し押さえは解除されたが、その交渉過程で彼の名前が出てくる。そしてこの事件がきっかけで、ジャンノットはセビーリャに定住することになり、翌年には両王から国内で自由に交易する許可と保護を得ている。

許可証には、フワノト［ジャンノットのスペイン名］がセビーリャに定住し、フィレンツェ、ポルトガルと交易すること、金・銀・貨幣など持ち出し許可品が明記されている。先の差し押さえ事件が如実に物語るように、ベラルディ家がアフリカ交易で扱っていた主力商品は、奴隷であった。ポルトガルの奴隷交易はマルキオーニが独占し、リスボンからスペインへはベラルディが窓口となり、それをバレンシア在住のバルチが受け取り、フィレンツェへ輸出していた。そのルートは一四八九年にはできあがり、この年から一〇年間にバレンシアに入ってきた黒人奴隷二四五二人のうち、二〇〇四人はバルチによるものであった。

こうして、一四八六年からセビーリャに拠点を移したベラルディは、すぐに頭角を現す。九二年までに少なくとも三人の代理人を抱え、奴隷のほかにも木材・布地・皮革・染料などを手広く扱うようになっていた。レコンキスタの仕上げにかかっていたカトリック両王がバサ包囲戦（一四八九年）に際して、六万マラベディを彼から強制的に借り上げたのも、よほど羽振りが良かったからであろう。カッポーニに代わるメディチ家の代理人として推されたのも、当然の成り行きだった。

コロンとベラルディ

コロンがポルトガルに初めて来たのは一四七六年頃で、その後およそ一〇年間はポルトガルで航海技術を磨き、アフリカのサン＝ジョルジョ・ダ・ミナ要塞へも足を伸ばしている。コロンとベラルディの出会いがはっきりとわかっているのは、一四九二年の春、グラナダ郊外のサンタ＝フェにおいてである。このとき、コロンは西回りでインディアスへ向かう航海計画をようやくカスティーリャ王室に承認され、出資金の分担、成功報酬などについて王室と最後の詰めをしていた。最終的には同年四月一七日にサンタ＝フェ協約としてまとまる。同じ時期、同じ場所にベラルディもいた。彼はアロンソ＝デ＝ルゴ、フランシスコ＝デ＝リベロルとともに、カナリア諸島のパルマ島の征服を立案し、やはり協約の締結を待っていた。彼とジェノヴァ商人リベロルが資金を提供し、ルゴが征服の指揮を執ることになっていた。コロンは五月半ばまで約半年の間サンタ＝フェに滞在しており、ベラルディは四月末までいたので、話し合う機会は十分にあった。

コロンの第一回航海に資金提供したのが、ベラルディだったと言われている。この航海に王室が提供した資金は一〇〇万マラベディで、ラス＝カサスによると、実際には二〇〇万必要だったが、コロン自身が五〇万出した。当時のコロンにそれだけの自己資金はない。同郷のジェノヴァ商人が興味を示したのは確かな利益が見込めるようになってからだった。九五年一二月に認めた遺言でベラルディは、コロンの事業に三年前から全精力を傾けてきたが、まだ一八万マラベディが返済されていないとしている。第二回航海が終盤にさしかかった段階でも、まだそれだけの額が未回収だったのである。

アメリゴの九二、九三年

九二年三月一〇日、アメリゴはベラルディとともにセビーリャにいた。その後、サンタ－フェでベラルディがコロンに資金提供を申し出たとすれば、八月三日に彼の船隊がパロスを出港するまで、アメリゴもその準備に携わっていたと思われるが、はっきりとした証拠はない。

九三年一月末に、アメリゴとニッコリーニがバルセロナから連名で出した手紙がある。宛名はないが、内容や文面から判断すれば、ロレンツィーノに違いない。二人は、カディスから出る船がすべて契約済みのため、商品の塩を動かせないと報告している。また、年末にバルセロナで起きた国王フェルナンド襲撃事件に触れた後、近々どちらかがフィレンツェに赴き、直接報告するかもしれないと伝えている。しかし少なくとも、アメリゴがフィレンツェに戻ることはなかった。

この時点では、アメリゴとメディチ家との繋がりはまだ強かった。しかし、その後アメリゴはベラルディとの仕事の割合を増やしていく。九四年から九五年にかけて、ニッコリーニとアメリゴが不渡り手形をめぐって裁判で争った際、アメリゴは自らを「ベラルディの同僚」、「代理人」としている。とはいえ、メディチ家との関係が切れてしまったわけではない。その後の書簡はほとんどロレンツィーノ宛てだからである。

生き馬の目を抜くようなセビーリャに魅力を感じたということもあろうが、一方でフィレンツェに戻りにくい事情もあった。アメリゴがフィレンツェを出た頃から、トスカーナ地方の雲行きはしだいに怪しくなっていた。九二年、大ロレンツォが四三歳の若さで亡くなる。その死を予言し、フィレンツェ人の享楽的生活や教会を批判してきた修道士がいた。ドミニコ会の説教師サヴォナローラ［一四五一〜九八］である。ロレンツォ死後、彼はますます声高に終末論をふりかざし、この町に神罰が下ると説教し、フィレンツェ人を縮み上がらせていた。一方、ロレンツォの後を継いだピエロは、無能を絵に描いたような人物だったため、人心は離れつつあった。ピエロと分家のロレンツィーノとの対立も激化していた。アメリゴが帰郷に二の足を踏んだのもそのような事情が左右したのであろう。

一四九二年、スペインの貴族、ボルジア家出身のアレクサンデル六世［在位一四九二〜一五〇三］が教皇になる。甥のチェーザレ＝ボルジア枢機卿をつかって教皇領の拡大をはかったため、それまで四〇年近くの間、微妙に保たれてきたイタリア半島内の均衡が崩れ始める。九四年には、フランスのシャルル八世が、ナポリ王国の継承権を主張してイタリアに侵入。ピエロ＝デ＝メディチがシャルルと交渉したものの、屈辱的条件をのんだため、市民の怒りが爆発し、メディチ家は追放されてしまう。以後、ロレンツィーノもメディチの名を棄て、民衆派《ポポラーノ》を名乗る。多くのフィレンツェ市民がサヴォナローラに心酔し、九八年までその神権政治が続く。

バルセロナからの手紙をアメリゴは「他に知らせることはない」と締めくくった。確かにこの段階では、コロンたちはまだイベリア半島に向け大西洋を北上中で、

コロンの帰還

三月まで誰も驚くべきニュースを知らない。三月四日、コロンは嵐を避けるため、リスボンにやむなく入港した。領海侵犯を疑うポルトガル王室から事情聴取を受けた後、パロスに戻ったのが同月一五日。当時、両王はバルセロナに滞在中で、コロンはしばらくセビーリャで休息した。色鮮やかなオウム、輝く金塊、六人の先住民などを携え、コロンは、四月半ばにバルセロナで両王に謁見し、帰朝報告をする。

帰還を祝福する両王からの書簡（三月三〇日付）には、すぐさま次の航海の準備をするよう指示があった。第一回航海の詳しい報告を聞く前に、両王の心はすでに次の航海に飛んでいたわけで、その喜びよう、期待の大きさが手に取るようにわかる。むろん、コロンが到達した土地の領有権を巡って、ポルトガルとのつばぜり合いが始まっており、カスティーリャの領有を確たるものにするため少しでも早くかの地に戻る必要があった。三月末か四月初めにはコロンの報告書簡を刊行し、五月にローマでそのラテン語版を出したのも広報周知が目的であった。

その第二回航海の準備を任されたのは、フワン＝ロドリゲス＝デ＝フォンセカ［一四五一～一五二四］、フランシスコ＝ピネロ、ベラルディの三人であった。フォンセカは当時セビーリャの助祭長

で、後にバダホス司教、ブルゴス司教などを歴任する一方、インディアス関係の最高責任者となる。ジェノヴァ出身のピネロはサンタ－エルマンダーという警察的機構の財務担当で、アラゴン王国のサンタンヘルとともに第一回航海の王室出資分を工面した人物である。フォンセカは王室側の監督、ピネロは出納係で、準備の実務はベラルディが担当した。五月二三日、王室はベラルディに、一〇〇トン以上二〇〇トン未満の船を買い取って、艤装《ぎそう》し、食料を調達するよう命じている。

アメリゴも、ベラルディとともにコロンの手足となって奔走した。三隻、九〇人だった第一回航海に比べ、今回は一七隻、一五〇〇人という大所帯である。しかも、気候の良い時期に出航したいため、準備を急がねばならない。船・武器（大砲・刀剣・槍・火薬など）・食料（ワイン・小麦粉・油・酢・チーズ・乾パンなど）・種子・農耕具・家畜・建材の買い付けだけでなく、人集めもせねばならなかった。それも船員だけなく、大工・左官・鍛冶などの職人や農夫を求め、セビーリャ、カディス、マラガ、パロスなどアンダルシア各地をかけずり回った。八月四日、ベラルディは見事に任務を遂行したと、国王から顕彰されている。コロンの出航は九月二五日。意気揚々とサン－ルーカルを後にした。

ところで、提督コロンは全幅の信頼を置く弟のバルトロメ［一四六一？～一五一四］を同行させたかったが、滞在先のフランスからまだ戻っていなかった。兄の航海が成功したとの報を受けバルトロメがセビーリャに駆けつけたのは、九三年末もしくは九四年初頭のことである。スペインの研究者コンスエロ＝バレラによると、バルトロメはセビーリャに着くとすぐにベラルディ宅に身を寄せ、兄からの手紙や指示を受け取った。まずは、幼い甥たち、ディエゴとエルナンドを連れて宮廷へ赴き、彼らをフワン王子の小姓として預かってもらい、食料供給船を率いてインディアスへ向かう手筈《はず》であった。その出発、到着の時期については諸説ある。エルナンド＝コロン〔一四八八～一五三九、父の伝記を著した〕やラス＝カサスは四月一四日にエスパニョーラ島に着いたというが、これはありえない。なぜなら、コロン提督は四月二四日から約五か月間、キューバ探検に出かけており、その留守の間にバルトロメが来たことがわかっているからだ。バルトロメが着いたのは六月末と考える研究者が多い。

いずれにせよ、バルトロメが出発する直前まで、インディアスからは情報も入ってこなければ、黄金も届かなかった。コロンが死んだのではないかという噂さえ、飛び交った。期待が大きかっただけに、王室もベラルディも焦り始めていた。ベラルディとバルトロメは航海の準備をしながら、インディアス事業の今後について何を話し合ったのであろうか。

先住民奴隷化

さて、バルトロメが三隻を率いてエスパニョーラ島へ向かう前に、コロンの報告書を携えたアントニオ＝デ＝トーレスがインディアスから戻ってきた（三月七日）。第二回航海に出た後、初めて戻ってきた船団である。このとき、コロンが率いた一七隻のうち一二隻が帰着したが、そこには多少の香料（ほとんどはシナモン）、六〇羽のオウム、二六人の先住民、三万モネーダ相当の黄金……そして数多くの病人が乗っていた。長旅、慣れない環境、食料不足、先住民との対立（前回、エスパニョーラ島に残した三九人は全員死亡していた）、期待外れの黄金や香料……帰国者の口からは不平不満が次々に飛び出し、新大陸事業について悪評が広まる。

トーレスが持ち帰ったコロンからの報告書（一月三〇日付）も、厳しい現実を垣間見せるものであった。エスパニョーラ島のすばらしさ、砂金が豊富なことを繰り返しつつ、カニバル（canibal）あるいはカリベ（caribe）と呼ばれる食人種を奴隷として本国に送ることを提案していた。勇猛で、体格も立派で、理解力もある彼らは野蛮な風習さえ取り除けば、誰よりも優秀な奴隷になるとコロンは評価していた。

そう言えば、九二年一〇月一二日、大西洋を越えて初めてグアナアニ島に到達した日の航海日誌に、コロンは先住民が「よい下僕になるに違いありません」と書いている。奴隷商人コロンが顔をのぞかせた瞬間である。当時のヨーロッパ人、とくに地中海商業、アフリカ交易に携わっていた人々は黒人奴隷を日常から目にしており、異教徒の先住民を奴隷にすることに、罪悪感はほとんどなかったのである。

先住民を、とくに食人種カニバルを奴隷とするというコロンの提案に、ベラルディが反対する理由はない。アフリカやカナリア諸島での奴隷交易で身を立ててきただけに、手っ取り早く利益をあげるには先住民奴隷の交易をおいて他にない、と彼も考えた。ベラルディはトーレスとともに、宮廷のあるメディナ－デル－カンポへ急行し、七月半ばまで善後策を協議した。その内容を我々は知らないが、宮廷を辞する直前、ベラルディはかつて王室に貸し付けていた六万五〇〇〇マラベディの返済を受け、さらに一万七〇〇〇マラベディの報奨金をもらい、今後コロンの代理人として船舶の派遣に関与し、収支記録に目を通す権利を認められた。ベラルディはコロンの権益を代表する存在となったのである。この頃から先住民奴隷化事業が積極的に推し進められ始めた。

九五年四月、トーレスが再びセビーリャに戻ってきた。エスパニョーラ島を出る時に積んだ五〇〇人あまりの先住民奴隷のうち、二〇〇人は途中で死亡した。サンタ－フェ協約ではインディアスからの商品は王室が売却し、コロンは収益の八分の一を手にすることになっていた。奴隷売買による収入も同様である。国王はフォンセカに、良い市場となるアンダルシアで奴隷をできるだけ高く売りさばくよう指示した（四月一二日）が、四日後、先住民奴隷の売買に突如として「待った」がかかる。法学者や神学者らが先住民奴隷化の正当性を審議し、結論が出るまで、取引は見送ることになった。コロンが送ってきた先住民たちがどういう性質のものか、つまり反乱者、戦争捕虜、あるいは人肉を常食とするカリベ人であるのか、を見極める必要があるのだという。

奴隷を売却して資金を回収しようとしていたベラルディは慌てた。コロンの取り分にあたる八分の一相当の利益を要求したが、審議会の答申が出るまで待つよう言われた（この答申、それに基づいて出された法令は残っていないが、先住民が自由身分であるという結論であったことはわかっている）。ただ、奴隷としてでなく、通訳養成用に連れてきた九人（なお、原文では"nueve cabezas de indios"つまり「九頭のインディオ」と表現され、人間扱いされていないことがわかる）は、六月になってベラルディに返された。なお、同年一〇月、ベラルディの代理人として、アメリゴは三万八七〇〇マラベディ相当の奴隷を受け取っている。当時の相場では五、六人分に相当する（九七年にバルトロメ＝コロンが送った多数の奴隷は、セビーリャで一人六～九〇〇〇マラベディの値がついた）。

先住民奴隷の交易は一五〇〇年頃まで散発的に行われたが、その後しばらく途絶える。一つには、同年、コロンが三〇〇人の奴隷を送ったことにイサベル女王が激怒し、すぐさま送還させたからである。また、先住民は環境の変化に耐えられず、あまり労力にならないこともわかってきたからである。しかし、期待したほどの利益があがらず、カリブ海域で労働力不足が深刻化してくると、「食人種」であるカリベ人にかぎり奴隷化が承認された（一五〇三年一〇月三〇日付勅令）。食人種か否かの判断をしたのはスペイン人である。さらにエンコミエンダ制も導入された（〇三年一二月）。

インディアス交易自由化とベラルディの対策

当初、インディアス事業は王室とコロンが独占的に管理しており、渡航者は王室から給与を支給されるだけで、自由な商業活動も発見・探検もできなかった。他方、その事業で収益があがらない以上、給与・食料費・輸送費などを支出し続けねばならない王室にとって、この事業は重荷になる。黒字転換の見通しが立たず、抜本的な改革が必要なことは誰の目にも明らかだった。そこで九五年四月一〇日、王室はインディアスへの渡航・発見・交易を自由化した。給与を出すのをやめる代わりに、渡航制限をなくし、入植希望者には土地を与え、一定期間は食料を無償提供し、租税を免除する。ただし、獲得した黄金や産物、交易で得た利益に課税するというのである。

これはサンタ＝フェ協約の趣旨に反していたが、王室としても苦肉の策であった。というのは、前年一一月にエスパニョーラ島から帰国したボイル師やペドロ＝デ＝マルガリーテが当時の体制を痛烈に批判したため、コロン一族への風当たりはますます強くなっていたからである。しかも、悪い評判が広まって、二月一八日に王室がフォンセカに送るよう命じた食料供給用の四隻の船も、人集めで行き詰まっていた。

一方、コロンの代理人として、ベラルディもインディアス事業改革案を王室に提出した（日付はないが、九四年末から九五年初頭のころと思われる）。その骨子は、王室が渡航者に給与を払う直営・独占方式を止め、個人に渡航と交易の自由を与えるという点にある。また、給与として準備している資金で王室が船を購入し、それをインディアスでの交易に使わせ、傭船料《ようせん》をとる、また食料を買って配給し、入植者の不満を抑えるなどの提案もしている。もっとも、コロンと王室の権益を守るため、エスパニョーラ島を必ず発着の起点とするよう制約もつけ加えている。

このベラルディ案を換骨奪胎《かんこつだったい》したのが四月一〇日の自由化令で、コロンの特権はエスパニョーラ島に限定された。コロンにもベラルディにとってもこれは受け入れがたいものであり、ベラルディは自由化令が公布される前日、王室と新たな契約を結ぶ。自由化を事実上、意味のないものにするため、傭船料をきわめて低く抑え、王室が派遣する船舶の独占をはかる。通常一トンあたり三〇〇〇マラベディだった傭船料を二〇〇〇に下げたうえ、三〇〇〇以下の料金を提示する業者がいる場合は、提示額より一〇〇〇マラベディ下げると大見得を切った。さらに年内に九〇〇トン級を四隻ずつ三度にわたり派遣し、最初の四隻は二週間以内に出すことも約束した。期日を守れなかった場合は、一隻につき一日二〇〇〇マラベディの違約金を払うとも付け加えた。なりふり構わず独占体制を維持し、競争相手の出現を妨げようという姿勢である。

ベラルディの「はったり」が功を奏したのか、悪い噂が流れてインディアス交易が魅力を失ったのか、交易に参加しようという者は出てこない。五月になって二度、王室は交易条件をさらに緩和し、保証も与える。それでも、インディアスに乗り出そうとする者はほとんどいなかった。一方、ベラルディが出すことになっていた船も出航できない。四月中に出る予定の四隻は五月末に用意が整ったが、インディアス事業を統括するフォンセカは、準備不十分との判定を何度も下す。実はベラルディと並行して、彼も独自で船団を編成していた。王室はベラルディの船団を優先しようとしたが、結局、八月五日、フォンセカがチャーターした船をフワン＝アグワードが率いて出帆する。

トーレスも同行したこの船団も、もともと半年前に国王から派遣要請されたものであった。

船を出せないまま、ベラルディとアメリゴは悶々とした日々を過ごした。そして九五年一二月半ば、ベラルディは他界する。ベラルディが遅延違約金を支払ったことを示す史料は残っていない。彼の遺書には、コロンのインディアス事業に全身全霊を傾け、自分の商売をなげうち、自分や友人の財産も使い果たした、とある。ベラルディ商会は破産に追い込まれ、遺族に残された財産はほとんどなかった。

ベラルディ死後のアメリゴ　ベラルディは、コロンが第一回航海から戻って以来、黒人奴隷交易もニッコリーニに委譲してインディアス事業に専念していた。利益があがらないうちに、ベラルディは没した。遺言執行人・資産後継人に指名されたアメリゴは、債権の回収、ベラルディ商会の残務処理と清算などに追われた。破産した商会を引き継いだ彼に、コロンの事業に出資するだけの経済的余裕はなかった。メディチ家の代理人になろうともしていない。ニッコリーニとロンディネリがメディチ家の代理人業を取り仕切っていたからである。

アメリゴにはどうしてもやり遂げたい仕事があった。インディアスへの船団派遣である。ベラルディの弔い合戦という面もあったが、これにベラルディ商会の再建を賭けざるを得なかった。それまで出港を認めなかったフォンセカも、壮年で亡くなったベラルディに心が痛んだのであろうか、九六年一月中旬に出航許可を出し、傭船料・人件費・食料費として二万五〇〇〇マラベディをアメリゴに支払っている。

アメリゴが準備した四隻の船団は、サン‐ルーカル港を二月三日に出た。ところが、五日後にはいずれも座礁し、航海は断念せざるを得なくなる。フワン＝デ＝サスエタの旗艦はロタ付近で、フワン＝デ＝サラサールとゴメス＝フェルナンデス＝デ＝ラ＝プエブラのカラベラ船はカディス沖で、フランシスコ＝デ＝オフエロスの船は漂流してタリファまで行ってしまう。犠牲者が三人だけだったことが、不幸中の幸いだった。

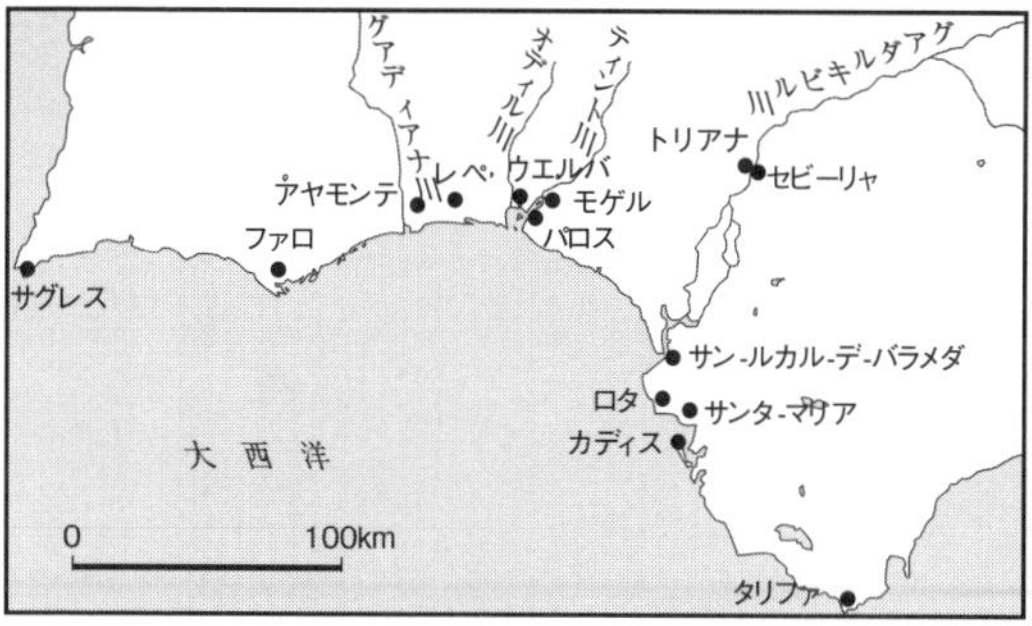

イベリア半島南西部（アンダルシア）

　これらの船のいずれかに、アメリゴも乗り込んでいたのであろうか。その点については、専門家の間で意見が分かれている。乗船派の研究者が根拠にするのは、難破船の荷物引き取りに関する書類にある「（ア）メリゴ＝ベスプチェがフワン＝デ＝サスエタの船で運んでいたワイン二樽…」という一文である。反対派はこの文を、サスエタに「依頼して運んでいた」と解釈している。ベラルディの生前ならアメリゴが乗った可能性は高いが、今やセビーリャですべき仕事が山積しており、乗り込めるはずがないと主張する。

航海がうまくいっておれば、アメリゴの航海経験にプラスになり、彼が乗船していたかどうかという問題も意味があろう。しかし、あまりにも早く座礁し、あまりにもあっけなく夢は潰《つい》えた。ベラルディ商会再建の目途も立たない。

III 自ら、海へ——第一回航海は行われたのか

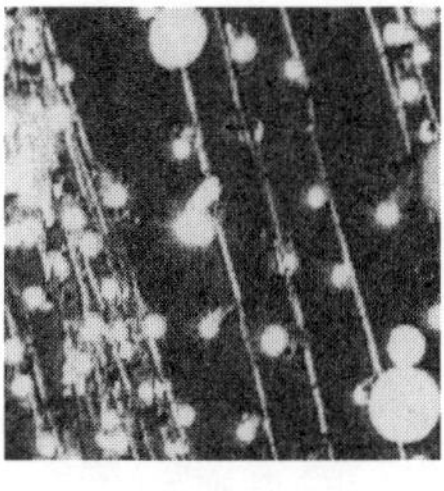

ポルトガルとカスティーリャの境界問題

さて、時計の針を少し逆に回してみよう。一四九三年三月四日、コロンが第一回航海からの帰途、嵐を避けてリスボンに緊急入港したときのことである。ジョアン二世はコロンがポルトガルの領海を侵犯したとの疑いを抱き、船隊を派遣して調査する構えを見せた（極秘に三隊を送り出し、うち一隊がブラジルに到達したと考える人もいる）。一四七九年のアルカソヴァス条約により、カスティーリャはカナリア諸島から南のアフリカ西岸へは無断で航海できないことになっていたからである。

境界線をめぐる交渉が二国間で始まる。それと並行して、カトリック両王は教皇庁にも働きかけて、五月三日付けで二通の大教書を引き出した。その一つ「インテル－セテラ」は、コロンが発見した島々と土地の住民にキリスト教を弘布《こうふ》することを両王に義務づける一方、先の地域およびコロンが今後発見するであろう地域での独占的布教権（世俗的支配権に相当）を認めた。つまり、スペインに実質的領有権を与えたわけで、これを贈与大教書という。もう一つの「エキシミエ－デボスティオニス」では、アフリカ西岸に関してポルトガルに与えられていた諸特権が、コロンの発見地に関してカスティーリャに認められた。

それだけでは不満だったカトリック両王はさらに強く働きかけ、六月末に新たな教書を得た。この新版の「インテル－セテラ」（五月四日付になっている）では、ポルトガル・スペインの大西洋上の境界線の位置が明記されている。アソーレス諸島およびヴェルデ岬諸島の西一〇〇レグワの地点を通る子午線（これを教皇分界線という）の東をポルトガル領、西をスペイン領としたのである。

その後も二国間で交渉が続き、九四年六月七日にスペイン西部のトルデシーリャスで条約が締結され、両国の境界線はヴェルデ岬諸島の西三七〇レグワ（レーガと同。二〇〇〇キロ強）を通る子午線と定められた。これは、コロンがカナリア諸島とインディアスを隔てると考えていた距離の半分に相当する。この境界線を地球の裏側に延ばすと、広島県東部の福山市付近を通り、オーストラリアのほぼ中央を貫通する。両国が先陣争いを演じていた香料諸島、つまりモルッカ諸島はポルトガル側にはいり、ブラジルの一部もポルトガル領となるのだが、条約締結時点では、香料諸島の位置もブラジルの存在もまだヨーロッパでは知られていなかった。

当時、緯度の計測は誤差が少なくなかったものの、ある程度できた。ところが経度の計測は現実的に困難で、ヴェルデ岬諸島の西三七〇レグワという地点を割り出すことは難題中の難題であった。そこで両国が納得できる形でこの地点を決定することが九〇年代後半の懸案事項であり、この時期の航海はその境界線を画定する材料を集めることを目的の一つとしていた。条約では、一〇か月以内に両国の専門家を一緒にヴェルデ岬諸島へ派遣して調査させ、境界線を画定することになっていた。九五年九月末をめどに、スペイン西部のバダホス近郊で、両国の専門家会議が開催されるはずであった。しかし、技術的な困難に加え、この時点ではポルトガル側が乗り気でなく、トルデシーリャス条約線の画定問題はしばらく棚上げされる。

コロン、第三回航海への試練

一四九五年から九七年にかけて、スペインは他にも外交面で重要な懸案を抱えていた。九四年にフランスがナポリ王位を要求してイタリアに侵入したのに対抗して、スペインは神聖ローマ帝国、ヴェネツィア、ミラノと神聖同盟を結んだ（九五年三月）。それにともない、九六年から九七年にかけて、二組の婚姻が決まった。スペインのフワン王子と神聖ローマ皇帝マクシミリアンの娘マルガリータ、そしてカトリック両王の末娘フワナと皇帝の息子フィリプの結婚である。フワナをフランドル（オランダ南西部からベルギーにかけての地方）に送り届けた一三〇隻の船は、マルガリータをスペインへ連れて戻った。九七年四月にブルゴスで行われたフワン王子の結婚式には、コロンも列席している。また、両王の長女イサベルは同年九月末にポルトガル国王マヌエル［在位一四九五〜一五二一］に嫁ぎ、次女カタリーナはイギリスの皇子と婚約するなど、この期間に婚姻外交がさかんに展開された。

両王が外交問題に忙殺されていたこともあり、コロンの第三回航海に関する交渉もなかなか進展しなかった。ようやく九七年四月二三日になって、両王はコロンにサンタ－フェ協約の履行を約束し、次期航海の交渉が本格化する。六月二日にはかつての渡航自由化令が部分的に廃された。一五日には第三回航海に関する指令が出され、航海に参加させる人数・職種・持参する物品などが指定された。二二日には、軽犯罪者でも渡航を希望すれば特赦《とくしゃ》が与えられ（それだけ渡航希望者が激減していた）、翌月には、四年以上の居住者に土地が分与されることが決められた。

航海の準備は着々と進んでいたが、その流れは突然、止まってしまう。王位を継承するはずのフワン王子が急逝（九七年一〇月）し、国中が喪に服した。そのうえマルガリータ妃も流産し、ポルトガルに嫁《か》した長女イサベルも翌年には帰天してしまう。コロンの出航は、九八年の五月末になってからになる。

アメリゴ空白の三年間　九六年春以降、アメリゴの確かな足跡は史料からは途絶えてしまう。再びアメリゴの名が文献に現れるのは一四九九年五月一三日で、それまでの三年はアメリゴの空白期間である。さて『四度の航海』は、アメリゴの第一回航海が九七年五月一〇日から約一年半にわたり行われたとするが、この話を鵜呑みにするわけにはいかない。今なおこの航海が行われたと考える人がいるのは、アメリゴの断片書簡に「カスティーリャ王室の援助で二度、航海した」とあることに加え、この三年間の彼のアリバイが証明できないからに他ならない。

一九世紀の碩学アレクサンダー＝フォン＝フンボルト〔一七六九〜一八五九年、ドイツの地理学者〕は、この時期、アメリゴはコロンの第三回航海の準備に追われていたため、一四九七〜九八年の航海（いわゆるアメリゴの第一回航海）はありえないと主張した。確かに、コロンの最初の二回の航海にはベラルディ商会が資金提供し、航海準備に携わったため、アメリゴもかかりっきりになった。しかし、コロンの第三回航海に資金を提供したのはジェノヴァ商人やフォンセカで、アメリゴが食い込む余地はなく、資金もなかった。関係書類にもアメリゴの名は出てこない。したがって、フンボルト説は根拠を失う。

他方、この頃アメリゴがフィレンツェに一時帰国していたと見る人もいる。あるフィレンツェの年代記の九八年の項に、アメリゴの名前が二度出てくるという。しかし、年代記の所在が今では確認できず、G＝ウツィエリが一九世紀末に転写した部分しか残っていないため、著しく正確さを欠く。帰国の理由に、九六年から九九年がヴェスプッチ家にとって困難な時期だったことが挙げられているが、説得力がない。

さて、ベラルディの遺言執行人に指名されたアメリゴは、一四九六年以降、同商会の残務処理に当たった。座礁した三隻の処理や未回収の債権も何件か残っていた。最も額が多い債権は、提督コロンに貸したままの一八万マラベディであった。九六年六月にコロンが帰国した際、その回収がうまくいったのであろうか。裁判沙汰になることはなかった。

他方、取立てがスムーズにいかないケースもあった。ペロ＝オルティス＝デ＝ハングールを保証人とし、イギリス商人ギジェルモ＝アステロイ［英名ウィリアム＝アシュレー?］に貸していた六万二三七〇マラベディをめぐっては、法廷に持ち込まれた。結審するのは、一五〇〇年三月で、保証人オルティスもすでに鬼籍に入っていた。判決の場には、アメリゴもいなかった。オヘーダの航海（いわゆる第二回航海）に参加していたからである。裁判のほうは、マリア＝セレソという女性を代理人に立てて継続されていた。代理人指名は一四九九年五月一四日。オヘーダ隊が出航する四日前である。つまり、出発直前までアメリゴ自身が裁判に関わっていたことが窺《うかが》われ、彼の意気込み、執念が感じられる。この時期、彼が生活の糧を得るには、そうするしかなかったのであろう。一五一一年にアメリゴが認めた遺書では、ベラルディからの未払い金が一四万ドゥカード（一ドゥカードは三七五マラベディ）以上あるとなっている。この時期のアメリゴは職を失い、定収も蓄えもなく、苦しい時期を過ごしていたようである。

さて、アメリゴの代理人、マリア＝セレソとはどのような女性なのか。彼女にはフェルナンドという兄弟がいて、一五〇〇年以降は彼が代理人を務めたことがわかっている。そして十数年後の書類に、ふたたび彼女の名が現れる。アメリゴの遺書に、「妻、マリア＝セレソ」として。この夫婦には子供もおらず、結婚した年や場所も不明。遺言にも持参金の言及がなく、正式な結婚だったのかもわからない。しかし、彼女がかなりのやり手だったことは確かである。夫アメリゴの死から二日後、マリアは王室と交渉し、夫が亡くなった二月二二日までのその年の給与を日割りで支払ってもらい、遺族年金も約束させた。年金の財源に充てられたのは、夫の後を継ぎ主席航海士になったフワン＝ディアス＝デ＝ソリスの給与の一部である。それだけではない。同居していたアメリゴの甥ジョヴァンニ［スペイン名はフワン］を勅任航海士《ピロトーレアル》に取り立ててもらってもいる。アメリゴが彼女を重要な裁判の代理人に指名したのもこのような交渉力を見込んでのことであろう。

また、アメリゴは遺書でマリアがゴンサロ＝フェルナンデス＝デ＝コルドバの娘であると明らかにし、同家の教会に埋葬してほしいと望んでいる。この人物は、少し前までイタリア戦線で大活躍した大総帥《グラン＝カピタン》と同姓同名だが、関係性は不明である。アメリゴは埋葬希望が断わられることも想定しているから、庶子だったのかもしれない。

要するにアメリゴは、九六年から九九年にかけてセレソ一家の助けを受けながら、ベラルディ商会の清算に携わり、未回収金の取り立てやそれに係わる裁判を行っていたと筆者は見ている。

第一回航海は行われたか

『四度の航海』によると、国王フェルナンドから発見事業の手助けを要請され、アメリゴは九七年五月に出航している。しかし、この書簡には不可解な点が少なくない。たとえば、最初に到達した地点を、カナリア諸島の西七五度（ユカタン半島に相当）、北緯一六度（グアドループ島やホンジュラスに相当）とする一方、距離はカナリア諸島から一〇〇〇レーガ（トリニダード島付近）になり、整合性を欠く。むろん、計算や計測の間違いかもしれない。しかし決定的なのは、その後に立ち寄ったことになっている北回帰線直下のラリアブから北西に向け、沿岸を八七〇レーガ（四八〇〇キロ弱）進んだとしている点である。北緯二三度五〇分の陸地ならメキシコ湾岸のタンピコあたり、誤算の幅をとってもキューバ北方沖になるが、海岸線はタンピコから北東に伸びており、北西にその距離を取るとメキシコ北部の砂漠に達してしまう。したがって、『四度

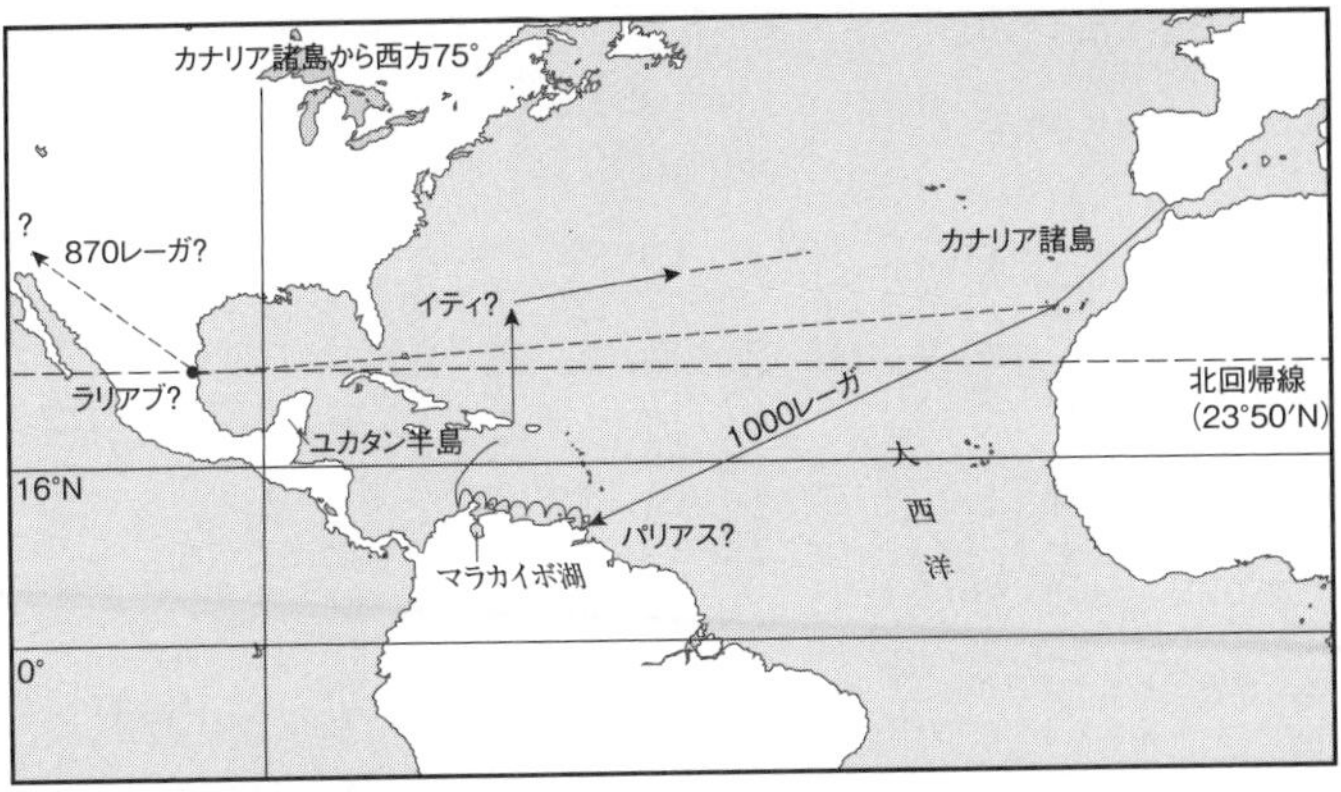

『四度の航海』によるアメリゴの第一回航海の航路

の航海』のどこかに計算違い、誤記、あるいは嘘があるということになる。

当時の技術では経度や航行距離の正確な計測は不可能であるため、アメリゴの挙げる数字や方角には間違い・誤植・誤記があると考えて、より「適切な」距離や針路に訂正する研究者も少なくない。例えば、ヘンリー＝ハリス［一九世紀アメリカ合衆国の歴史家、コロン研究家］は到達地点の緯度を北緯一六度ではなく、一〇度の誤記と考えれば、トリニダード島付近になり、距離・方向とも合い、先住民の風俗描写もベネズエラ沿岸部の民族誌と合致すると言う。しかし、そうすれば北緯二三度のラリアブとは離れすぎるうえ、アメリゴの民族誌がメキシコ北東岸のそれと合わなくなる。

さて、ラス＝カサスは、アメリゴが一つの航海の話を二つの航海の話として記しており、新大陸発見の名誉をコロンから奪うため、自分の最初の航海をコロンの第三回航海より一年早いものとした、と言う。その前半部分は正鵠《せいこく》を射ており、確かに『四度の航海』を額面どおりに信じることはできない。まず、出航時期に問題がある。

遅れに遅れていたコロンの第三回航海をめぐる交渉が最もデリケートな時期に、遠洋航海経験がなく素性のしれない外国人に、カスティーリャ王室が航海への参加を依頼するとは考えにくい。そのうえ、王室が公式に派遣した船団は九七年には一つも記録されていない。したがって、針路・距離だけでなく、出航時期、さらにアメリゴと王室の関係についても、『四度の航海』には虚偽があると考えざるを得ない。

後述するように、『四度の航海』はアメリゴの名を騙《かた》った誰かが創作・編集した作品である可能性が高い（Ⅶ章参照）。その第一回航海で紹介された民族誌はマラカイボ湖周辺のものとするハリスの指摘は間違いではないが、それは一部に過ぎず、実際にはブラジル先住民トゥピの風俗習慣をリアブの民族誌として描いている部分が大きい。リスボン書簡でアメリゴは、ブラジルのある場所で先住民と二七日間も寝食をともにした経験をもとに民族誌を報告している。主な点を挙げると、「法律・宗教・私有財産・境界線などはなく、王もおらず、裁判も必要ない。細長い共同家屋に数百人が暮らし、野菜や魚介類が豊富にあるが、普段食べる肉は人の肉である。唇や頬に孔をあけ、そこに石や骨を通している。一夫多妻で、健康的かつ長寿」となる。これはハンス＝シュターデン［一六世紀半ばにブラジル先住民の間で捕虜生活を送ったドイツ人］が一六世紀後半に残した、ブラジルのトゥピ－ナンバの民族誌でも共通して見られる特徴である。同じような民族誌はブラジル航海を報告した『新世界』でも披露されているが、『四度の航海』では第一回航海の記録になっている。さらに決定的なのは、第一回航海の途中、北回帰線直下のラリアブでアメリゴたちは先住民からカラビ（イタリア語版ではcarabiラテン語版ではcharaibi）つまり「物識りの人」と呼ばれたとしている点である。この言葉はアンドレ＝テヴェやジャン＝ド＝レリー〔どちらもフランス人で、一六世紀半ばにブラジル滞在の記録を著した〕も言及しているカライバ（caraiba）で、「預言者」や「神聖な人」を意味するトゥピ語である。このように、『四度の航海』の第一回航海は南アメリカ北岸やブラジル沿岸でのアメリゴの経験や伝聞情報を投影したものであり、九七年の航海の記録でないことは明らかである。

最初の到達地点を「北緯一六度」としたことも、第一回航海が捏造であることを示唆している。『四度の航海』によると、航海の範囲は、第一回が北緯一六度から二三度（そこからさらに八七〇レーガ進んだ）まで、第二回は南緯五度から北緯一五度まで、第三回は南緯五度から五二度までとなっている。つまり、北米のノースーカロライナやバミューダ諸島付近から南米最南端パタゴニア近くまで、南北アメリカ大陸の大西洋岸の大部分を走破した、と主張している。四回の航海で広い範囲をくまなく探検したことにしようとして、カバーした緯度に隙間ができないよう数字合わせをしているのだが、そのため実際

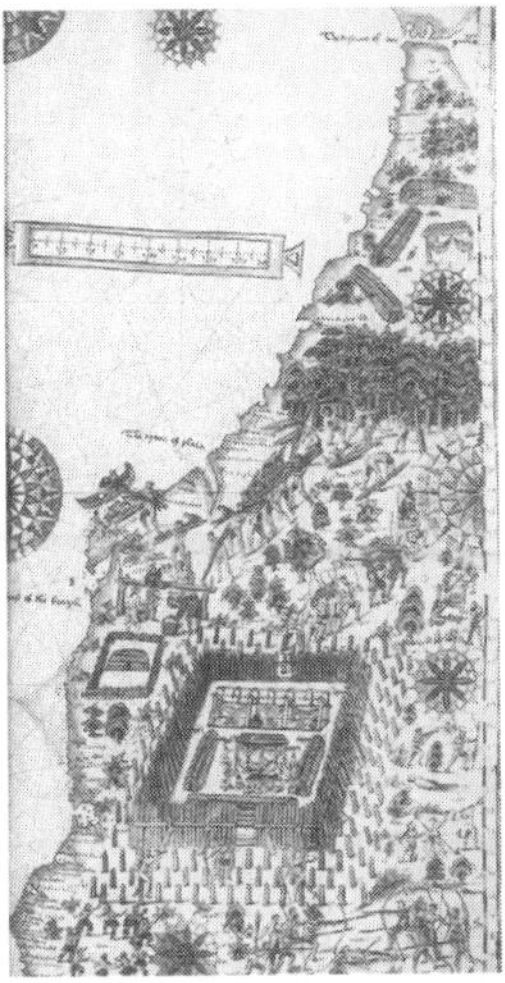

ブラジル先住民トゥピーナンバの村と生活：イギリスのジーン＝ロッツの地図（1542）に描かれたもの。（H・Wolff）

の地形に合わなくなったのである。このように『四度の航海』の記述は、第一回航海の時期・範囲に関してはそのまま信用することはできない。ただ、航路や民族誌の一部はアメリゴの私信などを利用して書いているため、もっともらしく見えるのである。

では断片書簡で「スペイン王のもとで二度、航海した」と繰り返している事実をどうとらえるのか。かつてマニャーギはこの書簡を偽造文書だと主張した＊が、今では内容や言葉遣いは真正なアメリゴの書簡ときわめて近いと見る研究者が増えている。だとすれば、スペイン王のもとでのもう一つの航海とはどれを指すのか。筆者の考えでは、ベラルディ亡き後、一四九六年二月にアメリゴが送り出した四隻の航海である。残念な結果に終わったが、王室から正式に許可されたものであり、アメリゴにとって最初の航海の試みであり、九〇年代前半の総決算と言えるものだった。

＊一時この文書は行方不明になっていたが、一九八〇年代にニューヨークで再発見された。

「恩寵の地」の発見

ここでしばらく、コロンに目を転じよう。九八年五月末、自身の第三回航海に乗り出したコロンは南寄りの航路を取り、ヴェルデ岬諸島まで南下してから西へ向かう。七月末にトリニダード島に到着。翌日には対岸の陸地を望見し、先住民がパリアと呼ぶその地にコロンは「聖なる地《ティエラーサンタ》」あるいは「恩寵の地《ティエラーデーラーグラシア》」という名を提案した。これがいわゆる「南米の発見」である。

コロンは二週間あまりパリア半島周辺を探索したが、そこが島なのか、大陸なのか、よくわからなかった。プトレマイオス図をはじめ当時の世界地図を信じれば、そこに大陸があるはずはなかった。コロンはカトリック両王に「この陸地は、このうえなく大きな陸地であり、南の方角にはこれまでまったく知られなかった陸地がほかにもいくつもあると信じます」と報告している。南の陸塊をどう解釈すればいいのか。また、マルコ＝ポーロは中国から海路でヨーロッパに戻っているため、南に大陸があっても、そこを抜ける海の道があると予測された。未知の陸塊の大きさはどの程度なのか。トルデシーリャス条約線はそのどこを通るのか。大陸ならば、スペインから西回りのインド航路にとって大きな障害となる。この陸塊は航海者、宇宙誌学者に難問を突き付けた。

コロンはじつに奇妙な解答を引き出す。オリノコ川は「地上の楽園」から流れ出る川の一つに違いない、というのである。「この（オリノコ）川は…南に控える果てしない陸地から流れ来ています。この

ヘレフォード図：イギリス南西部ヘレフォード大聖堂に伝わる世界図（1300頃）。基本的には中世ヨーロッパのT−O図をもとにして東が上になり、地上の楽園が東の端にあることになっているが、アジアやアフリカには種々の怪物が棲息している。（応地）

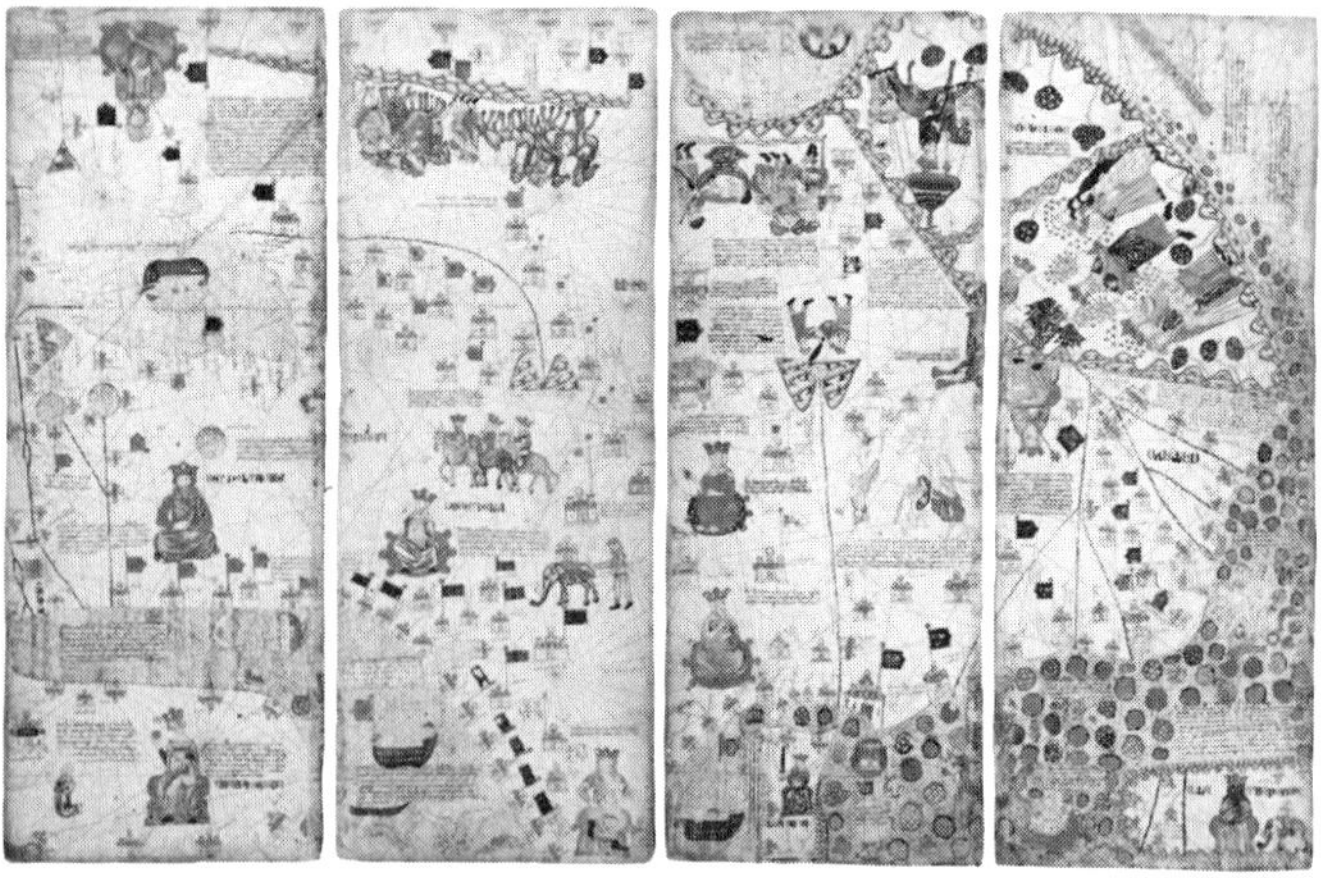

カタロニア図（部分）：作成されたマジョルカ島がカタルーニャ伯爵領だったため、この名で呼ばれる（1375頃）。ロシアを行くキャラバン隊（上下が逆）はマルコ=ポーロの隊。東アジアは宝石と香料が豊富な地域として描かれている。（T・Lester）

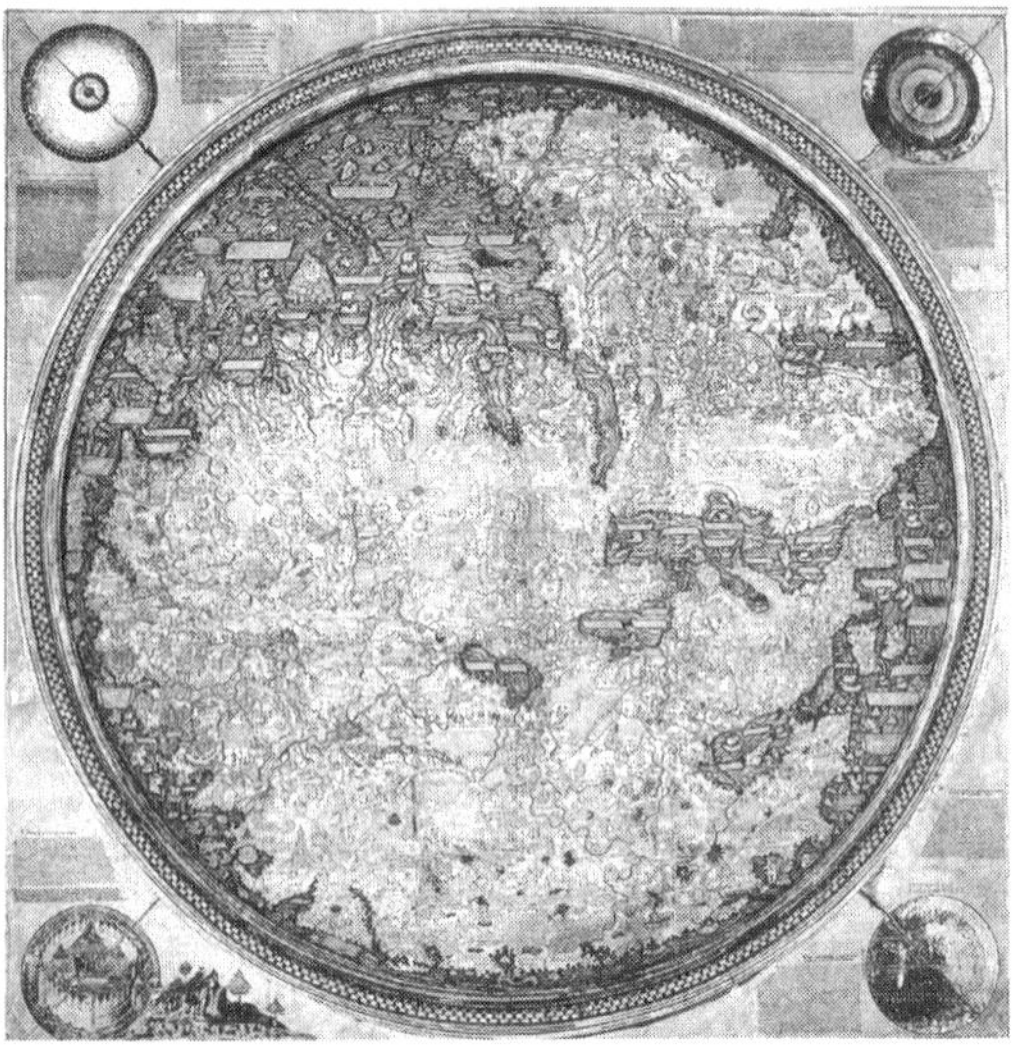

フラ=マウロ図：ヴェネツィアの修道士マウロの作で、上が南になったイスラム式の地図（1459）で、アフリカ南端がアジアと繋がっていないのはイスラムからの情報か。（応地）

陸地についてはこれまで何も知られていない」ないが、地球は完全な球体ではなく、洋ナシのように一部高くなっており、赤道直下のその部分に地上の楽園があると考えたのである。権威によれば、地上の楽園は東洋

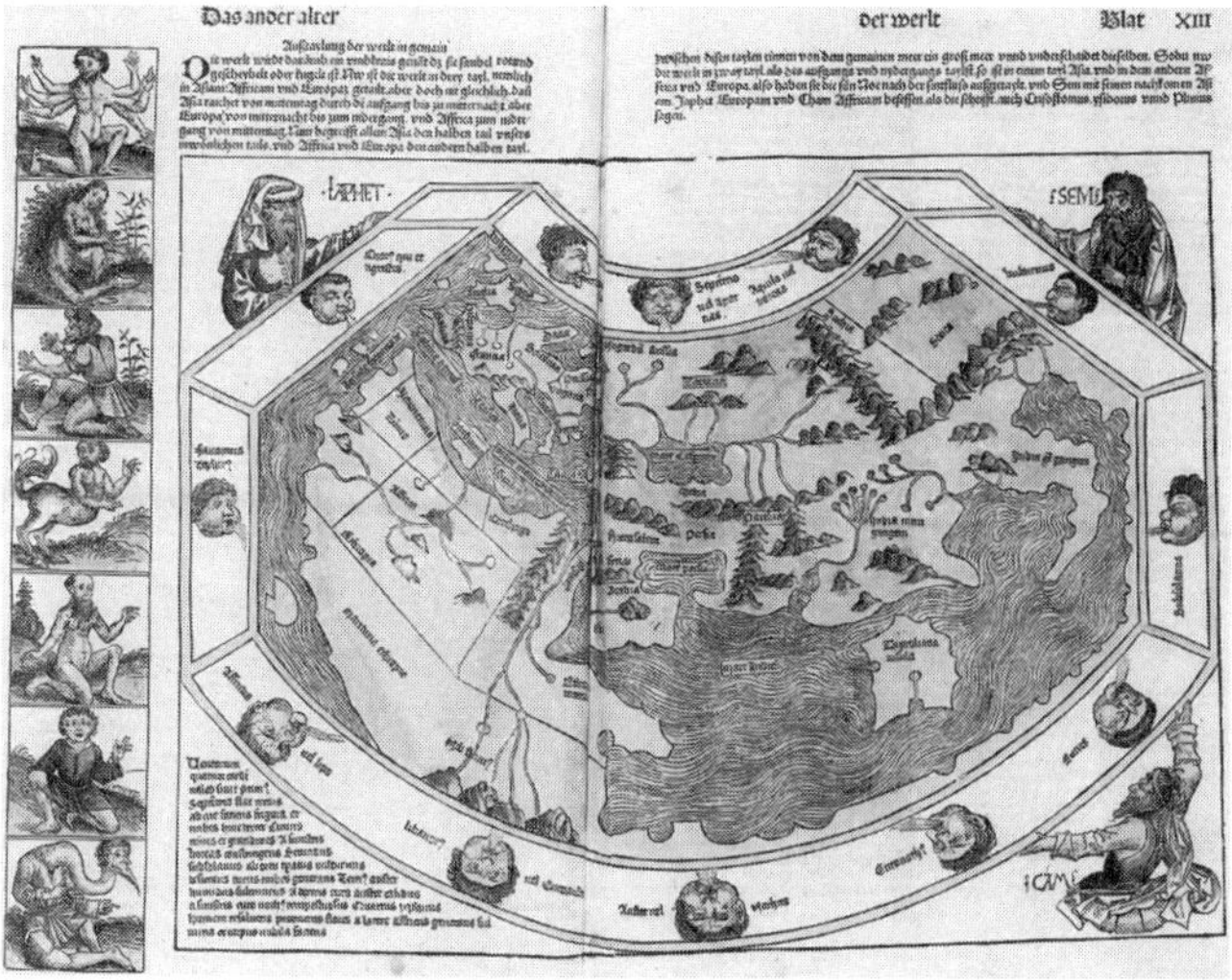

H・シェーデルの世界図：ニュールンベルクで出版された『年代記』に掲載された世界図は1488年以前の旧態依然のもので、左端には既知の世界の辺境やその外側に棲むとされた怪物たちが紹介されている。（H・Wolff）

の端にあり、自分はそのインディアスの東の端にいる、のだと。ヘレフォード図（一三〇〇年頃）など中世末期に作られた世界図では、たしかに楽園はアジアの東の端に描かれている。もっともその傾向はカタロニア図（一三七五年）やフラ＝マウロの地図（一四五九年）を見ると、地図作成者の間では変化しつつあった＊と思わせる。他方、コロンが熟読したピエール＝ダイイ〔一三五〇～一四二〇、フランスの枢機卿で『世界の姿』の著者〕を筆頭に、セビーリャの聖イシドルス〔七世紀の学者で、百科全書的『起源論』の著者〕、ストラボン〔紀元前後のローマの地理学者。その書『地理誌』は一五世紀半ばに再発見された〕などは地上の楽園は東洋にあると述べ、実在説を唱える書もまだある。そして楽園の周囲にはゴグ－マゴグの国や異形の半人半獣が住む場所があるとして、負のイメージを帯びさせている点も共通している。

＊カタロニア図では東の端に「キリスト教の勝利」の図はあるが、楽園は描かれていない。マウロ図では楽園は地球外に描かれている。

さて、パリアからコロンはさらに探検を進め、謎を解明したいという思いにかられた。その周辺には真珠やブラジル木（スオウの一種で赤色染料の材料）が豊富にあることもわかった。しかし、食料難にあえぐエスパニョーラ島にいる入植者を見捨てるわけにはいかず、針路を北に取る。弟バルトロメと二年ぶりの再会を果たした後、このたび探索した陸地の地図を添え、九八年一〇月一八日付けで報告書を認め、本国へ送った。

「コロンは九四年に南米を発見した」

エスパニョーラ島の南に大きな陸塊があるという情報は、じつは先住民を通して、第二回航海でエスパニョーラ島にいる間にコロンの耳にも達していたという話がある。彼だけではなく、第二回のコロン航海に参加したアロンソ＝デ＝オヘーダ［一四六六／七〇～一五一六?、豪胆さで名高いスペインの航海者］もその情報を共有していたと言われている。研究者の中には、第二回航海の際にコロン自身がパリア付近まで探索したと考える人もいる。スペインの歴史家、フワン＝マンサーノ＝マンサーノは、ペドロ＝マルティル＝デ＝アングレリーア［ミラノ出身の人文学者でイタリア名はピエトロ＝マルティレ＝ダンギレーア　一四五六～一五二六］がカルバハル枢機卿に宛てた、九六年一月五日付けの書簡に注目する。「提督は南へ、昼夜平分線（赤道）から六度の方へ探検し、その海岸から真珠をいくつも持ち帰った。彼の推測では、その地域はキューバと地続きで繋がっており、ガンジス＝インド大陸を形作っている。何日間も沿岸を進んだが、果ては見えなかった。住民はその地域をパリアと呼んでおり、人口はきわめて多かった」。ペドロ＝マルティルはカトリック両王の宮廷で新世界に関する情報を積極的に集め、その成果は『十巻の書』（一五一一～三〇年刊）にまとめられた。ただし、問題の書簡はこの書には含まれておらず、その日付、特に九六年という部分を疑問視する研究者もいる。

マンサーノ＝マンサーノは先の日付を信じ、南米探検がいつ行われたか、推理する。コロンは当時大陸と考えられていたキューバ南岸の探索（九四年四月～九月末）を終えた後、五か月ほど病床に臥《ふ》し、一時昏睡状態に陥った。少なくとも本国へはそう報告しており、その間は報告書も日誌もない。そして国王へ報告を届けたアントニオ＝デ＝トーレスらが一〇月にスペインから戻り、翌年二月に再びスペインへ渡るが、おそらくその間に南の陸塊を探検した。そしてこの時クバグワ（ベネズエラ北東部）で発見した真珠の産地をコロンは両王へ報告せず、ベラルディと秘密取引を企《たくら》んだ。その噂は当時から流れ、一六世紀の記録者《クロニスタ》、オビエドやゴマラも言及している。第三回航海の途中からコロンに対する王室の態度が冷たくなったのも、この件が発覚したからだ、と。

問題の書簡の日付しだいだが、辻褄は合っており面白い仮説である。マンサーノ＝マンサーノはさらにこう付け加える。九四年一〇月、トーレスと同じ船でアメリゴもエスパニョーラ島に渡り、コロンのパリア探検に参加した後、本国に帰るトーレスの船に便乗し、九五年五月にスペインへ戻ったのではないか。アメリゴの渡航はトルデシーリャス条約境界線の確認が目的であったが、アメリゴの第一回航海はこのときの探検をベースにしている。ただし『四度の航海』が主張する時期や航海した範囲は誤りである、と。

しかし、アメリゴ同行説は、コンスエロ＝バレラがあっさりと退けてしまった。前に言及したニッコリーニとの裁判に関して、不在のベラルディに代わって、九五年二月一七日にアメリゴが訴状を受け取ったとする史料が発見されたためである。この時期、トーレスの船はまだエスパニョーラ島で帰国準備中であり、出帆するのは二月末になるため、少なくともアメリゴがこの航海に参加していないことは明らかである。

ターニングポイント：一四九九年　九九年はコロンにとっても、カスティーリャのインディアス政策にとっても大きな転換点となる。まず、九七年七月に出航したポルトガルのヴァスコ＝ダ＝ガマ隊が喜望峰回りでインド西岸のカリカットに到達し、四隻のうち二隻が九九年七月と九月にリスボンに帰ってきた。持ち帰った宝石や香料（スパイス）は大した量ではなかったが、それは問題ではなかった。西回りルートを選んだコロンより先に、東回りでインド往復を達成したことが重要であった。

他方、意外な方面から気になる情報が入ってくる。イギリスのブリストルを出た船が三か月ほど航行した後、陸地に到達したというのである。大西洋のどこかにあると信じられていた「ブラジル島」（大西洋上にあるとされた幻想の島々の一つ）をめざし、九一年以降ブリストルから毎年のように探検隊が出されていた。そして、九六年にヴェネツィア出身のカボット父子［父ジョヴァンニ（英名ジョン）、子セバスティアン。後者はのちにスペインに仕え、アメリゴの後、第三代主席航海士となる。］が王室から探検許可を得、翌年五月二〇日にアイルランドの南をかすめるように西に進んだ。航路も到達地も不明だが、彼自身はアジアに着いたと考え、そう報告した。翌九八年、カボットはもっと大規模な艦隊を率いて探検航海に乗り出すが、二回目の航海はさらに謎に包まれている。しかし、カボットの情報は、九七年の秋から冬にかけて、コロンの耳にも入る。むろん王室もロンドン駐在大使ペドロ＝デ＝レデスマから情報を得ていた。このイギリスの動きがスペイン王室の不安をかき立てたであろうことは、一五〇〇年に描かれたフワン＝デ＝ラ＝コサ［?～一五〇九、スペインの航海者でコロンの初期航海やオヘーダの航海に参加。新大陸を描いた最初の世界図の作者］の世界図（一一二ページ参照）を見ればわかる。そこには、白地に赤十字のイングランド旗がフロリダ近くまで立てられている。

コロンにとってさらに都合の悪いことに、二年ぶりに戻ったエスパニョーラ島では入植者の一部が反乱を起こし、弟で前線総督《アデランタード》のバルトロメと対立していた。コロン兄弟は入植者の不満を解消することができず、行政能力のなさを露呈して、国王は不安と不信感を募らせることになる。

相次ぐ探検隊の出発

コロンが第二回航海から戻り王室と交渉する過程で、渡航自由化令は九七年六月に一部撤回された。それにもかかわらず、コロンが第三回航海に出発して一年後、九九年五月から六月にかけて、四つの船隊に探検航海が許可される。五月にはオヘーダ隊（コサ、アメリゴも参加）、六月にはクリストバル＝ゲラとペラロンソ＝ニーニョが、ビセンテ＝ヤニェス＝ピンソンが一一月、ディエゴ＝デ＝レペが一二月に出航した。

オヘーダ隊は一四九九年五月一八日に、半月後にはゲラとニーニョの隊が出発する。さらにその三日後、六月九日にはピンソンの隊に渡航許可がおりた。しかも、オヘーダが出発した直後、五月二一日にはフランシスコ＝デ＝ボバディーリャが「島嶼部および大陸部の総督」に任命された。つまり、サンタ－フェ協約は無視され、コロンは実質的に総督を解任されたのである。エスパニョーラ島のスペイン人入植者の反乱をコロンが抑えられなかったというのが、その表向きの理由である。しかし、ポルトガルやイギリスの動きが急になる一方で、遅々として進まぬ発見・探検に王室も業を煮やしたというのが本当のところであろう。

そして、四つの探検隊が目指したのは、いずれもパリアであった。コロンが報告書で真珠産地が近くにあると知らせ、地図を同封したことが呼び水となった。オヘーダもコロンが送った地図を見たことを、後の「コロン訴訟」＊で自ら証言している。同じ裁判で、コロンの秘密の地図をコサが写したのを知っている、と証言した人物も二人いる。問題の地図の所在は今も不明だが、南の陸塊について解釈に苦しむコロンの悩みを映し出す地図だったであろう。報告書を読むかぎり、大陸と理解していたように思えるが、少なくともパリアは大きな島だと考えていた。あるいはそう思わせようとしていた。

＊サンタ－フェ協約の履行を求め、コロンの遺族が国王相手に起こした裁判。コロン・国王双方が集めた多数の証人の証言集（*Colección de Documentos Inéditos de Ultramar* の第七巻、第八巻所収）は、ラス＝カサスが『インディアス史』執筆に際して利用した。

相次ぐ探検隊のもう一つの目的は、南の陸塊の正体を確認することであった。これは後述するアメリゴの航海からも、ピンソン隊とレペ隊がブラジル北東岸を探検し、岬を回航しようとしたことからも明らかである。翌年四月にはカブラル隊もブラジルに到達しており、スペイン、ポルトガルともトルデシーリャス条約線が南の陸塊のどこを通るのか、探ろうとしていたことがわかる。

Ⅳ　一四九九〜一五〇〇年——オヘーダ隊での航海

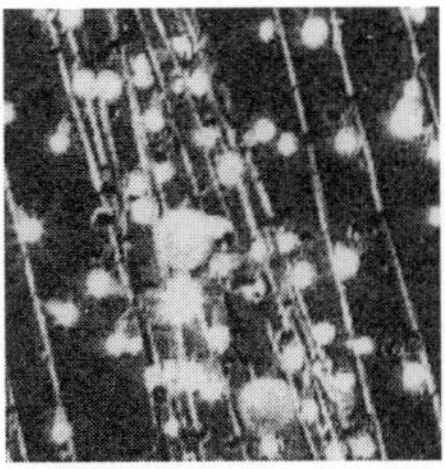

四つの探検隊の先頭を切ったオヘーダに対する王室からの指令書は残っていないが、ラス＝カサスによると、立ち寄りが制限されていたのはポルトガル領と九五年までにコロンが発見した陸地だけであった。つまり、九八年に発見されたパリアへは、自由に行けることになっていた。コロンが九四年に行ったと噂されるパリア探検が事実だとしても、未報告のため適用外とされたことになる。

オヘーダの航海

ゲラとニーニョも最初はオヘーダと一緒に行くはずであったが、出発直前に一悶着あり、オヘーダが半月余り先に出た。ニーニョは九八年のパリア探検を経験し、真珠やブラジル木の産地を知っていて、自ら探検隊を組織しようとした。ルイス＝ゲラに資金提供を仰いだところ、弟のクリストバルを船長とすることが条件に付けられた。指揮権でもめ、オヘーダは別行動することにしたのであろう。いずれにせよ、オヘーダもゲラも一隻ずつでカディスを出ることになった。

アメリゴがオヘーダ隊に参加したことは確かである。コロン訴訟の裁判でオヘーダが「航海士フワン＝デ＝ラ＝コサ、エメリゴ＝ベスプーチェ、その他の航海士」を同行者として挙げる証言をしているからである。また、アメリゴはセビーリャ書簡で隊長の名前は出していないが、航路や時期は明らかにこの時のオヘーダ航海である。そして『四度の航海』が、ラス＝カサスの言うとおり、オヘーダの航海の話を水増しして第一回と第二回航海の二回分の話にしたことも間違いない。

さて、アメリゴも航海士だったのか否か、先のオヘーダの証言は曖昧である。アメリカ合衆国の歴史家F＝ポールはアメリゴが二隻を率いたとしているが、この時期の彼にそれだけの力量はない。海図を読み、測定器具で船の位置や方角を確かめ、操舵を行うのが航海士（piloto）だが、一六世紀初頭にはまだ科学的知識よりも経験が重んじられ、アメリゴにはその経験が皆無だからである。オヘーダ証言は航海から一二年後のものであるうえ、証言の少し前に亡くなったアメリゴが主席航海士だったため、そのときの身分を遡《さかのぼ》らせただけという可能性も低くない。

オヘーダ隊の航路や日時をめぐってもいろいろな意見がある。詳しくは後で述べるが、アメリゴのセビーリャ書簡をもとにしてこの航海の概略を見ておこう。

一四九九年五月一八日、二隻のカラベラ船でカディスを出て、カナリア諸島へ。必要物資を調達してゴメラ島から針路を南西に。二四日目に陸地を発見。カディスから一三〇〇レーガ（約七一五〇キロメートル）。繁茂する木々で上陸を断念。海は一五レーガ沖まで淡水。本船で南へ。カッティガーラ岬を目指す。二つの大きな川があり、これを淡水化の原因と見る。南へ四〇レーガほど進むと強い海流（南東から北西へ）に遭遇して進めず、針路を北西に変更。南緯六度で北極星は視界外。北緯一〇度でトリニダード島。沿岸を西へ四〇〇レーガ航海し、そこが大陸で、アジアの東端であると認識。先住民との激しい交戦の後、ある港で二〇日間の休息。航海を再開し、一五レーガ沖で巨人族の住む島、さらにヴェネツィア風の水上家屋の島に立ち寄る。三〇〇レーガ航行した後、一二〇レーガ先のエスパニョーラ島へは七日で到着。二か月余り滞在した後、北上。無数の有人島を

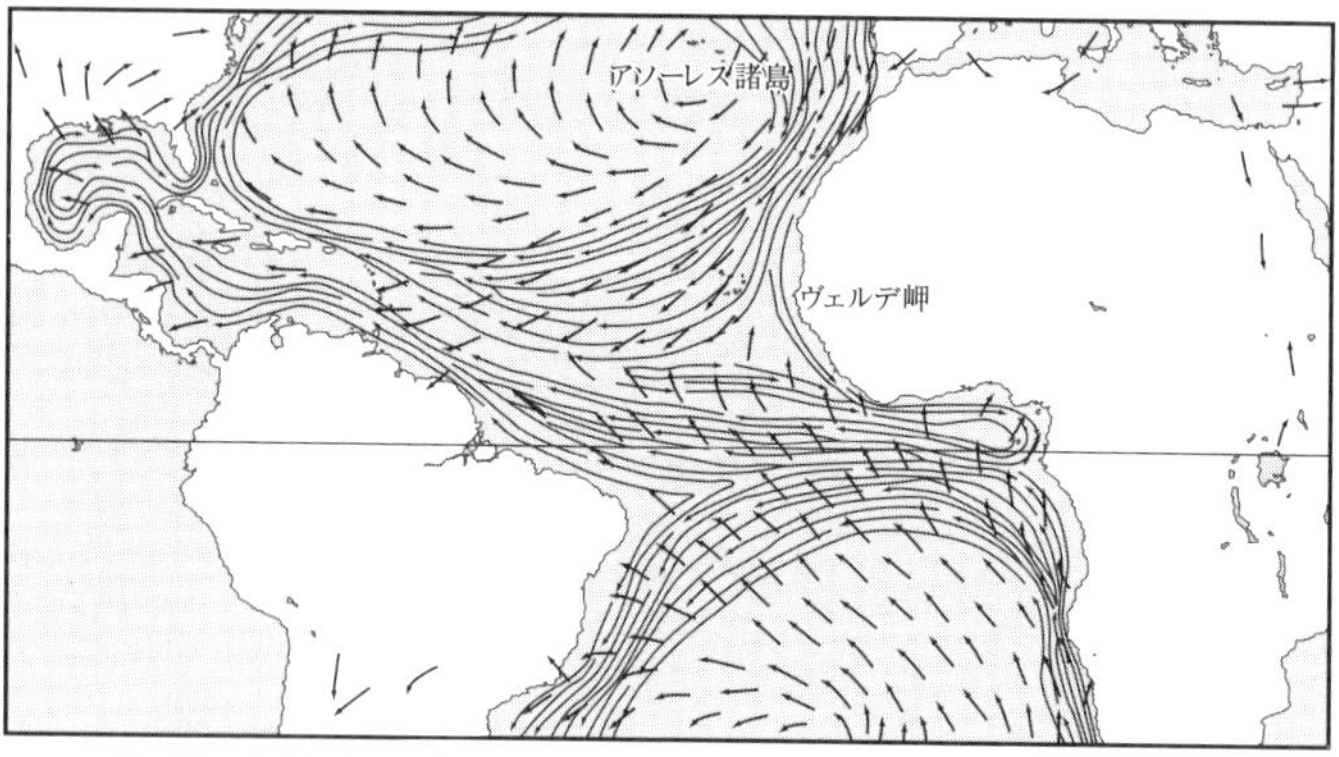

大西洋の海流（長い矢印）と風向（短い矢印）（R. Ezquerra Abadía）

発見。二三二人を捕らえ奴隷とする。六七日で大西洋を横断し、アソーレス諸島に寄り、風の影響でカナリア諸島、さらにマデイラ島を経て、カディスへ戻った。計一三か月の航海で、五〇〇〇レーガ航海。帰着は六月半ば。

オヘーダ航海の裏側

『四度の航海』と違い、セビーリャ書簡は信ずるに足る部分が多いが、思い違いや誤記はあろうし、語られていない事実も少なくない。セビーリャ書簡にない部分を補う史料がある。「オヘーダ隊尋問記録」がそれで、エスパニョーラ島で同隊を離脱した二人が残した証言（一五〇〇年、日付なし）である。隊長と折り合いが悪くエスパニョーラ島で船を降りたフワン＝ベラスケスと医師アロンソが、オヘーダに不信感をもつコロン側の取調べに応じた証言記録である。そのためオヘーダには批判的だが、航路について誇張はないと思われる。アメリゴの記録と二人の証言を突き合わせてみよう。

「一四九九年五月一八日、カディスのサンタ＝マリア港から出航」

という点では、どちらの記録も見事に一致している。だがすぐに、アメリゴが触れなかった事情が語られる。アメリゴは二隻で出たと言うが、実はゲラ＆ニーニョと決裂して一隻だけだったため、オヘーダはもう一隻調達しようとする。停泊中のラ-ゴルダ号を狙うが、気づかれて失敗する。それでもあきらめず、アフリカ沖で操業中の漁船を物色し、最新のカラベラ船に目をつけ、強奪に成功する。その乗組員は別の漁船に移ったが、船主の二人はオヘーダと行動をともにする。船が心配でついていったに違いない。アフリカ西岸のサフィでイスラム教徒に火薬やオリーブ油を売り、カナリア諸島のランサローテ島ではイネース＝ペラサの留守宅からワイン樽・タール・木材・大麦・獣脂・銅器などを調達した。ほかにも停泊中の船や廃棄船から錨・帆・ロープ・ボートなどを無断で拝借した。テネリフェ島、ゴメラ島でもラ-ゴルダ号に遭遇するが、やはり逃げられ、結局、二隻でパリアへ向かったという。

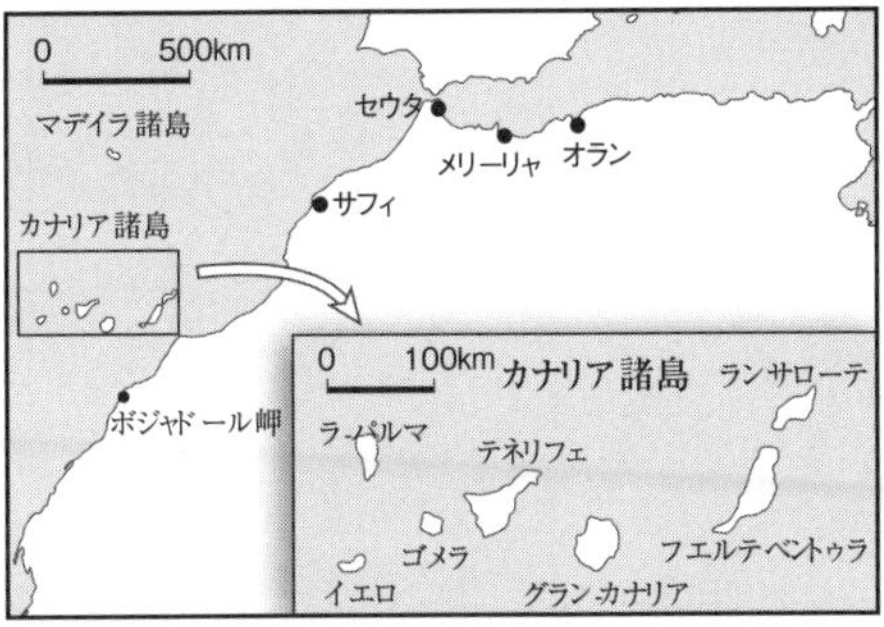

カナリア諸島とアフリカ西岸（15世紀）

「尋問記録」はオヘーダの違法行為を暴くことを目的としており、誇張や虚偽を疑う向きもあろう。しかしこの二人の証人は、自分が目撃していないことは「見ておらず知らない」と明言しており、十分に信頼できる。記録の性質上、航路の細目には話が及んでいないものの、手掛かりになる情報が含まれているため、時に応じてアメリゴやその他の記録と照らし合

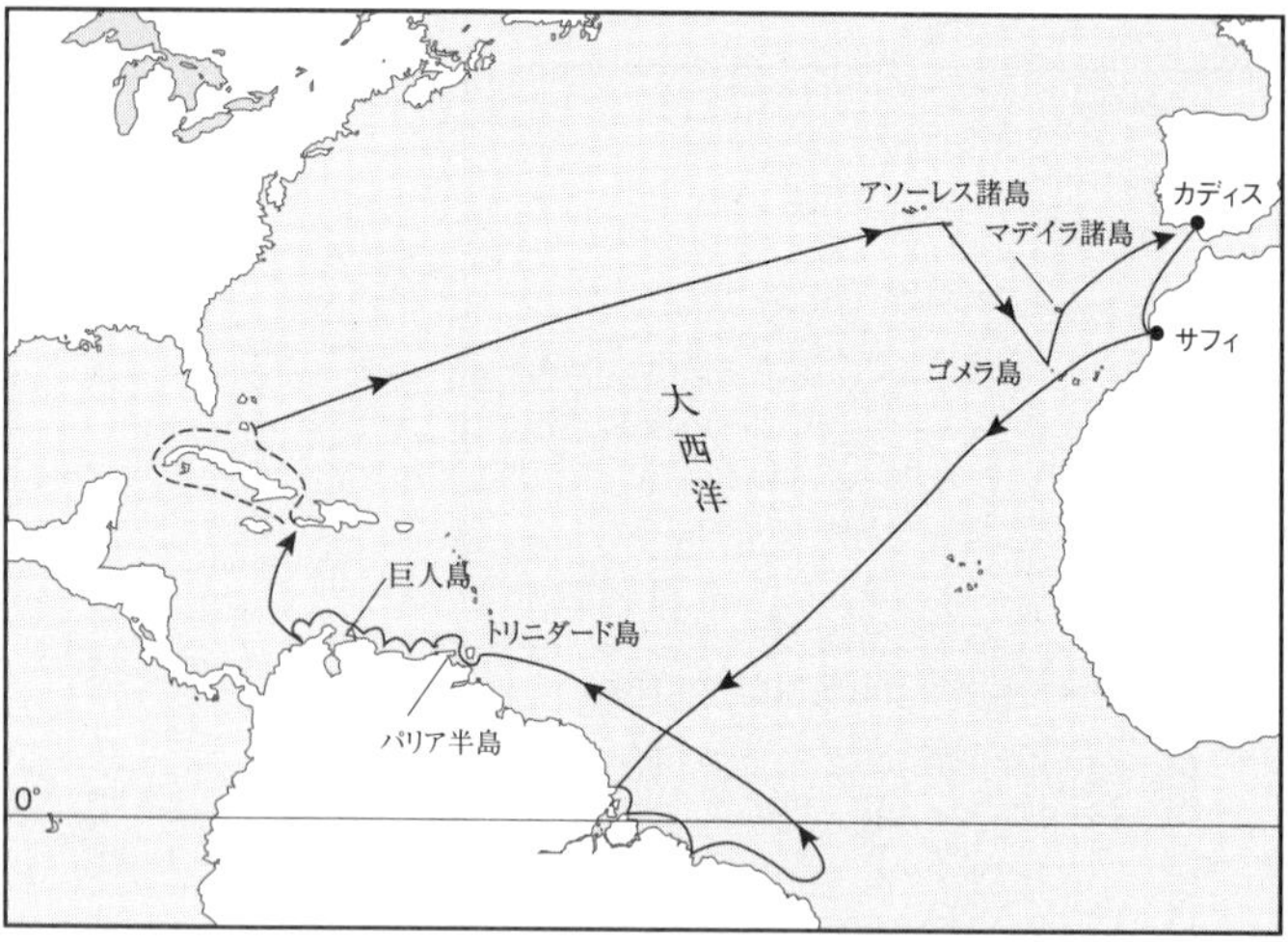

アメリゴの第二回航海の航路（破線部分は未確認）

わせていきたい。

到達後に別行動？

オヘーダ航海に関するその他の記録としては、『四度の航海』のほかに、前にも述べたコロン訴訟の裁判での証言記録、ラス＝カサスの『インディアス史』などのクロニカがある。セビーリャ書簡とどこが食い違っているのかを見ていこう。

『四度の航海』の第二回航海はヴェルデ岬諸島のフォゴ島を経由したことになっているが、私信にも裁判での証言にもそのような寄港に言及はない。オヘーダ隊はスペインの探検隊であり、ポルトガル領のヴェルデ岬諸島へ寄港することは緊急避難の場合を除けば、あり得ない。アルゼンチンの歴史家レビリエールはフォゴ島経由説を受け容れているが、公刊書簡を無批判に信じるのは危険である。

オヘーダらは新大陸のどの地点に到達したのであろうか。着いてからパリアまで約二〇〇レーガ北上したとするオ

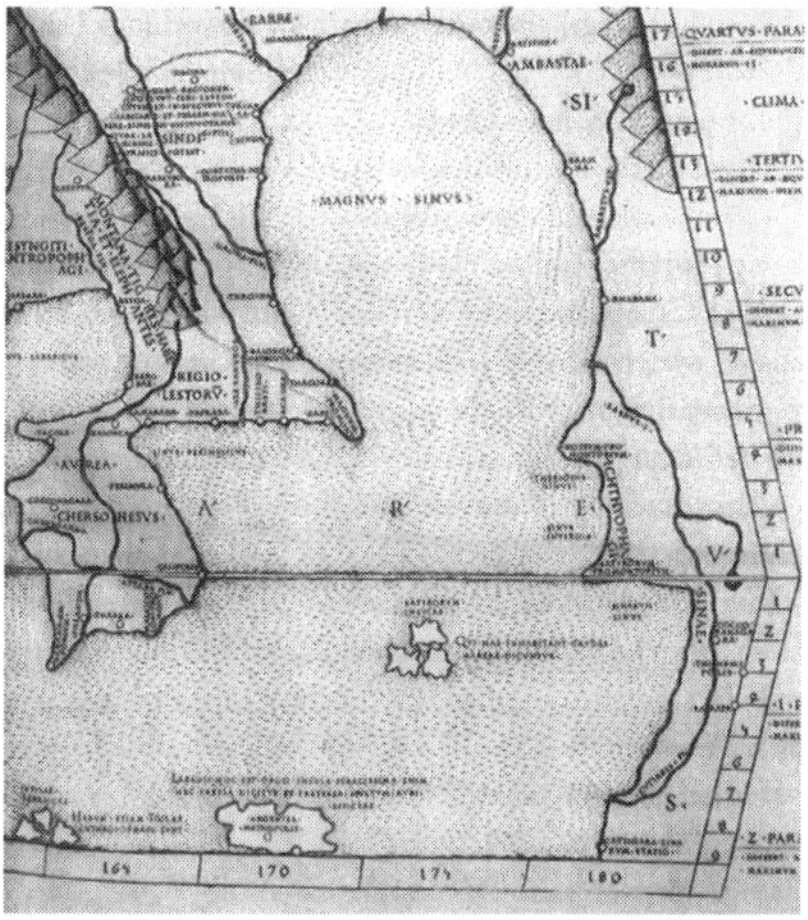

プトレマイオスによる東南アジア（部分拡大）
右下がカッティガーラ。:（『プトレマイオス世界図』）

ヘーダほか複数の証言に基づいて、定説は最初の到着地点を北緯四度近く、現オランジェ岬（仏領ギアナとブラジルの国境付近）あたりとする。しかし、その後の針路については異論がある。

セビーリャ書簡によると、アメリゴたちは到達後、北ではなく南へ進み、大河を二つ発見する。一方は西から東へ、もう一方は南から北へ流れ、河口の幅はそれぞれ四レーガと三レーガ。その川から流れ込む大量の水のため、海はずっと沖の方まで淡水だったと言う。これはおそらくアマゾン河口とマラジョー河口と思われるが、特定は難しい。ボートで一方の川を遡るが、「鳥が飛ぶ隙間もないほど生い茂る緑濃い木々」が続く。色鮮やかな鳥のさえずりに聞き惚れ、「地上の楽園」にいるかのような錯覚に陥る。

本船に戻り、南へ四〇レーガ進んだところで強い海流によって南進を断念し、針路を北西にとる。アメリゴは自分たちが南緯六度に達したと計算し、カッティガーラは近いと言う。この港市は、プトレマイオス世界図では中国から南へ延びる大半島の西側、南緯一〇度前後に位置し、「大きな湾《マグヌス‐シヌス》」に面している。その湾の西には黄金半島《アウレア‐ケルソネスス》、さらにその西にはガンジス海やインド洋があるはずであった。南緯六度というアメリゴの計算が正しければ、アメリゴたちはブラジルの大湾曲部あたりまで進んだことになる。

さて史料間で食い違っているのは、到達地点から進んだ方向である。アメリゴ以外だれも南進に触れておらず、オヘーダらは北上したと証言している。この矛盾を説明するために、別行動説が出された。アメリゴはオヘーダとは別の船に乗っており、接岸後、オヘーダはパリア近郊の真珠産地を目指して北上し、アメリゴたちは陸塊の南端を確認するために南下したというのである。オヘーダも南の陸塊について先住民から聞いて知っており、その規模の確認も目指していたことは確かであろう。だがセビーリャ書簡をよく読めば、別行動説には疑問符がつく。アメリゴは、上陸用のボートが戻る「本船」と言う時、常に複数形を使っており、オヘーダのカラベラ船も行動を共にしていたことを示唆している。

筆者の考えでは、先の針路の違いは矛盾ではなく、証言者の関心のあり方を示しているにすぎない。つまり、オヘーダ尋問の証言者らはオヘーダの違法行為の証拠を挙げることが第一の目的で、航路全体の詳細を話したわけではない。一方、オヘーダやコロン訴訟で証言した者の関心は真珠産地に誰が一番乗りしたかにあった。両者にとって、成果もさしたる出来事もなかった南方への小旅行は関心の枠外にあり、言及に値しなかった。しかし、アメリゴは南の陸塊そのものに興味をそそられ、宇宙誌に関心のあるロレンツィーノにそのことを知らせるに値すると考えたのである。

尋問記録には主な乗組員の名前も挙げられている。オヘーダが船長を務めた船の航海士は、初めて新大陸を含む世界図を描いたフワン＝デ＝ラ＝コサであった。アメリゴが乗った船は船長フェルナンド＝デ＝ゲバラ、航海士フワン＝ロペス＝デ＝セビーリャ、そして地図製作者として有名なアンドレス＝デ＝モラーレスも乗り合わせていた。オヘーダ以外だれもアメリゴには言及していない。大した役でなかったということもあろうし、その船は強奪した船で、王室の許可を得ておらず、公にできなかったという事情もあろう。反面、制約もなく、行動範囲を広くとり、目的地を自由に設定できるメリットもあった。

南米北岸をゆく

北上したアメリゴらは、北緯一〇度で島を見つけた後、淡水のパリア湾にはいる。そこで住民から真珠を贈られ、産地が近いことを知る。オヘーダらはトリニダード島ではコロンが先に来た痕跡を見つけたが、真珠が採れるマルガリータ島に上陸したのは自分たちが最初だと主張する。このあたりの発言は思惑が複雑に絡み合い、コロン訴訟の証言もラス＝カサスの記述も、そのまま受け容れることは難しい。

トリニダード島付近から西へ四〇〇レーガほど沿岸を航行した結果、アメリゴはそこが大陸であると結論づけている。ただし、そこはアジアの東の端で西の始まりだと考えており、この時点ではアメリゴたちはコロンがイメージしていた地図をなぞっているに過ぎない＊。

＊コロンはキューバ東端の岬を「アルファ-オメガ岬」（つまり、「初め-終わり岬」）または「東の果て岬《フィン-デ-オリエンテ》」と

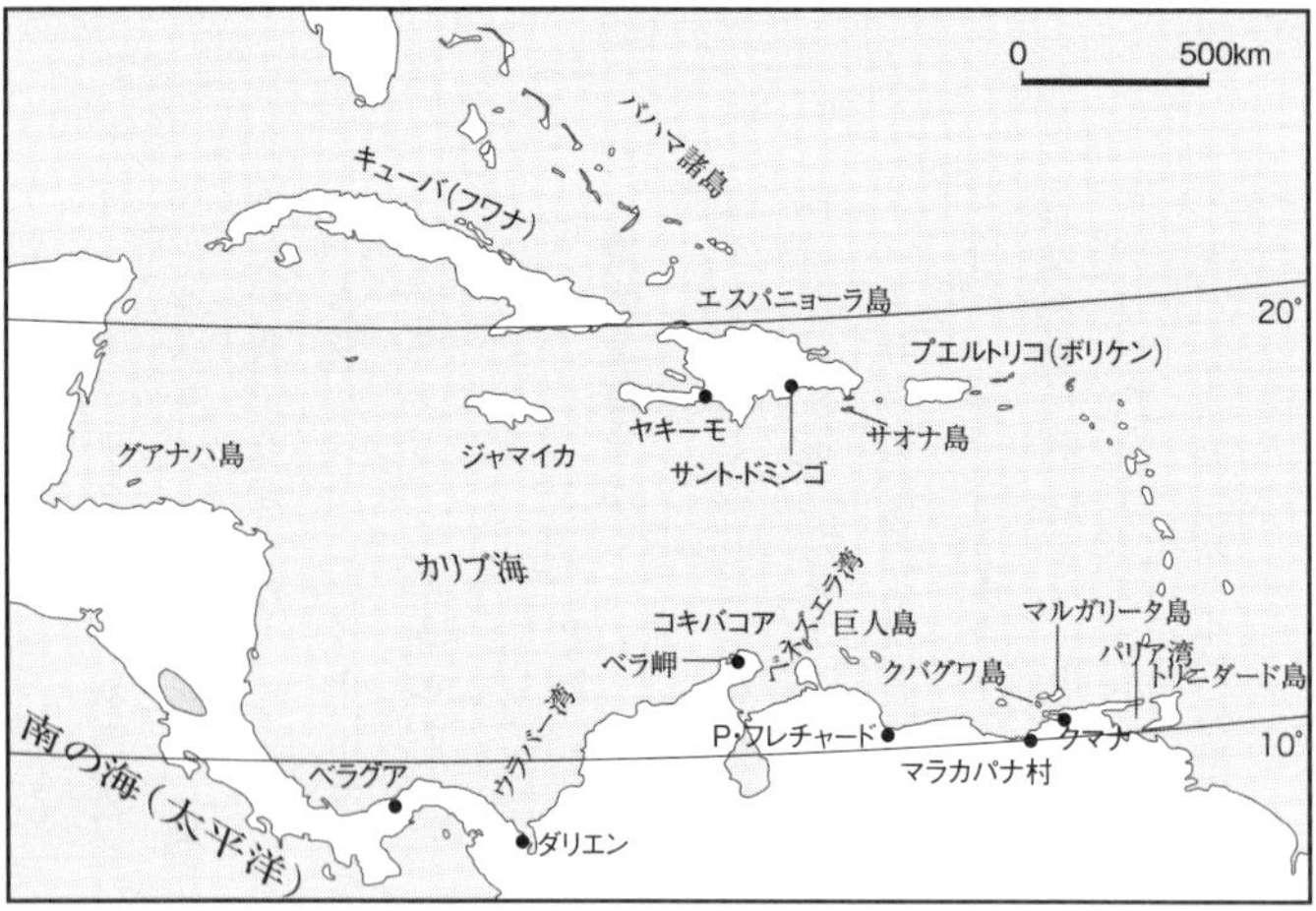

南アメリカ北岸

命名した。

　西へ進むにつれ、弓矢で追い返そうとする先住民とも出会う。あるとき住民とはげしく交戦し、スペイン人一人が死亡、二〇数人が負傷したため、治療と船の修理を兼ねてある港に二〇日ほど滞在した。この二地点は当時の地図にもプエルトーフレチャード（矢を浴びた港）と、ティエラーデーインディオスーデーパス（おとなしい先住民の地）として出てくる。

　怪我が癒えると、一五レーガ沖にある島を探りに出かけた。上陸してすこし内陸に入ると一二軒ほどの集落があったが、そこは女性でさえアメリゴより一パルモ半（約三〇センチメートル）以上も背が高い巨人たちの島だった。男たちはさらに背が高かった。怖気づいたアメリゴたちは相手を刺激しないよう、そっと海岸まで後退していく。途中、ブラジル木が豊富にあったことを見逃さなかったのは、さすが商人と言うべきか。

巨人島の名前は、オヘーダやベラスケスをはじめ多くの人の証言に出てくる。しかし、本当に巨人と出会ったという話はアメリゴにしか登場しない（ご丁寧に、『四度の航海』の第二回航海にもセビーリャ書簡を少しアレンジして出てくる）。ラス＝カサスは巨人島が実在することは認め、クラサオ（キュラソー）島という別名も紹介しているが、住民は普通の身の丈で、巨人はアメリゴの作り話と片付けている。ラス＝カサスの指摘するように、このエピソードは話を面白くしようとしたにすぎず、アメリゴのサービス精神によるものであろう。背の高い先住民の話や浜辺で目撃された大きな足跡の話は他の人の航海譚にも出てくるが、アメリゴはそれを巨人島という名前と結びつけ、怪物との遭遇を期待する読み手を喜ばせようとしたのである。

アメリゴらは巨人島から一〇レーガ離れた別の島にも立ち寄っている。住居はすべて水上に建てられ、その様子はヴェネツィア＊のようで、上質の綿と良質のブラジル木がふんだんにあった。この島をアルバ島と見る研究者もいるが、実は、ベネズエラ湾の東側のパラグワナ半島をアメリゴが島と見誤ったという説が有力である。

＊ベネズエラとはスペイン語で「小さなヴェネツィア」を意味し、この時のアメリゴの記述に因む。

アメリゴらはさらに三〇〇レーガ、海岸に沿って進む。最終到達地点は挙げられていないが、コロン訴訟では、コキバコア（現グワヒラ）半島やその西部にあるベラ岬を挙げる証人が多い。船の傷みが激しかったため、オヘーダ隊はコロンが数年前に発見したエスパニョーラ島に立ち寄り、船を修理し、休息をとり、食料を補給することにした。島までの一二〇レーガは七日の航海であった。

招かれざる客

恒常的な食料不足が続くエスパニョーラ島で、コロン兄弟の融通性のない統治に不満を募らせたフランシスコ＝ロルダンの反乱がようやく沈静化（一四九八年一〇月）したところだった。そこへ闖入《ちんにゅう》してきたオヘーダは新たな火種になりかねなかった。コロンの第二回航海で重宝されたオヘーダは、敵に回すと厄介な存在であった。大貴族メディナシドニア公に仕え、フォンセカの覚えめでたい彼は、そのフォンセカから疎んじられているコロンには扱いにくい相手だった。このときのエスパニョーラ島での出来事について、オヘーダ側の記録はほとんどない。一方、コロン側の尋問に答える証人や、コロンを引き立てようとするラス＝カサスは雄弁である。したがって、それらの証言に基づく以下の再構成にはバイアスがかかっていることを念頭に置かねばならない。

話は、巨人島に戻る。そこまで経済的にめぼしい成果がなく、乗組員も疲弊しているのを見て、フワン＝ベラスケスは、ブラジル木と奴隷を積んで本国に帰ることをオヘーダに進言する。オヘーダはその案を一蹴し、エスパニョーラ島に行けば大金が待っている、とうそぶいた。ロルダンの反乱に加担し、コロンから絞れるだけ絞ろうという腹らしい。到着後、島の暴動が収拾したことを知ったオヘーダは不平分子の残党をたきつけて、未払いの給与をコロンに払わせようと呼びかけたうえ、先住民の抵抗勢力シグアーヨと組む可能性さえ否定しなかった。

ここまで一方的に悪く描かれると、かえって証言の信憑性《しんぴょうせい》に疑問符がつくが、コロン側の不信感の高まりは手に取るようにわかる。この間の出来事についてはアメリゴの口も重く、私信では島での出来事に触れず、『四度の航海』にはエスパニョーラ島でスペイン人の「嫉妬心のため」「あまたの危険と労苦に遭遇し」たという示唆に富む一節だけである。ラス＝カサスによると、コロンは監視役を派遣するが、それは少し前まで反旗を翻していた張本人であった。そのロルダンがコロンに送った報告書をもとに、ラス＝カサスは、オヘーダが島の南部、ブラジル木の産地ヤキーモに姿を見せたのは九九年九月五日で、月末にはロルダンがオヘーダと直接会見したと言う。細かいことは割愛するが、ラス＝カサスによると、オヘーダたちがエスパニョーラ島を去ったのは一五〇〇年の二月末か、三月初めであった。

エスパニョーラ島への寄港日

食い違いが大きいのは、オヘーダ隊のエスパニョーラ島への到着日・滞在期間・出発日である。まず、ラス＝カサスが提示する九月五日という到着日だが、これには無理がある。オヘーダたちは五月一八日にカディスを出て、エスパニョーラ島へ直行したわけではない。あちらこちら寄り道（カナリア諸島を出るまでも漁船の拿捕《だほ》、イスラム教徒との取引、ゴメラ島での物資供給）をしたうえで、三か月半でエスパニョーラ島に到達できるだろうか。まず、ゴメラ島を出るまで半月から一か月はかかる。ゴメラから大西洋を横断するのに二四日を要しており、アメリゴの新大陸到達は早くても六月下旬になる。さらに沿岸を探査し、南下した後で北上し、南アメリカ北岸を七〇〇レーガ（四〇〇〇キロメートル弱だが、実際にはその半分ほど）も進み、先住民とときに交流、ときに戦った後、二〇日間の休息をとり、二つの島の探検を経て、ベラ岬まで進み、エスパニョーラ島を目指すのである。三か月余りでそうするには、航路を熟知したうえで高速船でも使わないかぎり不可能であろう。

南の陸塊の北岸を西進した航路については、どの記録にも食い違いはない。この間に先住民と交戦し、スペイン人に死傷者が出、二〇日の休息をとった点でも複数の証言がある。なおラス＝カサスは、オヘーダらがマラカパナ村（ベネズエラ北東部）で小型帆船《ベルガンティン》を造り、三七日も滞在したと言う。造船に際し労力を提供した現地先住民からの情報が間違いでないとしても、この時の航海ではなく、数年後にオヘーダが来た時のことであった可能性が高い。また、三七日という滞在日数は、ラス＝カサスが依拠した『四度の航海』にしか出てこない。

いずれにせよ、航行日数をかなり少なく見積もっても、エスパニョーラ島へ着いたのは一〇月下旬か、翌月初めになるが、筆者はもっと遅かったと考える。そう推測する根拠は、尋問を受けたアロンソ医師の証言である。彼は、オヘーダ隊がエスパニョーラ島へ向かう前、乗組員たちが六か月も給与をもらっていないと不満をもらしていたと述べている。当時、船員への給与は乗船前に数か月分が前払いされるのが常であった。したがって、前払いされたであろう数か月分を差し引いても、船員が不平を言ったのは一一月半ば以降になるからである。

スペインへの帰路

次に、セビーリャ書簡をベースに、オヘーダ隊がエスパニョーラ島に滞在した期間を考えてみよう。この書簡の日付は一五〇〇年七月一八日で、「およそ一か月前にセビーリャに戻った」と言っており、手紙の中の「一三か月の航海」という文言と矛盾しない。帰着日を六月半ばとする根拠はもう一つある。それは探検隊が出発前に王室と交わさねばならない協約書である。六月五日にベレス＝デ＝メンドサ、ロドリゴ＝デ＝バスティーダスの二人が王室と結んだ新規の協約には、それまでに他の遠征隊が発見した土地への寄港禁止条項がある。前年に出発した四つの隊のうち、この時点で名が挙がっている（つまり帰国していた）のはゲラ隊だけであった。しかし後日、寄港禁止地域は拡大される。七月二〇日にはオヘーダ隊の、八月一八日にはレペ隊の発見地へも寄港が禁じられており、それぞれの隊はその少し前に帰国したと推測される。つまり、オヘーダ隊の帰還は六月五日から七月二〇日の間ということになる＊。

＊オヘーダ隊に参加したニコラス＝ペレスによると、彼らの二週間後に出航したゲラ隊はパリアに着き、真珠を手に入れるとすぐに帰ったため、一五〇〇年の三月に帰着。その後、港でオヘーダ隊と遭遇し、船員がそれぞれの航海について話し合ったという。ゲラが最初に帰港したのはスペイン北西部のビゴ港で、しばらく休息してカディ

スに戻ったのは五月末だった。

帰りの航路、かかった日数についてもセビーリャ書簡ははっきり述べている。エスパニョーラ島を出て北上すると浅い海におびただしい数の島があり、そこで奴隷狩りをし、二三二人の先住民奴隷を船に積んだ。スペインへの旅は、すんなりとはいかない。アソーレス諸島まで六七日もかかり、そこから逆風のためカナリア諸島へ、さらにマデイラ諸島を経て、ようやくカディスにたどりつく。そのため帰路に三か月以上を要したことになるが、この日数は多すぎないか。一六世紀前半に大西洋を何度も往復したゴンサロ＝フェルナンデス＝デ＝オビエド［一四七八〜一五五七　スペインの著述家、官吏］によると、大西洋航路はおよそ一二〇〇レグワで、往路は三五から四〇日、復路は五五日ほどかかる。それも、順調な場合である。奴隷狩りに要した日数、逆風にもてあそばれたこと、着いた島々での休息、修理、補給の日数も含めれば、三か月半かかったとしても不思議ではない。

謎の四か月

カディスに戻るのに仮に一〇〇日要したとすれば、逆算して三月一〇日前後にエスパニョーラ島を出た計算になる。その点ではラス＝カサスも大きな違いはない。彼は、ロルダンがコロンに宛てた複数の報告書を根拠に、オヘーダ隊は二月の末か、三月になって島を出た、と記しているからである。さてセビーリャ書簡を信じれば、エスパニョーラ島に滞在したのは二か月ほどであったから、島に到着したのは一月上旬ということになり、我々の計算とも矛盾しない。ただし、ラス＝カサスの主張する九月五日とは四か月のずれが生じる。

　この差がついた理由として考えられるのは、まず、ベラ岬からオヘーダとアメリゴらが別行動を取り、オヘーダたちだけ先にエスパニョーラ島へ行き、アメリゴらは探検を続け、遅れて島に着いた可能性である。しかし、ロルダンの報告書で「オヘーダのカラベラ船」は必ず複数形で使われ、時には「二隻の」と数まで明示され、島に着いた時も、その後も別行動はしていないと考えてよさそうである。

　今一つは、ラス＝カサスが九月五日説の根拠としたコロンやロルダンの書簡にある日付けの疑わしさである。ラス＝カサスは書簡の客観性をさかんに主張しているが、彼が強調したいのは五月半ばにスペインを出て九月上旬にエスパニョーラ島に来たオヘーダが、その短期間で大した発見はできなかったとする点にある。コロン側もその思いは同じで、離反者に証言させているほどであるから、書簡にある日付けを全面的に信用できるとは言い切れない。「わずか五か月」と探検期間の短さを強調するラス＝カサスだが、九月五日に着いたのなら三か月半にすぎない。そこに何か不自然なものを感じるのは筆者だけであろうか。インディアス「発見」はその住民の改宗・救霊のため神がスペインに委ねた神聖な事業であり、発見者コロンを通して神意を示したと考えるラス＝カサスにとって、コロン以外の誰かが「発見」を横取りすることは許せなかった。アメリゴを徹底的にやり込めたのも同じ理由であった。もちろんだからと言ってすぐに、誰かが日付を改竄《かいざん》したということとにはならないが、九月五日にエスパニョーラ島に着いたとするには技術的・物理的に無理があるということは繰り返しておこう。

八月二三日の天体観測　セビーリャ書簡には具体的な日時がもう一つ現れる。それはアメリゴが自分で編み出したという経度計測法＊と関連がある。当時出版されていた天文暦に記されたヨーロッパで観測される月と星の合《ごう》（二つの惑星が天空上ほぼ同じ位置にいる状態）や衝《しょう》（ある惑星が太陽と反対側の位置にある状態）の日時とアメリカでの観察結果を比較し、その時間のずれから経度を割り出そうというのである。実際に観測されたのは、ヨーロッパで一四九九年八月二三日の真夜中もしくはその半時間前に起こるとされた月と火星の合である。アメリゴはその何日も前から夜を徹して天体観測をしてきたが、その夜の観察では、日没の一時間半後に月が出たとき、月は火星より一度数分東にあり、真夜中には五度半も離れていた。そこで、アメリゴは合が五時間半前に起こったと見積もり、経度に換算（三六〇度÷二四時間×五時間半）して八二度半という数字を得た。それがカディスからの経度で、一度を一六レーガと三分の二（九一・三キロメートル）とすれば、距離は一三六六レーガ（七五〇〇キロメートル強）ほどになる、という。

＊コロンは第二回航海の際、一九九四年九月一四日、サオナ島で月食を利用して、ヨーロッパとの時間差から経度の算出を試みており、この方法は決してアメリゴが初めて考案したものではない。

16世紀の天体観測：ペトルス＝アピアヌス(1533）の挿絵（T・Lester）

この計算が正しいとすれば、八月二三日にアメリゴは西経八八度三〇分付近にいたことになるが、それはキューバの西端（八五度）よりも西、ユカタン半島に近く、カディスからの直線距離は約八〇〇〇キロメートルになる。上の数値と大きな差はないが、アメリゴの計算にはいくつかの疑問点がある。まず、アメリゴが確認できなかった月と火星の合が五時間半前におこったとした根拠がわからない＊。また、彼が使った天文暦はイタリアのフェラーラ市での時間を挙げているため、経度で二〇度近く離れたカディスを起点にはできない。

＊コロンの試算（サオナ島での月食観測）で、同島がサン－ヴィセンテ岬（ポルトガル）とは五時間半の差があるとしたのを踏襲したのかもしれない。

いずれにせよ、以上は当時の計測法がいかに頼りないものであったかを示すエピソードにしか過ぎない。磁石で方角を知ることはできても、アストロラーベと呼ばれた天文儀も、それを簡便化した四分儀にしても陸上でならともかく、海上ではとても役に立つ代物ではなかった。これらの器具による計測が信頼に堪えるものではなかった点については、一六世紀半ば過ぎの旅行者も皮肉たっぷりに述べているほどである。要するに、アメリゴの挙げる数値から彼の居場所を特定することは不可能、あるいは無意味に近いのだが、八月二三日には南アメリカのカリブ海沿岸にいたことは確かである。

奴隷狩り

一年ほど航海して手ぶらで帰るわけにもいかず、アメリゴたちは先住民を捕まえ、奴隷として連れ帰ることにした。エスパニョーラ島からまっすぐ北へ、二〇〇レーガ進んだが、浅瀬が多く水位も低い海を行くのに神経をすり減らした。発見した島の数は一〇〇〇を超えた。その島々（おそらくバハマ諸島）のいずれにも人が住んでいたが、みな裸で、怖がりで、スペイン人のなすがままだったという。いくつかの島に立ち寄り、力ずくで二三二人の先住民を捕らえた。長い船旅の途中で死亡した者もいたが、残った二〇〇人を奴隷として売却し、船も売り払った*。そうして得た五〇〇ドゥカードを生き残った乗組員五五名で等分したため、一人の取り分はわずかであった。

*かなりの量のブラジル木を積み込み、売却もしたはずだが、まったく言及されていない。

この奴隷の数、売却に疑問を呈する研究者もいる。当時の船の規模から判断して、これだけの数の奴隷を詰め込むのは不可能というのである。人数分の食料や水の量も馬鹿にならない。また、かりに二〇〇人を連れ帰ったとして、本当に奴隷を売却できたのか。というのは、アメリゴたちが戻った前後に、先住民奴隷に関する勅令（一五〇〇年六月二〇日付）が出されたのである。コロンが送った三〇〇人の奴隷は全員解放し、インディアスに戻すよう命じられた。「正当な戦争」での捕虜は例外とされたが、果たしてアメリゴらが連れ帰った二〇〇人余りはそう認定されたのか。それとも真珠やエメラルドを女王に贈呈したため、大目に見てもらえたのであろうか。残念ながら、答えは闇の中である。

アメリゴにとっては初の長い船旅であったが、一日にパン六オンス（一八〇グラム弱）、水は小さな椀に三杯という海上生活に耐えた。思ったほどの収入は得られなかったうえ、帰国後、二度も四日熱に苦しんだ。しかし、彼の目はすぐに次の航海に向いている。三隻の船が自分のために艤装《ぎそう》されていて、九月中頃にはタプロバーナ島（インド沖にあるとされた）をめざして出発できそうだと、わくわくしながら報告している。

新大陸を描いた最初の世界図

セビーリャ書簡によると、アメリゴは戻ってから一か月後に書簡を認め、二枚の地図（一つは平面図、もう一つは地球儀用）とともにフィレンツェに送った。同じものをカトリック両王にも贈呈し、喜ばれたと言うが、どちらも残っていない。しかし、同じ航海に参加していたフワン＝デ＝ラ＝コサの作成した地図を参考にすることができる。新世界が描かれた最初のコサ図（「フワン＝デ＝ラ＝コサが一五〇〇年にサンタ－マリア港で作成」と明記されている）で、現在はマドリードの海洋博物館に保管されている。作成後は、インディアス関係の事務を取りしきっていたフォンセカの手もとに置かれ、一五一四年にそれを見たペドロ＝マルティルは一級品と

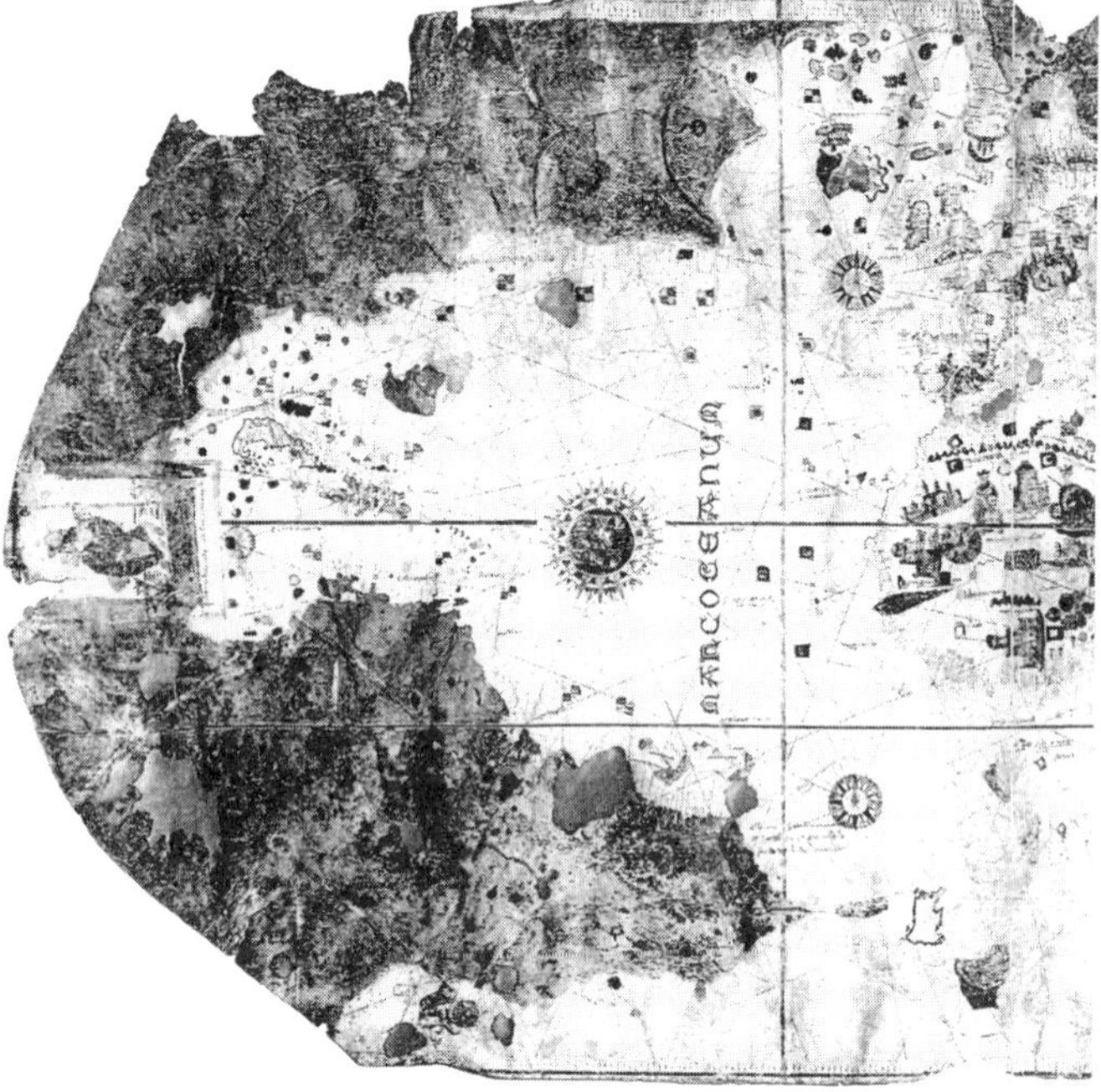

コサ図（部分拡大）：1500年にフワン＝デ＝ラ＝コサが作成した世界図に初めて新世界が登場。南北の陸塊の間には幼子キリストを背負い渡河する聖クリストフォロスの像。キューバは島として描かれ、南米のサント－アウグスティーノ岬のさらに先まで描かれている。（T・Lester）

絶賛している。二枚の牛皮を合わせた一八〇×九六センチメートルのコサ図には、南の陸塊だけでなく、北の陸塊も描かれ、二つの陸塊には約六〇の地名が書き込まれている。北の陸塊は、カボット親子の二度にわたる航海（一四九七、九八年）の情報を取り込み描いたもので、北緯五二度付近にイングランド国旗が翻り、「イギリス人に発見された海」という銘が入っている。

　コサ自身はコロンの第一回、第二回航海に参加し、今回はオヘーダと同じ船に乗っていた。したがって、カリブ海の島々や南の陸塊の北岸については主に自分の経験に基づいて地形を描き、地名を記入した。別の船が探査した地域についても、参加者から情報を仕入れている。一五〇〇年初めにブラジルへ到達し、九月に帰国したビセンテ＝ヤニェス＝ピンソンの情報も盛り込まれている。また、同年四月にカブラルが到達したブラジルは、ピンソンが見つけた陸塊の沖に浮かぶ島として描かれている。これはペロ＝ヴァス＝デ＝カミーニャ［一四五一～一五〇〇　ポルトガルの官吏。ブラジル発見の国王宛書簡を作成した］が島と報告したことによる。

コサ図の主な特徴として、（一）南北の陸塊をそれぞれ大陸として表現、（二）両方の陸塊が地続きである可能性を示唆、（三）キューバを島として描写の三点を挙げることができる。ただし、南北の陸塊をアジアの東の端と考えていたのかどうかは、明らかではない。また、（二）で「可能性を示唆」としたのは、二つの陸塊のつなぎ目の部分に幼子イエスを肩に乗せた聖クリストフォロス（コロンのファーストネームと同じで、「キリストを運ぶ者」を意味する）が描かれ、詳細は隠されているからである。

キューバが島であると正式に確認されたのは一五〇八年であるにもかかわらず、コサ図でははっきり島として描かれている。一四九四年にキューバ南海岸を探検したコロンは、キューバが島ではなく大陸の一部であると判断し、その旨を記した供述書を乗組員全員の署名付きで作成した。東西に三三五レグワ以上も海岸線が続き、まだ果てなく延びているので、島ではなく大陸である、とコサ自身もそのときに証言している。もっともこれは提督に強要されたもので、同行していたコロンの友人ミケーレ＝デ＝クネオは、多くの者が島だと感じていたと記している。しかし、国王に献納する地図に、自分がかつて大陸であると証言したキューバを島として描きこむには、根拠がいる。その根拠を提供しうるのは、一五〇〇年末までにカリブ海西部やキューバ北部を探検して戻ってきた者しかいない。その可能性があるのは、現存する史料から推し量る限り、オヘーダの一行をおいて他にない。イタリアの研究者カラッチは、エスパニョーラ島を出た後、オヘーダ隊はキューバが島かどうかを確認する探検をしたのではないか、と言う。

V

ポルトガル王旗のもとで——第三回航海、そして…

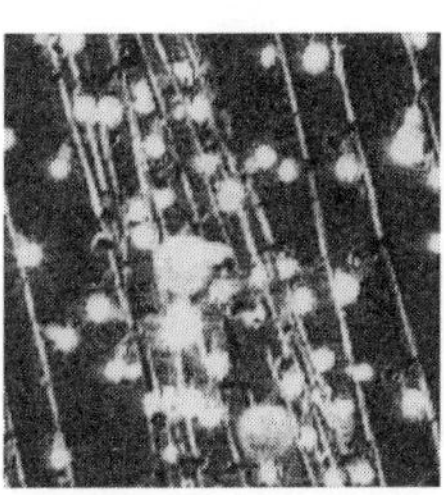

ポルトガルへの旅立ち

セビーリャ書簡の最後で、「九月の半ばには準備が整う」とされた三隻は、もちろんアメリゴのために用意されたものではなかった。船舶数・時期から判断して、おそらくベレス＝デ＝メンドサ隊の船舶だったと思われる。新しい世界を見た興奮がまだ冷めやらず、アメリゴは好奇心を掻き立てられたが、彼の希望が叶えられることはない。

王室がベレス＝デ＝メンドサ隊と交わした協約書が残っている。一五〇〇年六月五日に基本条項が決められ、その後、何度か条項が追加された。八月一八日、つまりアメリゴの書簡からちょうど一か月後に追加された条項の一つは、「これらの王国（カスティーリャとアラゴン）以外の者、外国人を誰一人として乗せ」てはならないというものであった。フィレンツェ人アメリゴも、当然のことながらこの外国人排斥条項に抵触する。もともと船乗りの世界は国籍など関係なく、船隊への資金提供者には外国人も多かった。コロン、アメリゴ、ベラルディたちイタリア人だけでなく、ポルトガル、ギリシアの出身者もスペイン船に乗っていた。外国人排斥がなぜこの時期に、しかも唐突な形で出てきたのであろうか。

ラス＝カサスは、スペイン人というのは外国人を上司とすることに我慢できないのだと言うが、それだけではなさそうである。じつは、コロンとベラルディが真珠の産地を知りながら秘密にしているという「噂」はすでに宮廷にも伝わっており、コロン一族に対する王室の姿勢も厳しくなっていた。一五〇〇年春にゲラとニーニョが産地を特定し真珠を持ち帰ると、王室はその独占をはかる。

八月には、戻ったばかりのゲラを再びクバグワに派遣した。そしてその翌月、コロン兄弟は王室官吏アグワードに逮捕され、スペインへ送還される。外国人に対する不信感と真珠独占の目論見《もくろみ》が外国人排斥という形で出てきたのである。

行き場をなくしたアメリゴにポルトガルから誘いの手が伸びる。ポルトガルにはアメリゴをほしがる理由があった。トルデシーリャス条約によるポルトガルとスペインの境界線は、コロン、オヘーダ、ゲラ、ピンソンらが到達した陸地のどこに引かれるべきなのか。一五〇〇年四月二二日にカブラルが到達した陸地とはどのような位置関係にあるのか。そこはカミーニャの報告書によると島らしいが、それを持ち帰ったガスパール＝デ＝レモスは大陸だと言う。どちらが正しいのか。これらの疑問点を明らかにする探検隊を派遣するため、ポルトガル王室は南の陸塊を探検航海した経験者を求めていた。

リスボンにもセビーリャにもイタリア人が数多くおり、その大半は商業や海運業に携わり、ポルトガルのアフリカ－インド交易、カスティーリャの大西洋航海に深く関わっていた。イタリア半島出身者の繋がりは強いものであったが、ジェノヴァ人同士、フィレンツェ人同士の同郷ネットワークはそれ以上にしっかりしていた。ポルトガル王もそのネットワークを利用して、アメリゴを「一本釣り」しようとしたのかもしれない。

ヴェルデ岬書簡でアメリゴは「リスボン在住のフィレンツェ人からお聞き及びでしょうが、私がセビーリャにいる時、ポルトガル王に召され、王に仕え、この航海のため準備をするよう求められました」と告白している。『四度の航海』によると、仕官の誘いを、いったんは病気を理由に断っている。それでもマヌエル王は、リスボン在住のジュリアノ＝ディ＝バルトロメオ＝デル＝ジョコンドというアメリゴの知人を通して、再度働きかける。今度はアメリゴも断り切れない。友人たちからはポルトガル行きを反対されていただけに、こっそりとセビーリャを抜け出し、リスボンへ向かった。もっともこれもアメリゴの書簡だけが根拠であり、本当にポルトガル王室から要請があったのかどうかはわからない。セビーリャ書簡でも、公刊書簡でも、国王から依頼されたと書くのがアメリゴの常套《じょうとう》手段であることを忘れてはならない。

カブラル隊との遭遇

アメリゴが加わった船隊がリスボンを出たのは一五〇一年五月一三日。私信でも、公刊書簡でも、船隊長の名前は明らかにされていない。ゴンサロ＝コエーリョ、ガスパール＝デ＝レモス、アンドレ（＝アフォンゾ）＝ゴンサルヴェスらが有力候補だが、決定的な証拠は見つかっておらず、現時点で船隊長の特定は困難である。三隻からなる船隊は一気に南下し、ヴェルデ岬（沖合の諸島ではなく、大陸側のベセキッチェ）で大西洋横断の準備を整えていた。その港で、インドからリスボンへ向かう二隻に遭遇する。それは一四か月前にインドをめざして出航し、カリカットから戻る途中のカブラル隊であった。

アメリゴの好奇心が動く。多くの乗組員から話を聞いて回る。とりわけ、カイロからマラッカまで踏破した経験をもつガスパール＝ダ＝ガマからは、香料や宝石が豊富なセイロン島やスマトラ島の話を聞き、いずれかがプトレマイオスの世界図に出てくるタプロバーナ島だろうと推測している。ガスパールはアレクサンドリア生まれのユダヤ人（親はポーランド出身）で、イスラムに改宗してインドのスルタンに仕えていたが、ヴァスコ＝ダ＝ガマに付いてリスボンに渡った人物である。

さてアメリゴは、一年と少し前にカブラル隊がヴェルデ岬諸島から西方へ向かい、七〇〇レーガ航海して、ある陸地にたどり着いたことを知る。そこは「自分がスペイン王のために発見した陸地と同じだが、もっと東寄りである」と言う。カブラルは「真の十字架《ヴェラークルス》の地」と命名したが、他の人からは「オウム《パパガヨ》の地」、「聖なる十字架《サンタークルス》の地」とも呼ばれ、結局はブラジルの名で知られることになる。そのためカブラルはブラジルの発見者とされる。

一五〇一年六月四日付けのヴェルデ岬書簡はリスボンへ向かう船に託され、フィレンツェに届けられた。カブラル隊からの聞き書きは、アフリカ東岸、アラビア半島を経てインドにいたる港町、そこに集散する産物、大領主、往来する船や取り引きの様子にも及ぶ。ヴェルデ岬書簡は商業通信であると同時に、現地からの情報をプトレマイオスの地図に重ね合わせ、宇宙誌の理論と実際の検証の試みでもあった。

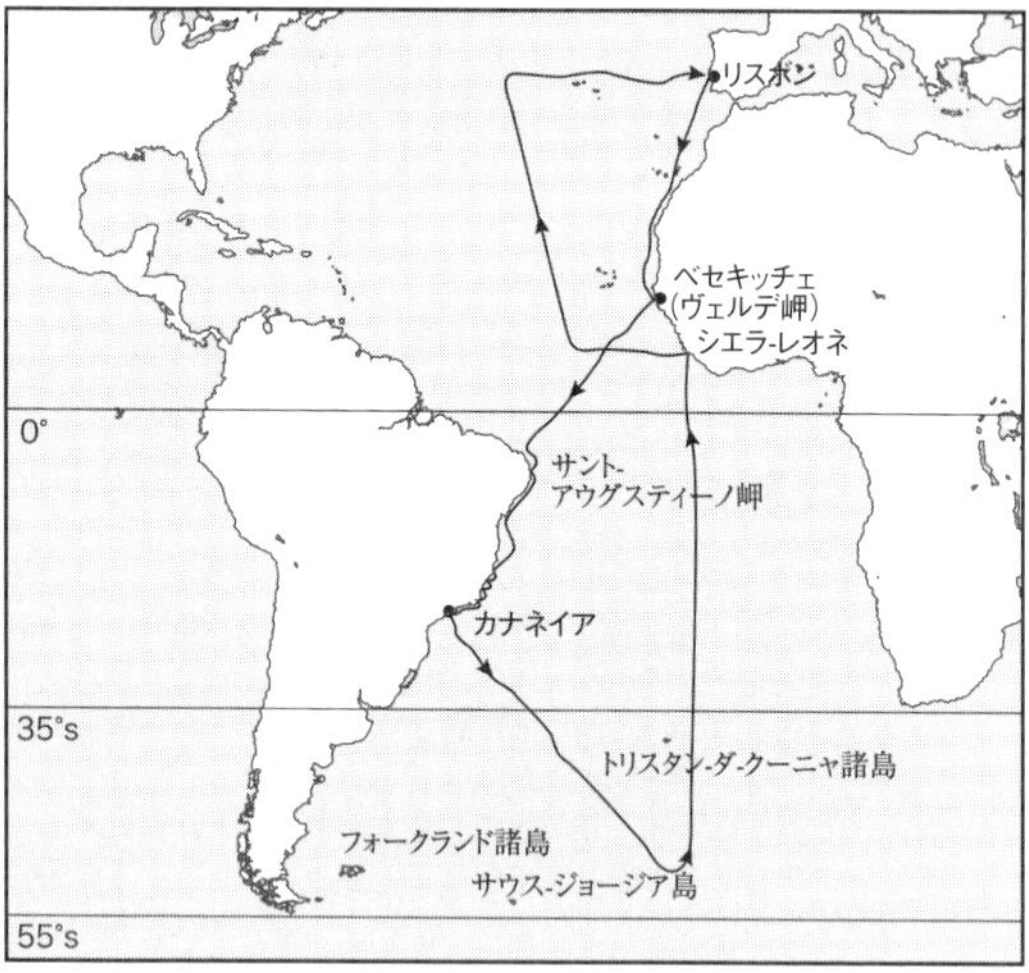

アメリゴの第三回航海の航路

「南の陸塊」探検航海

ヴェルデ岬を出た後の様子については、帰国後に書かれたリスボン書簡（一五〇二年）で報告されている。ただ、この書簡は航海そのものについては詳述せず、むしろ「対蹠地《アンティポダス》」での記録、つまりブラジル民族誌が大部分を占める。その書簡から航海関連の情報を抜き出すとこうなる。六月上旬にベセキッチェ（ヴェルデ岬）を出港後、南西に針路をとり、六四日目の八月中旬に陸地に到達。南西から少し西寄りの方向に続く沿岸を、八〇〇レーガにわたり踏査。航海は九か月と二七日間に及び、その間、北極星も小熊座も大熊座も見えなかった。赤道を越え、南回帰線も越えて、南緯五〇度まで達した。リスボン書簡には日付がなく、いつ帰着したのかも明らかにしていない。しかし、別の文書がアメリゴらの戻った日を特定している。

ヴェネツィア大使ドメニコ＝ピサーニがスペイン北東部のサラゴサから本国に宛てた書簡（一五〇二年一〇月一二日付）に、リスボンからの情報が盛り込まれている。「去年、オウムの地、あるいは聖なる十字架の地を発見するため派遣されたカラベラ船隊は、七月二二日に戻ってきた。船長は新しい海岸を二五〇〇ミリャ（四ミリャ＝一レーガ）以上も発見したが、海岸線の果てを確認することはできなかった。ブラジル木やカシア（肉桂の一種）などの木材を積んで戻ったが、香料は持ち帰らなかった」。これこそアメリゴの参加した船隊で、〇一年五月一三日にリスボンを出て再び戻ってくるまで、一四か月と九日になる。ヴェルデ岬までの航海と滞在でほぼ一か月、その後の大西洋横断に六四日、南半球での探査航海が約一〇か月（アメリゴがリスボン書簡で「九か月と二七日の航海」としているのは、この部分を指すと思われる）とすると、帰路は一か月余りになる。

二つの公刊書簡と二つの私信がこのブラジル航海を取り上げている。航路に関して公刊書簡の共通点を挙げると、（一）往路の大西洋横断に二か月強かかった、（二）ヴェルデ岬から新大陸までの距離が七〇〇レーガある、（三）新大陸到達後、数百レーガ沿岸を航行した、（四）南緯五〇度付近まで到達したなどである。細かな違いに目をつぶれば、これらは私信にも当てはまる。

他方、『新世界』と『四度の航海』では航海情報のウェートの置き方がかなり異なる。前者は新大陸到着までの航海情報に限られ、後者は到着後の情報に詳しい。また、カブラル隊との遭遇に触れているのはヴェルデ岬書簡だけだが、同隊の航海士が「新しい陸地の発見のためポルトガル王が派遣した三隻と遭遇した」という記録（モンタルボッドやラムージオに所収）を残しており、この出会いがあったことは間違いない。

また、途中でアメリゴが船隊の指揮を執り、針路を変更して航海したという話は『四度の航海』

『新世界』と『四度の航海』と私信の比較

新世界	四度の航海	私信（ヴェルデ岬&リスボン）
1501.5.14.　３隻でリスボン出港	1501.5.10.　３隻でリスボン出港	1501.5.13.　３隻でリスボン出港
		6.上旬、ヴェルデ岬着
ヴェルデ岬に寄港	ヴェルデ岬で11泊	カブラル隊と遭遇
		同隊は南南西へ20日で700leg
針路は南、次第に西へ		針路は南西
２か月と３日の間、陸見えず		
67日のうち44日は雨と雷	67日の航海（嵐が多い）	64日の航海
ヴェルデ岬から700leg	ヴェルデ岬の南西700leg	
8.7.上陸	8.17.Ｓ５度に上陸	8.中旬、陸地着
陸沿いに300leg東へ	海岸線は東南東→南西	海岸線は南西から西寄り
南へ湾曲	サント－アウグスティーノ岬で湾曲	沿岸を800leg
さらに600leg	岬（Ｓ８度）まで150leg	
	南回帰線を越えＳ32度まで	
	岬から600leg	
	着後計750leg、出港後10か月	
	2.15.アメリゴが船隊指揮、南東へ	
天の南極が50度まで航行	Ｓ52度、陸から500legまで	Ｓ50度まで
南極圏まで17度30分	4.7.には夜が15時間：冬	
	4.7.に新陸地発見、人影なし	
	嵐；北へ５日航海も赤道達せず	
	1300leg､5.10.セルナーリオ（シエラ－レオネ）	
	7.末アソーレス、750leg	
	02.9.7.リスボン着､300leg	
	全15か月の航海　船は２隻に	９か月27日の航海

にしか出てこない。同書簡によると、アメリゴが船隊の総指揮を任されたのは二月一五日だが、交替理由は明かされていない。

一五〇一～〇二年航海に関する他の証言

この航海に言及している人はまだいる。モラヴィア出身でリスボン在住のドイツ人、ヴァレンティン＝フェルナンデスもその一人である。彼は一五〇三年五月、商品をフランドルに発送する際に手紙を添付し、カブラル隊の航海と彼らが新世界で出会った先住民の社会や生活の概略を綴った。彼は、二〇か月も新世界で生活した経験をもつ二人のベテランの報告をもとにして、本を一冊執筆したとも記している。この書簡はそれを要約したもので、その内容から判断して彼が参考にした二人はカミーニャとアメリゴだったと思われる。アメリゴへの依存度はとりわけ高い。

「カブラルの二年後に別の船が聖なる十字架の地の海岸を七六〇レグワ近くも航行し、南極へ向かって五三度まで進んだが、海上はあまりにも寒く、本国へ引き返した」と記しており、これはアメリゴの第三回航海のことを言っている。フェルナンデスはアメリゴのどの書簡を参考にしたのであろうか。『四度の航海』はまだ世に出ていない。挙げられた先住民の特徴の数々（宗教・法律・領主・私有財産がない、顔面に孔をあけ石や骨を通す、髭はやさない、人肉を燻製にして食すなど）を比較すると、数字に若干の違いはあるものの、リスボン書簡をもとにして、断片書簡、セビーリャ書簡、

『新世界』も参考にした節がある。特に「海が荒れ、海水があまりに冷たく、帰国する決意を」したという一節は断片書簡と、後に公刊される『四度の航海』にしか見られない。

さらに、アルブケルケ隊（一五〇三年四月六日出発）でインドへ向かったジョヴァンニ＝ダ＝エンポリが父親に宛てた書簡がある。間接的ではあるが、同隊がヴェルデ岬から真の十字架の地（ブラジル）に立ち寄った際に、「そこはかつてアメリゴ＝ヴェスプッチが発見した土地」であると言っている。エンポリもアメリゴの『新世界』あるいは私信を読んでいたことは、真の十字架の地の自然や住民についての記述からわかる。「カシアとブラジル木が豊富だが鉱物はない。先住民の体格は良いが、男女とも裸。さまざまなオウムの羽根で体を飾り、信仰はなく、享楽的で、人肉を燻製にして食べる」などがその例である。

地図と航程

ポルトガルは元来、航海や新発見地については情報を公開せず、秘密主義を貫いた。アメリゴが航海中に天体観測・民族誌・産物・航路について残した記録も、ポルトガル国王が保管したままである。「返していただければ、いずれ一冊の本にまとめたい。そうすれば、私の死後も名声が残る」というアメリゴの願いは届かない。航路や地形について詳しいことは、特に外国向けの手紙には書きにくい雰囲気があった。では、アメリゴたちの詳しい航程はまったくわからないのであろうか。

手がかりはある。探検航海の情報を取り入れて作成された当時の最新版世界図である。目印となる岬・川・山などにつけられた名前もそこに記入される。そのような地名には発見・到達した日の守護聖人の名前が選ばれることが多かったため、地図中の地名（聖人名）と聖人暦の祝祭日を照合すれば、船団の進み具合を跡づけ得るかもしれない。

しかし、事はそう簡単ではない。発見した日の聖人の名が必ず付けられた訳ではないし、航海から時間をおかずに作られた地図でなければ、他の航海の情報が混入しているかもしれない。また、手書き地図であれば、後から地名だけ書き足される可能性も排除できない。それより重大な問題は、地図こそ国家の最高機密であったから、現存する古地図（ほとんどが海外に流出したもの）が本当に正確なのか疑わしいことである。領土問題が絡む場合は自国に有利に描いて、ミスリーディングな情報を忍び込ませた地図を流出させることもあった。地図の作成者や作成年・日時、作成場所、典拠についてはいずれも正確にはわかっていないだけに、批判的な態度で慎重に取り扱うことが必要になる。アルゼンチンの歴史家レビリエールはさまざまな古地図を引き合いに出して、アメリゴがラプラタ川、さらに南米大陸沿岸を南緯四七度あたりまで探検したことを証明しようとした。彼の説や方法論にもろ手をあげて賛同するわけにはいかないが、我々も古地図の世界をのぞいてみよう。

一五〇二年頃にポルトガルで作成された地図がいくつかある。なかでも次の五つは、その後の地図作成の参考にされたという意味で重要である。

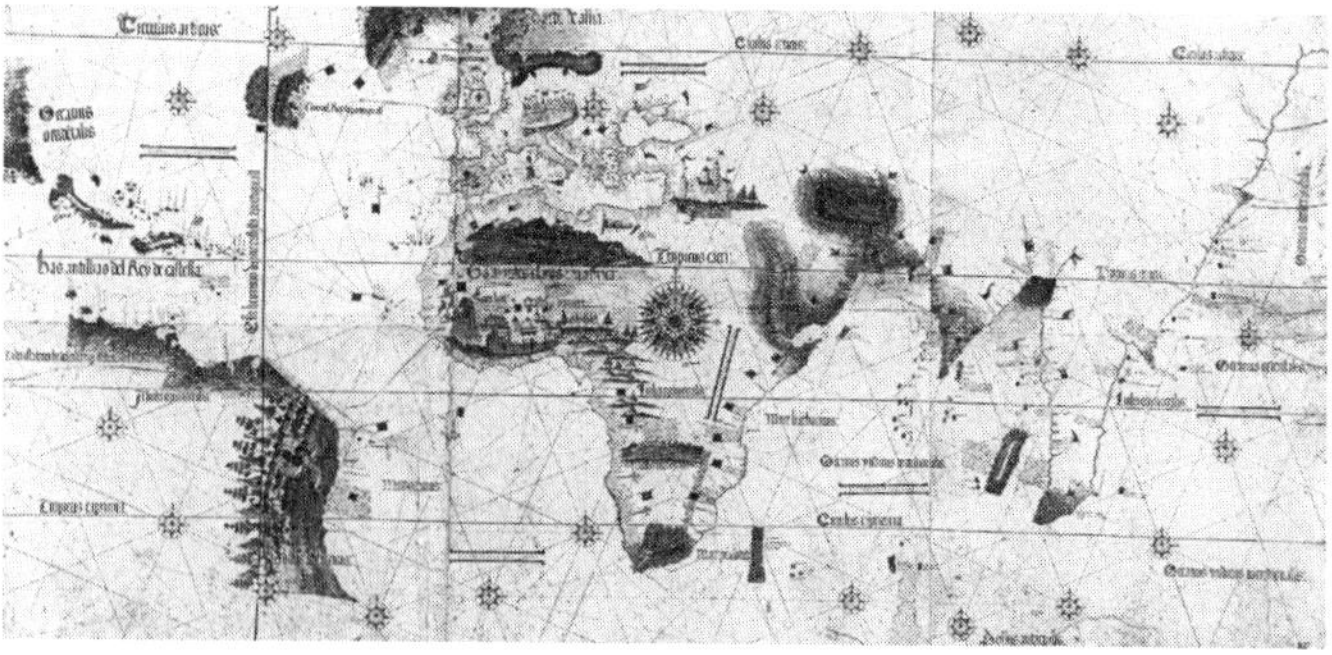

カンティーノ図：新世界にはアメリゴの情報に基づく地名が含まれ、巨大な島々として描かれている（1502）。南北の線はトルデシーリャス条約線。(Fernández-Armesto)

（一）カンティーノ図　（二）カヴェリ図　（三）キング－アミィ図
（四）ペザーロ図　（五）クンストマンⅡ図

　それぞれ簡単に紹介しておこう。

（一）作者不詳。裏面に「インディアスで最近発見された島々の海図。アルベルト＝カンティーノよりフェラーラ伯エスコレ＝デステに贈呈」とある。モデーナ出身のカンティーノはおそらくリスボン在住の外交官もしくはスパイで、どこかで手に入れた地図をイタリア人画家に描かせ、後にブラジルから戻った船乗りと接触し、ポルト－セグロ（カブラルの到達地）以南の地名を書き込んだと思われる。キューバを島として描いていることから、アメリゴと接触した可能性もある。ガスパール＝デ＝コルテレアルが行方不明になった北方航海（〇一年一〇月に僚船が帰国）への言及があり、フェラーラ伯はこの図を〇二年一一月に受領しているため、その間に作成されたことになる。トルデシーリャス条約線も描かれ、その右にポルトガルの、左にはカスティーリャの王旗が翻る。

（二）地図にある署名は長らくニッコロ＝カネリオと読まれてきた

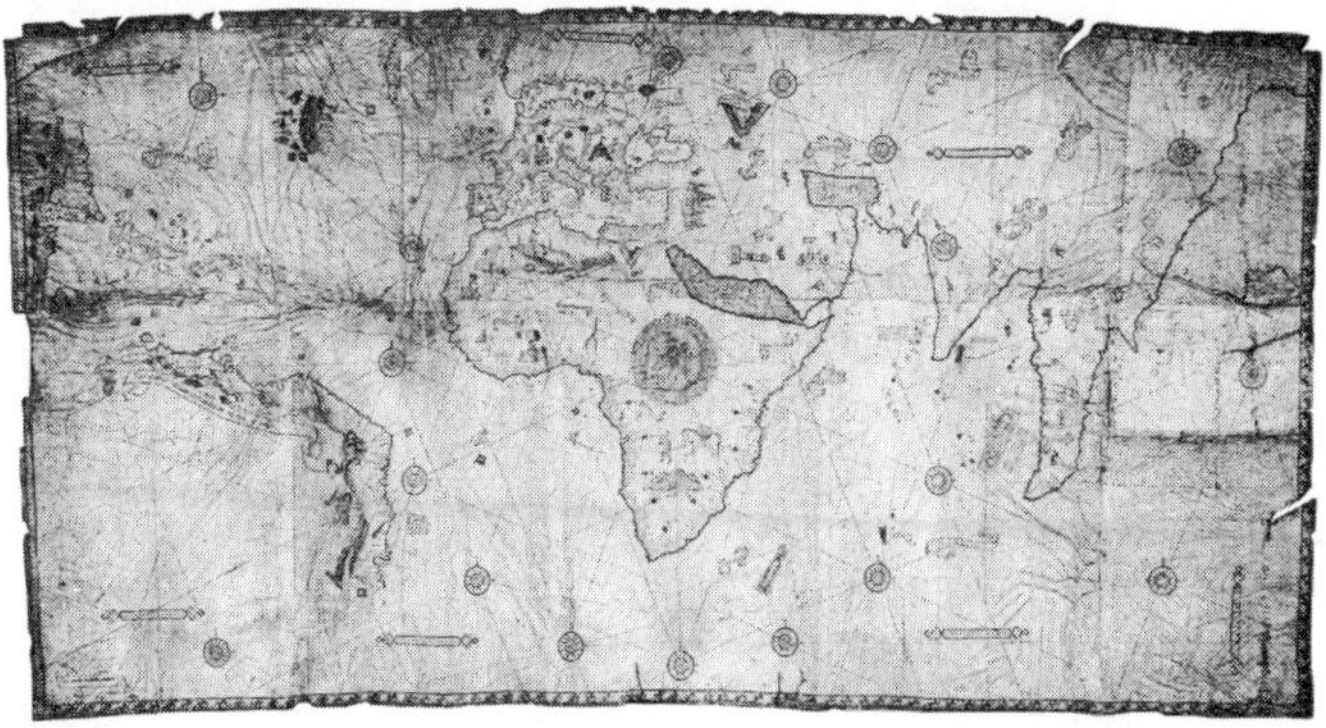

カヴェリ図：カンティーノ図とよく似ているが、南米には新しい地名も見られる(1504〜5?)。(Fernández-Armesto)

が、最近ではニッコロ＝カヴェリ（オ）と解釈されている。南の陸塊の形状、地名はカンティーノ図とよく似ているが、付け加えられた地名が多い。そのため、カンティーノ図より一、二年後の作と見られる。なお、この地図は北の陸塊を独立した巨大島として描くが、カンティーノ図はそのあたりをぼかし、アジアの一部である可能性も残している。

(三)　発見者（リチャード＝キング）と研究者（ジュール＝アミィ）の名を冠したこの地図の作者については、イタリア人説とポルトガル人説がある。しかし、一五〇二年に作成されたという点で専門家の意見は一致していて、かつてはアメリゴが作成に関与したと考えられた。ブラジル北部に空白部があり、独立した大陸として描かれた南の陸塊の海岸線は、南緯三五度付近まで伸びている。

(四)　イタリア、ペザーロ市図書館所蔵。地図上の情報から、作成は一五〇五〜〇八年と推定される。南の陸塊の北部に巨大な山が三つ描かれ、「新世界（Mundus Novus）」の銘が地図上で初めて現れる。ブラジル北部に二つの大河川（おそらくアマゾンとマラニョ

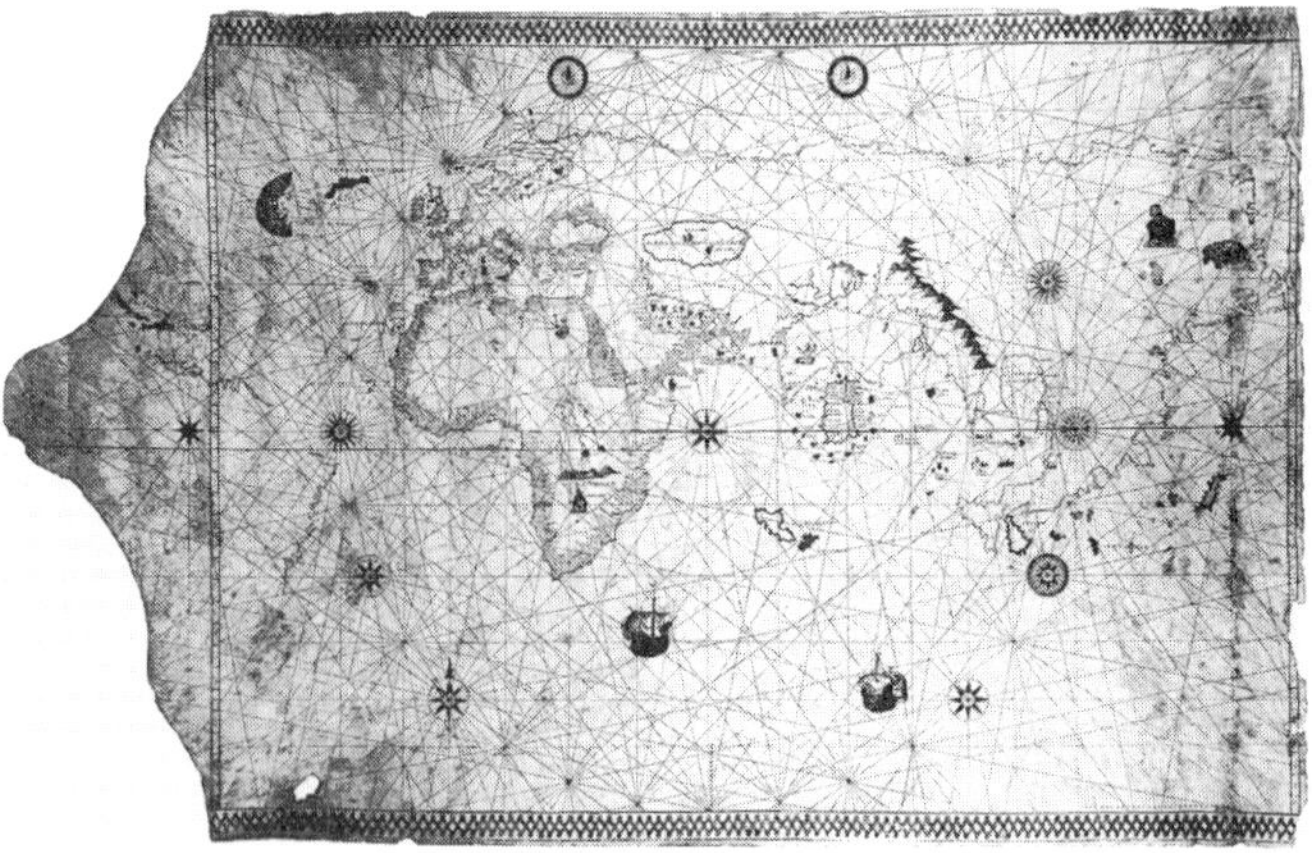

キング-アミィ図：カンティーノやカヴェリとは別の図をモデルとしている(1502?)。ブラジル北東部の海岸線の一部が描かれていない。(Fernández-Armesto)

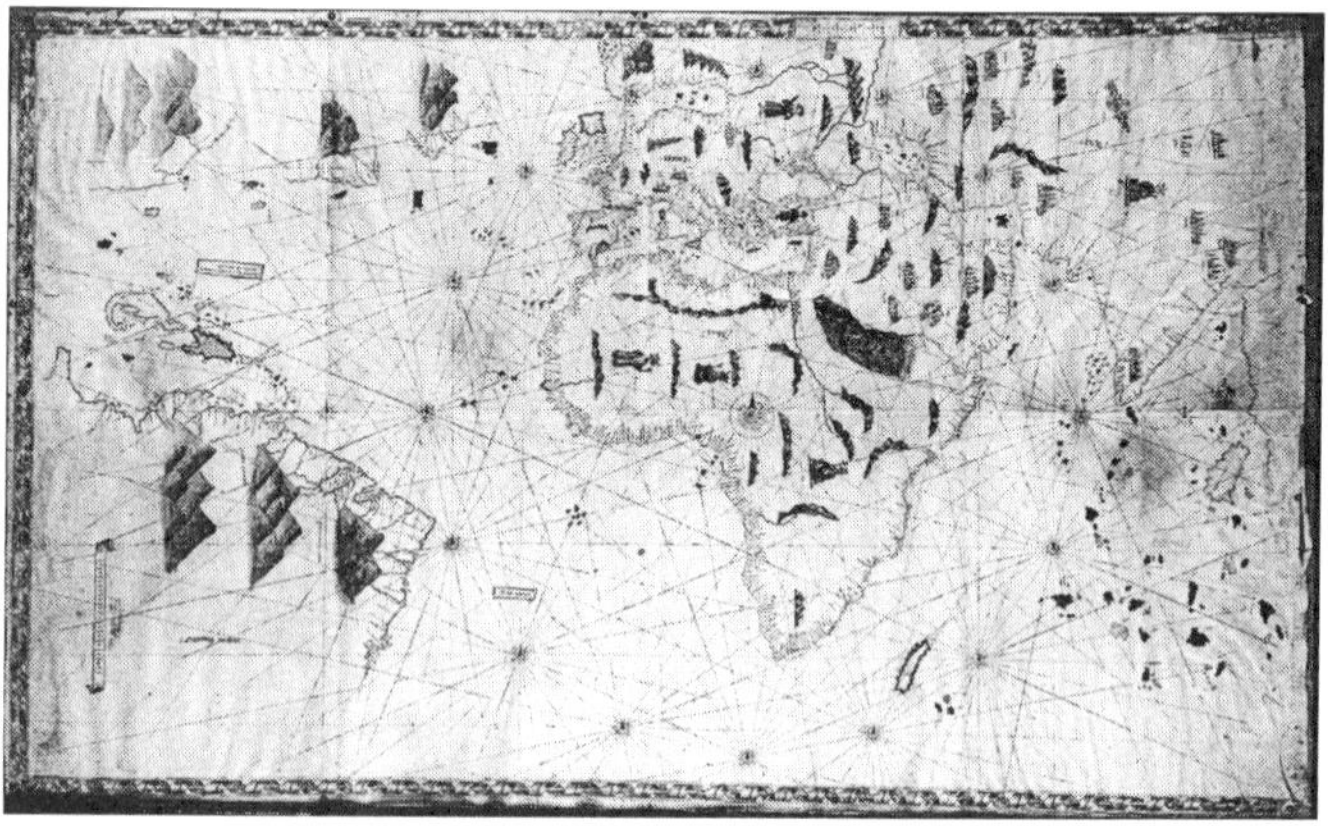

ペザーロ図：南の陸塊は喜望峰とほぼ同じ緯度まで一続きとして描かれ、山または山脈が3つ並んでいる（1505～08)。(Fernández-Armesto)

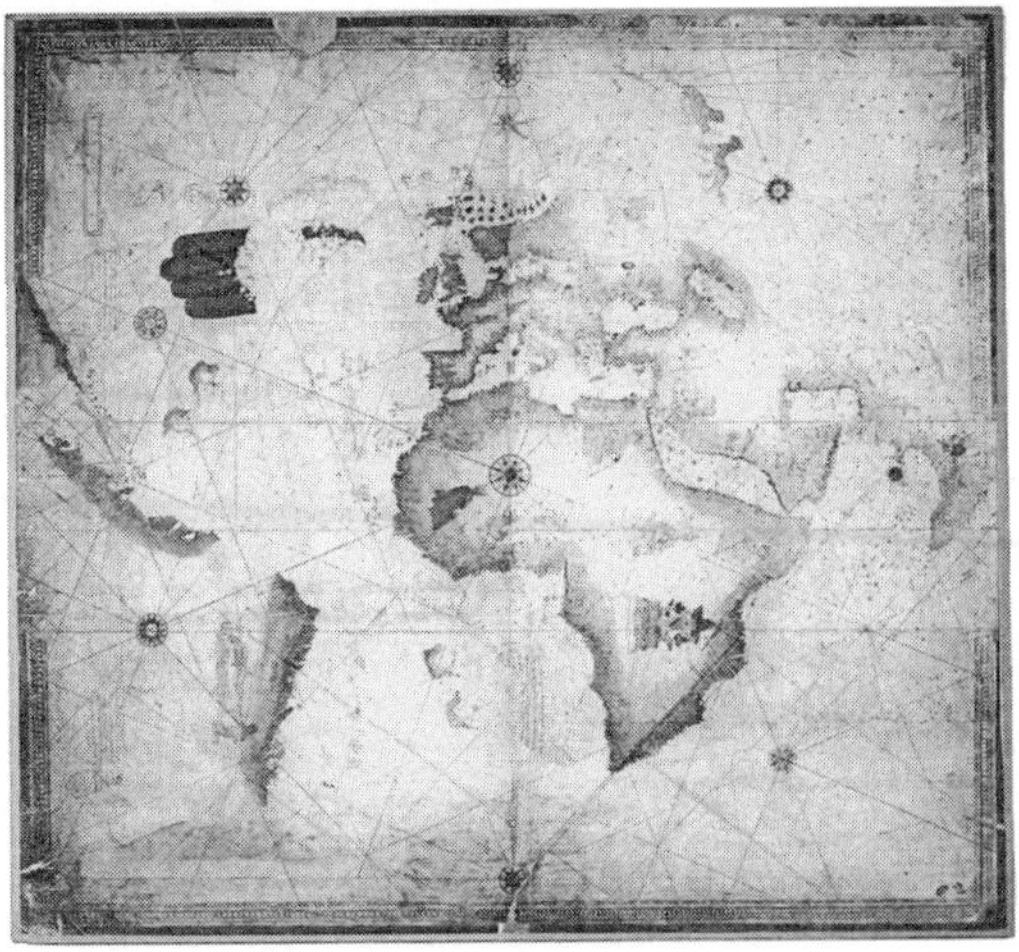

クンストマンⅡ図：この図でも南米はいくつかの島のように描かれ、内陸部では串刺しにした人を焼く先住民の姿も見える（1505?）。(Fernández-Armesto)

ン）の河口が描かれている。

（五）　一九世紀半ば、クンストマン－アトラスに初めて掲載された。作成年代について諸説（一五〇二〜〇六）あり、作風はイタリア的だが、作成者不詳。ブラジル内陸部に、人を丸焼きする先住民が描かれている。キング－アミィ図と同じく、トルデシーリャス条約線が通る付近のブラジル北岸に空白部があり、つながっていない。

　先の地図でブラジル北東部の大湾曲部の南側の海岸線がどう描かれているかを見てみよう。キング－アミィ、ペザーロ、クンストマンの描き方は比較的似ており、南緯一〇度あたりから南西方向に海岸線が伸びる。つまり、実際の海岸線に近いが、いずれも実際より東寄りである。カヴェリ図では海岸線が方向を変えてからほぼ真南に下がり、四〇度あたりで途切れている。また、カンティーノ図では緩やかに凹み、南下するに従って東の方へ張り出し、南緯四〇度付近で急に西に折れている。トルデシーリャス条約でポルトガル領に入る部分（線の東側）を実際より多く見せようという意図が感じられ、その意味ではいかにもポルトガル起源の地図らしい。

古地図からアメリゴの航跡・航程を探れるか

この五つの地図がアメリゴの航海情報を反映しているのかどうかは、慎重に検討しなければならない。彼の帰港（〇二年七月下旬）以降に作成されていることが前提だが、いずれの地図も作成に関する情報が不鮮明なうえ、カブラル隊の情報が一五〇〇年夏にはポルトガル王室に届いており、同隊が付けた地名も地図に盛り込まれているからである。

公刊書簡・私信に出てくる地名と最終到達地点を先の五つの地図の地名を比べれば、アメリゴの航海がどれだけ地図に反映されているか判断できるはずである。ところが、アメリゴは公刊書簡でも私信でも新大陸の地名をほとんど挙げていない。例外は『四度の航海』に出てくるブラジル北東部のバディアーディートゥティーエーサンティ（現バイーア州トドスーウスーサントス湾、サルヴァドール市）とサントーアウグスティーノ岬（現サントーアゴスチーニョ、レシフェ市の南）である。ところがこの岬は、スペインでは目印として重視され実在するにもかかわらず、その名は前述のどの地図にも現れない（サンーアグスティーノ川は出ている）。地図と文献が一致しないが、珍しい例ではない。

先述の古地図に現れる地名を比べてみよう。ただし、キングーアミィ図には「聖なる十字架の地」という地名しか記されておらず、ペザーロ図では地形と地名がかみ合っていないため、省く。

古地図における南の陸塊の地名比較

カンティーノ	クンストマンⅡ	カヴェリ	祝祭日
	Capo de Sancta +	Cabo de Sta. Croxe	
San Miguel	San Michael	Sam Michel	9. 29.
Rio de Sa. Franco.	**Rio de S. francisco**	**R. de Sam Francesco**	10. 4.
	Bafra barill	Vazia Baril	
	Rio di perera	Rio de perera	
	Serra de S. Madlena di gratia	Serra de Sta. Ma. De Gracia	
	Rio de Caxa	Rio de Caixa	
	Punta real	Porto Real	
	R. de San Hieronymo	Rio de Sn. Jeronymo	(9/30)
	Rio de Odio	Rio de Odio	
	Rio de Mezo	Rio de Mayo	
	Monte fregoso	Monte Fregosso	
Abaia de todos Santos	**A baia de tutti Santi**	**Baie de tutti li santi**	11. 1.
	Rio de S. Jacomo	Rio de Sam Jacomo	(7/25)
	Rio de S. Augustino	Rio de Sto. Agustino	(8/28)
	Rio de S. Helena	Rio de Sta. Elena	
	Rio de Cosines		
	Rio de Virgene	Rio de Vergine	
	Rio de San Johan	Rio de Sam Joam	11. 14.
Porto Seguro	**Punte Seguro**	**Porto Seguro**	＊
	Barefres vermegl	Bareras Vermeias	
Rio de Brasil	Rio de Brazil	Rio de Brazil	
	Barossa	Barossa	
	Monte de pasqual	**Mont Passqual**	＊
	Rios de Sta. Lucia	Rio de Sta Lucia	12. 13.
	Serra de San Thome	**Sierra de S. Tome**	12. 21.
		Alapega de Sam Paulo	
	Rio de arefens	Rio da Refens	
	Baia de reis	**Baia de reis**	1. 6.
Cabo de Scta Marta	Pinande detentio	Pinachullo detencio	(2/23)
	Rio Jordan	Rio Jordam	1. 13.
	Rio de Sao Antonio	Rio de S. Antonio	1. 17.
		Porto de S. Sebastian	1. 20.
	Punta de Sn. Vicentio	**Porto de S. Visenso**	1. 22.
	Rio de Cananor	**Rio de Cananor**	

また、聖人の祝祭日でアメリゴの航海と合わないと思われる日付は（　）付きで、カミーニャによるカブラル隊の報告書に現れる地名は＊付きで示した。また太文字の地名は市販の世界地図で確認しえたものである。

　これらの地図に示された地名はカブラルとアメリゴの航海以外の情報も取り込んでいると思われる。例外はあるものの、日付は北から南へ順に経過しているため、日付の順が狂っていない部分に関してはアメリゴらの航海が地図に反映されている可能性はあると言えよう。

　最後に出てくる地名がカナノール川であるが、それ以上は沿岸航海をしなかったのか、したもののその情報を地図に落とさなかったのか、判断が難しい。『四度の航海』によれば、二月一五日にアメリゴが指揮官になってから針路をそれまでの南西《リベッキオ》から南東《シロッコ》へ変更し、海上を五〇〇レーガ進み、四月七日に新しい陸地を発見した。他方、針路の変更という重要な問題に、リスボン書簡も『新世界』も触れていない。南大西洋に面した南アメリカの海岸線はサン－ロケ岬から南西に向かって延びているが、アメリゴらは本当に南東に針路をとり、南大西洋を沖へ沖へと向かったのであろうか。

　これについては研究者の意見も大きく分かれている。『四度の航海』の言うとおり、途中で大陸を離れ、大海原をひたすら南下したという人たちと、海岸線に沿って進んだはずだという人たちがいる。後者は、目の前に未知の大陸が広がり、海岸線がまだ続いているのに、わざわざ逆の方向へ、危険な未知の海へ乗り出していくとは考えにくく、危険回避・知的好奇心という観点から、沿岸航

ブラジル海岸部の石柱碑：ポルトガルが発見地に立てた石柱は無言の領有宣言でもあった。ブラジルには二本、現存する。（コウト＆ゲデス）

海を続けたと見る。また、この航海の本来の目的は新しい土地の発見であり、大陸の規模を知り、できればアジアに通じる開口部（海峡）を見つけることが第一目的であり、他の書簡が針路変更に言及していないのも、変更がなかった証拠だ、とも言う。

他方、針路変更派は次のような根拠を挙げる。一つはブラジルの二か所で発見された石柱碑《パドロン》で、北東部のプライア－ドス－マルコスのそれは到達地点を、南部のカナネイアのは最も遠い到達地点を表わしている。石柱碑とは、ポルトガルが発見地の領有を示すために立てさせた石碑で、十字架と紋章などが彫られている。先に挙げた地図上の最後の地名、カナノールはヴァスコ＝ダ＝ガマが帰国の際に発ったインドの港の名で、東洋の玄関口という象徴的な意味が込められている。それがブラジル南部のカナネイアだとすれば、そこに石柱碑が設置されたのもうなずける。さらに、公刊書簡や私信で挙げられた湾曲部以降の航行距離（六〇〇レーガ＝約三三〇〇キロメートル）は南緯二五度のカナネイアまでの距離とほぼ同じである。三つ目の根拠は断片書簡で、南緯五〇度を計測した時アメリゴは海上におり、陸塊を離れたのはたかだか南緯三二度の地点で、そこから南東へ向かったと言う。南緯三二度ならば、現在のブラジルとウルグアイの国境より少し北になる。この説を支持する人たちは、四月七日に発見された陸地の候補として、フォークランド諸島（南緯五二度）、サウス－ジョージア島（南緯五四度）、あるいはトリスタン－ダ－クーニャ島（南緯三七度）などを挙げている。

両方の説を比べると、沿岸航海続行説はもっともらしく聞こえるが根拠が弱く、裏付けとなる史料がほとんどない。その点、針路変更説の根拠はしっかりしている。ただし、アメリゴがポルトガル船隊の総指揮を執ったという点は別である。また、なぜ陸塊の果てを確認せず、あえて大洋に乗り出したのかという疑問は残る。考えられる答えは、トルデシーリャス条約線を越えてスペイン領を侵犯する危険を経験的に察知し、回避したためということである。また、カブラルがしたように大回りで喜望峰へ向かいインド洋へ入るのに最適な、新たな航路を求めて、より適した風や海流を探したのかもしれない。

「第四回」航海は行われたのか

アメリゴの四つの航海のうち、「第一回」航海がありえないことはすでに述べた。次に多くの研究者から疑惑の目で見られているのが、「第四回」航海である。これに言及した私信はなく、『四度の航海』が唯一の史料だからである。

さて、第四回航海（一五〇三年五月一〇日～〇四年六月一八日）に出る直前のアメリゴの動向を伝える史料がある。セビーリャ在住のフィレンツェ商人、ピエロ＝ロンディネリの書簡（一五〇二年一〇月三日）である。「アメリゴ＝ヴェスプッチがまもなくここ（セビーリャ）へ帰ってくる。彼はあまたの辛酸をなめ、並以上のものを得ていいはずだったのに、ほとんど何も得るものがなかった。ポルトガル王は彼が発見した土地を新キリスト教徒たちに与え、毎年六隻を派遣し、三〇〇レーガずつ探検させ、発見地に砦を建て、三年間維持するよう命じた。（王室からの支給は）ブラジル木、奴隷、その他の価値あるものにより行われるが、一年目は支給なし、二年目は（総額の）六分の一、三年目は四分の一が支給される」。

ロンディネリの言うとおりだとすれば、アメリゴは第三回航海の後、セビーリャに戻るつもりになっていた。しかし、どうやら彼は新キリスト教徒商人団の航海に参加したらしい。次にアメリゴがスペインに姿を現したことがわかっているのは、一五〇五年二月のことだからである。南の陸塊の正体を明らかにし、南半球の空に指針となる星を発見して名声を得たいと願ったアメリゴは、この航海にすべてを賭けたのであろう。船隊司令官の名前は挙げられていないが、ポルトガル王室と先の契約を結んだフェルナン＝デ＝ノローニャである可能性が高い。

アメリゴにとってこの航海はあまり成果がなく、失敗と評価した。最初から司令官とは気が合わず、行き違いばかりだったため、『四度の航海』では不平不満がぶちまけられている。自分たち以外は、司令官を含め全員が行方不明になったとしているが、ノローニャは実際には、ブラジル木を大量に持ち帰り、王室との契約をその後も更新している。さらに『四度の航海』によれば、アメリゴたちも三〇〇レグワ近く南の陸塊を探検し、交易用商館を兼ねた要塞を建設するため二四人を残してきた。つまり、それによってポルトガル王室との契約も果たしたことになる。ノローニャとポルトガル王室にとってこの航海は有意義だったと言えるが、アメリゴの目的は別のところ（陸塊南端の確認と回航、天体観測など）にあり、それが果たせなかったことが、幻滅感に繋がったのであろう。しかし、後述するように、この航海は文字どおり『ユートピア』を生み出すことになる。

第四回航海は実際には行われなかったと考える人たちは、『四度の航海』でアメリゴの航海回数を四回にしたのは、ジェノヴァ（コロンの出身地）に対するフィレンツェ人の対抗心のなせる業であり、失敗に終わったコロンの第四回航海に合わせて真の作者か編集者がアメリゴの最後の航海も不首尾にしたのだ、と言う。果たしてそうだろうか。

ポルトガル王室下でアメリゴがもう一度航海した、と考える根拠はある。晩年にアメリゴの助手を務め、その死後に勅任航海士となる甥フワン＝ヴェスプッチの一五一五年一一月の航海士会議での発言である。その会議ではトルデシーリャス条約線を南の陸塊のどこに引くかをめぐって議論が行われ、サント－アウグスティーノ岬の位置も話題になった。それが南緯八度にあると主張したフワンは、アメリゴ自筆の文書（残念ながら現存しない）を根拠として挙げている。フワン曰く、そこには日々の緯度・針路・航行距離が記録され、同岬がヴェルデ岬諸島のサンティアゴ島から四二〇レーガの距離にあることも述べられていた。さらにアメリゴがポルトガル王室から援助を受けて二度、この地方（ブラジル）に赴いたことも明かしている。公的な会議での私利私欲とは関わりのない発言だけに、信頼できると筆者は考える。

ブラジルと新キリスト教徒　ロンディネリ書簡で、アメリゴが発見した陸地（ブラジル）が「新キリスト教徒」に与えられるとあったが、新キリスト教徒とはユダヤ教からキリスト教に改宗した人たち（コンベルソ）を指す。マヌエル一世は、ノローニャを代表とする商人団に新たな領土を貸与したが、その商人団に新キリスト教徒が含まれていた、いやおそらく大半を占めていたのである。スペインでは一四九二年三月末にユダヤ教徒追放令が出され、四か月以内に改宗するか、国を出て行くかの選択を迫られていた。このときに信仰を選び、国外へ退去したユダヤ人は数万人おり、隣国ポルトガルに逃れた者も多い。ところが、ポルトガルでも九六年一二月に、一〇か月以内に追放か、改宗かを迫る勅令が出された。

改宗すれば問題がないかと言えば、そうではない。新キリスト教徒はつねに疑いの目を向けられた。つまり、改宗はうわべだけで、陰ではユダヤ教を信仰しているのではないかと怪しまれたのである。一般に宗教裁判所として知られる異端審問所は、まさに改宗して間もない新キリスト教徒を主な対象とし、鋭い、ときには妬《ねた》みを含んだ監視の目が彼らに向けられた。

スペインでも、ポルトガルでも、新キリスト教徒は厳しい状況に置かれた。一四九九年から翌年にかけて、ポルトガル国境に近いスペイン南部でコンベルソの間に広がったメシア待望運動、一五〇六年四月にリスボンで起こったコンベルソ虐殺事件がその厳しさの一端を垣間見せる。この事件後、ポルトガルのマヌエル一世は新キリスト教徒に国外へ出ることを許した。また、スペインでも一部のコンベルソが国外に逃れようと、公文書を偽造したり、金貨を積んで許可を得ようとする出来事があった。このような状況下で、ポルトガル王がノローニャにブラジルへの途を開いたのは、むやみな流血を避けるためであり、新キリスト教徒にとって「聖なる十字架の地」へ向かう船は希望の帆だったのである。

Ⅵ 再び、セビーリャへ——香料諸島をめざして

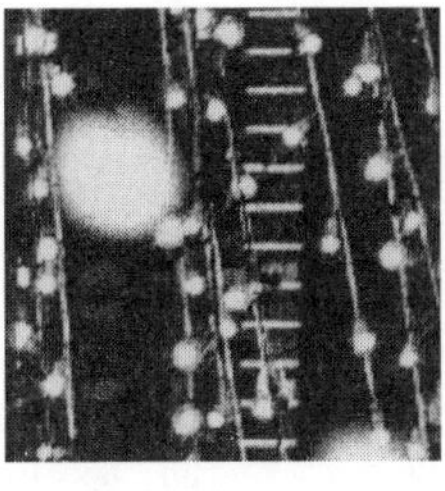

ポルトガルから スペインへ

ポルトガルでの二度目の航海を終え、アメリゴは先の航海が不如意に終わったため、もう一度航海に出ることを願い出た、あるいは誰かから声がかかるのを待った。リスボンで認められたとされる『四度の航海』には一五〇四年九月四日の日付があり、実際、その秋または冬まではリスボンに留まっていた可能性が高いが、国王から色よい返事も届かなければ、乗船する機会も巡ってこなかった。ポルトガルにとって、「聖なる十字架の地」は商業上あまり魅力的ではなかった。南の陸塊が未確認の大陸だとすれば、香料諸島への西回りルートの障害になるスペインにとっては大問題となるが、東回りを選んだポルトガルにはむしろ好都合であった。しかも、そこに新キリスト教徒を送り込めば、再燃しかねない問題も回避できる。喜望峰回りで香料諸島への道を探すことがポルトガルには何よりも先決問題であった。ポルトガルに留まっていても、アメリゴの願うような航海はできそうもなかった。

一五〇二年、ロンディネリはアメリゴが苦労した割に得たものが少ないと書いたが、同じようなことを書いた人が他にもいる。自身の四度目の航海から〇四年一一月七日に帰国していたコロンである。彼にとってはそれが最後の航海となったが、身も心も疲れきっていた。しかも、病床に臥していたイサベル女王もコロン帰国の報を待っていたかのように、同月二六日、メディナ－デル－カンポで崩御。庇護者の死去でコロンの頼みの綱は切れ、もはや新たな航海に出る望みは絶たれた。翌年二月三日、失意のコロンをアメリゴがセビーリャに訪ねる。最後に二人が会ったのは、コロンが第三回航海に出かける前で、当時コロンは時の人であった。今は、老いが目立つ痛風病みでしかなかった。五年ほど前には二人ともエスパニョーラ島にいた時期があったが、オヘーダの問題があり会って話をする状況ではなかった。このたびアメリゴは表敬訪問したにすぎず、腹を割って話をすることはなかったであろう。これから王のもとへ向かうというアメリゴ（今回は本当に国王から声がかかったようだ）に、コロンは宮廷にいる息子ディエゴへの紹介状を持たせた。「余はこの方にこれまで随分お世話になった。実に立派な御方である。この御方も、他の多くの人々と同じように、運に恵まれず、これまでのご苦労のほどをみれば、本来、もっと報われてしかるべき御方である」。自分を疎んじてきたフェルナンド王からアメリゴが「航海の件」で招かれたと聞いたものの、その内容を詳しくは教えてもらえなかったコロンは、複雑な心境だったに違いない。この時すでに出版されていた『新世界』のことがコロンの耳に届いていたのか明らかでないが、何か知っておれば、南の陸塊の性質をめぐって議論を戦わせたに違いない。

スパイス－ウォーズ

フェルナンドがアメリゴを召しだしたのは、香料諸島へのルートを探索する作戦会議のためであった。香料諸島とはインドネシアのモルッカ諸島を指す。香料諸島が一万数千もの島からなるその国のどのあたりか、すぐにわかる読者は少ないだろう。我々になじみの深いジャワ島やバリ島からは北東方向になるが、距離はずいぶんある。赤道直

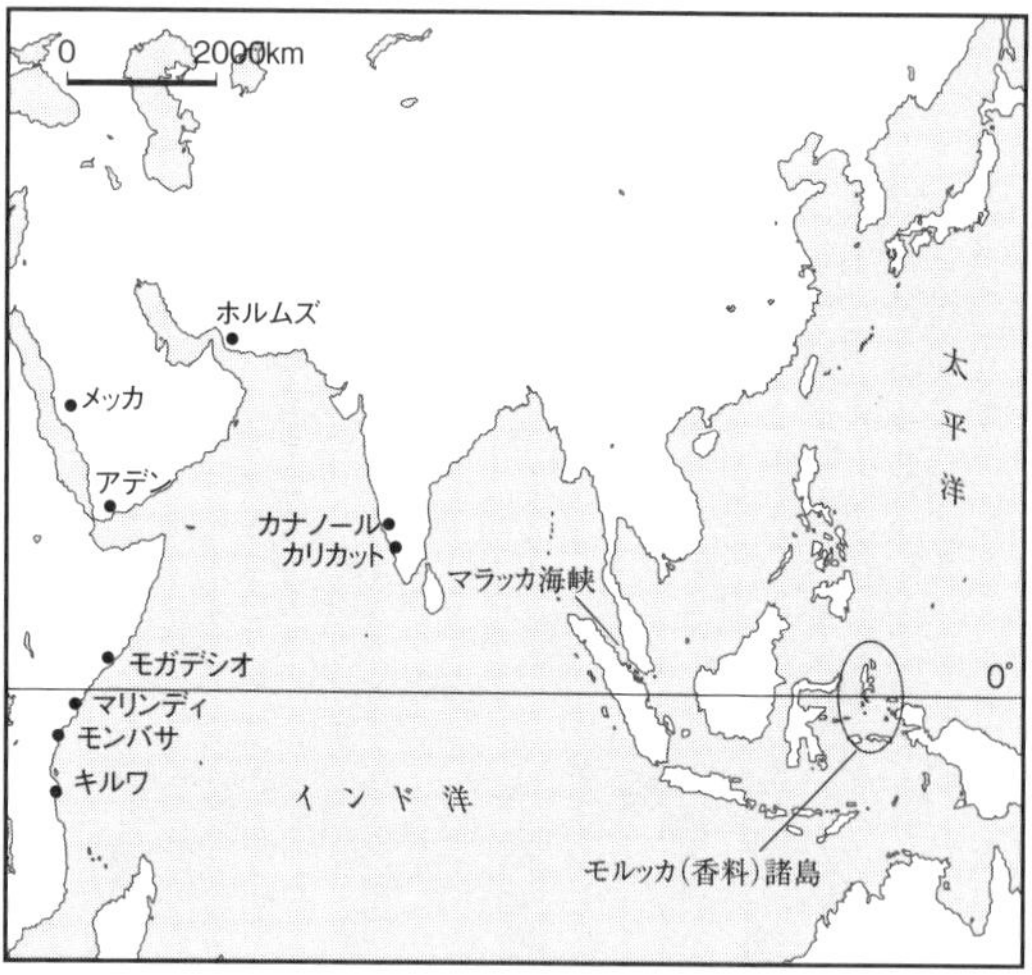

インド洋と香料諸島図

下で、すぐ東にはニューギニア島があり、沖縄のほぼ真南になる。そこは香料諸島、スパイスーアイランズという名前が示すとおり、世界で唯一の丁子《ちょうじ》（クローヴ）の産地であり、さらにすぐ近くに貴重な肉豆蔲《にくずく》（ナツメグ）が採れるバンダ島もあった。

　ヨーロッパに持ち帰れば、原価の何百倍もの高値がつく香料。その産地を見つけ、あわよくば手に入れることが、そもそもポルトガル、スペインが海外進出した最大目標の一つであった。アフリカ回りのルートを開発してきたポルトガルは、一四八九年にディアスが喜望峰を回航して、大きく前進した。ところが次のステップに進む前に、スペインが西回りで先に着く見込みも出てきた。切歯扼腕《せっしやくわん》の思いだったポルトガルは、九九年九月、ヴァスコ＝ダ＝ガマがインド西岸のカリカットから帰着して溜飲を下げたが、まだ安心するには早かった。コロンが初めて到達し、アメリゴが対蹠地と呼び、「新世界」説も飛び出した南の陸塊の全貌が見えていなかったからである。香料諸島への先陣争い、情報合戦がいよいよ本格化した。そのために両国が戦火を交える事態にはいたらなかったが、それは自国の命運をかけたスパイス＝ウォーズだったと言えよう。アメリゴを宮廷に呼んだのも、南の陸塊の情報が必要だったからである。

ガマの航海で東回りの航路開拓に自信を深めたポルトガルは、すぐさま一三隻の準備を整え、ペドロ＝アルヴァレス＝デ＝カブラルに指揮を執らせ、出航させた。一五〇〇年三月九日のことである。カブラルは通常のコースから大きく外れ、まるで正反対の方向へ進み、ブラジルを「発見」する。その後、喜望峰に向かう途中で嵐にまき込まれるが、残る数隻でインドに達した。第三回航海でアメリゴがヴェルデ岬で遭遇した二隻が、この航海から帰国途上のカブラル隊であった。その後も、ジョアン＝ダ＝ノヴァ、ガマ（二回目）、フランシスコ＝デ＝アルブケルケ、フランシスコ＝デ＝アルメイダらを長とする船隊が毎年のように送り出された。派遣総数は、一五〇一年から五年間で八一隻、七〇〇〇人にのぼる。しかも、単なる交易目的でなく、第二回のガマの航海からは要塞を兼ねた商館（フェイトリア）を建設し、インド洋の制海権を握ることを目指していた。

出遅れたスペインはコロンの西回り航路が起死回生の妙手かと思いきや、予期せぬ陸塊に行く手を阻まれていた。コロンの第四回航海（一五〇二年五月〜〇四年一一月）は、陸塊のどこかに香料諸島へ抜けるルートを探すことが目的であった。

トロ会議

ポルトガルに先を越されまいとして、フェルナンドはアメリゴをはじめ南の陸塊への航海経験者を宮廷に召集した。この時代、宮廷はまだ一つの都市に留まるのではなく有力都市を巡回しており、一五〇五年二月から四月末まではスペイン中西部のトロにあった。参加者の人数や顔ぶれはわからないが、コロン提督の弟バルトロメ、オヘーダ、ビセンテ＝ヤニェス＝ピンソンが当時トロにおり、アメリゴのほかインディアス通商院（一五二ページ参照）関係者も加わったと思われる。なお、コロンの第二回航海以降、インディアス関係の万事を取り仕切ってきたフォンセカは、参加していない。参加してしかるべき人物であったが、フェルナンドの特使としてフランドルに出かけていた。じつはイサベル死後、娘フワナとその婿、ハプスブルク家のフィリプ［スペイン名フェリペ］がカスティーリャの王位後継者に決まっていた。しかしフワナには精神疾患ゆえ行政担当能力がないうえ、フランドル地方に住んでいたため、カスティーリャに来て王位に就くのかどうかは、カスティーリャとアラゴンの昔からの確執も絡み、非常にデリケートな問題になっていた。そこでアラゴン国王でカスティーリャの摂政という立場にいたフェルナンドは懐刀のフォンセカを派遣し、娘夫婦の意向を探ろうとしたのである。フォンセカの帰国は五月になる。

トロでの会議は二月末から三月上旬にかけて行われ、香料諸島へのルートをどこに求め、誰を派遣するかが議論された。アメリゴは南の陸塊がずっと南へ広がっており、これまで誰も知らなかった「新世界」であると主張したことであろう。バルトロメ＝コロンは、兄の第四回航海でコスタリ

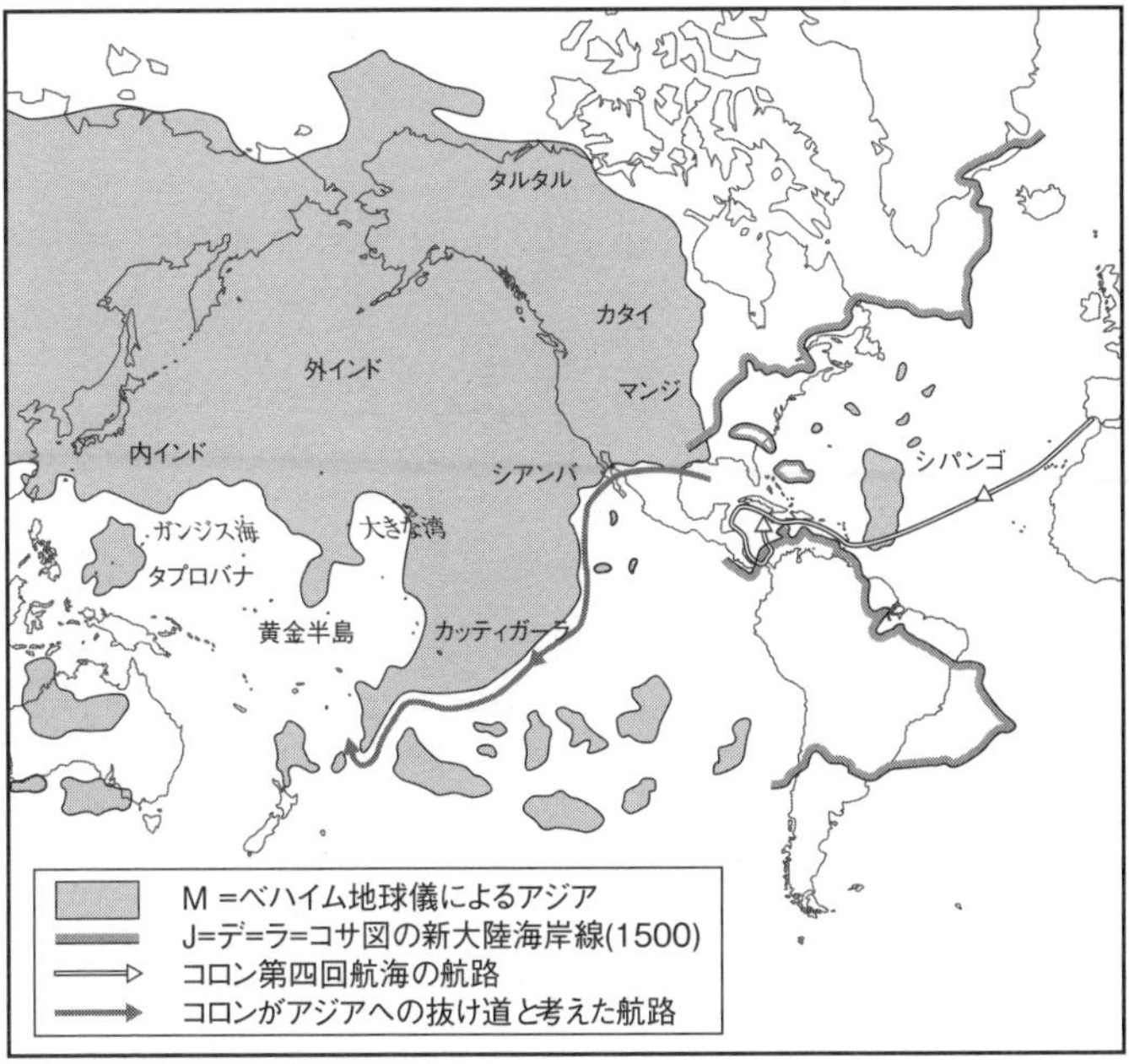

コロン第四回航路と想像世界図（Varela をもとに作図）

カ沖からパナマ付近まで南下した経験から、南の陸塊がアジアと地続きであると考えていた。オヘーダは一五〇二年に失敗したコキバコアへの入植計画を説明し、イギリスの探検隊（カボットを指す）が近づいている懸念を表明したかもしれない。その時の協約から焦りが窺《うかが》えるからである。オヘーダの少し前に、コキバコアの西、ウラバー湾（コロンビアのカリブ海側の最西部。湾の東がウラバー、西がダリエン）やダリエンを調べたロドリゴ＝デ＝バスティーダスとコサの経験も披露され、コサがリスボンに潜入して得た世界図や航海情報も参考にされたはずである。

　会議の結論を明記した史料はないが、会議直後にフェルナンドが通商院に宛てた書簡から決定事項の一部がわかる。三月一三日付け書簡の要旨はこうなる。「アメリゴとピンソンのために、カラベラ船を四隻用意せよ。一五〇トン、一〇〇トンを一隻ずつ、六〇トンを二隻。それにボートを二隻乗せる。船舶は傭船とせず、王室が買い取る。二年分の食料を積み、乗組員には四か月分を先払いする」。行き先は明記されず、「アメリゴとピンソンが貴殿に伝える大洋の方面」とぼかされている。ポルトガルに機密が漏れないための配慮であったが、この情報はすぐにポルトガルのマヌエル一世に伝わり、王はインド副王アルメイダにマラッカ海峡へ船隊を派遣し、占領するよう命じている。

さて、この書簡から何が読み取れるだろうか。分担範囲はわからないが、アメリゴとピンソンの二人で船隊を指揮する体制のようである。さまざまなサイズの船を用意したのは、多様な地形に対応するためで、インド洋へは浅い水路で繋がっている可能性も想定していた。二年分の食料を用意するのは普通ではない。かなりの遠洋航海を覚悟していたことを意味する。果たして、インド洋への通路をどこに求めようとしたのであろうか。当時、未踏の地だったのはエスパニョーラ島の西方で、キューバ、メキシコ、中央アメリカの一部と、南の陸塊の先端であった。後者を迂回するルートは時間がかかることがわかっていたから、焦っていたフェルナンドは前者にかけたと思われるが、断定するに足る証拠はない。

ところで、一五〇〇年にアメリゴがスペインからポルトガルへ移ったのは、外国人をインディアス行きの船舶から排除するという一項が新規の協約に盛り込まれたからであった。にもかかわらず王室が外国人のアメリゴを香料諸島遠征隊の長にしたのは、ポルトガルで二度も南の陸塊へ航海した経験を買ったからにほかならない。そのためには、外国籍の問題も簡単にクリアする。トロ会議の直後、四月二五日、国王はアメリゴをカスティーリャに帰化させる許可を出したのである。

進まぬ航海準備

六月以降も、通商院とフェルナンドの間で何度か書信のやり取りがあった。アメリゴたちは航海に必要なものをリストアップし、フェルナンドがその購入を承認する。そして、冬までに出発できるよう、指示を出した。それに必要な莫大な資金を銀行家から工面するよう、通商院に急がせている。フェルナンドが焦っている様子がわかる。

ところが、準備は容易には進まない。そのころスペイン南部では、イスラムのアフリカ側拠点、マサルキビール（アルジェリアのオラン市北西、現メルスｰエルｰケビル）を攻撃する計画が進められていた。グラナダ王国攻略以来の大攻勢となり、八月に兵士七〇〇〇人、大小合わせて一九〇隻の船舶が動員された。そのため、香料諸島航海に提供する船は三隻に減らされた。食料も徴発と買い占めでアンダルシアでは十分に揃えられない。必要な小麦三〇〇カイース（一カイースは六六六リットル）は、翌年の三月になっても手に入る目途が立たないありさまであった。

それでもアメリゴとピンソンには、二人が希望する額の年金が与えられ、航海計画が断念されたわけではなかった。ところが、この航海の推進者、フェルナンドのカスティーリャ王国内での立場が微妙になっていた。彼は何とかカスティーリャで権力を保持しようと画策したが、後継者に指名された娘夫婦は、フェルナンドに摂政を辞しアラゴン王国へ帰るよう求めた。水面下での交渉は繰り広げられたが、〇六年四月下旬、フワナらがカスティーリャ入りした途端、貴族らはフワナ側に寝返った。六月二七日、トロの北西部のビリャファフィラ村で話し合った結果、フェルナンドはカスティーリャを去ることになった。

　新たにカスティーリャ国王となったフェリペ一世も、香料諸島への航海計画に関心を示した。八月二三日、フェリペは通商院に書簡を送り、進捗状況を尋ね、出発を急がせた。「航海に必要な船もビスカーヤ（スペイン北部）で完成し、そちらへ向かったと聞く。遅延すれば問題が出来《しゅったい》するゆえ、できる限り早く出帆することが余の望みである。…食料等の準備が整いしだい、冬になる前に出発するようビセンティアニェス〔ピンソン〕とアメリゴに知らせよ」。

　通商院の返事を要約すれば、こうなる。「二月まで出帆は不可能で、必需品がまだまだ揃っていない。その準備にさらに八〇〇〇ドゥカード以上が必要で、当初の予算を相当上回ってしまう。アメリゴを宮廷に派遣して諸般の事情を説明させたい」。予算超過の主因は不作による食料品の高騰と人件費ということであった。返書の日付けは九月一五日。

　アメリゴはブルゴスの宮廷に向かう。ところが、運命の女神はここでもアメリゴに冷ややかであった。航海に乗り気だったフェリペは、ブルゴス入りした直後、九月一八日に病に倒れ、一週間後に不帰の人となった。女王フワナはますます精神的に病み、すべての事務は麻痺してしまう。摂政を務めたトレド大司教ヒメネス＝デ＝シスネロスは、フェリペの葬儀後、予定していた航海を断念するとアメリゴに告げた。

見果てぬ夢

請われてフェルナンドがカスティーリャ摂政に復帰するのは、翌年の八月二一日のことであった。同月末、フェルナンド不在中の香料諸島への航海計画についても、報告がなされた。かつてこの航海のために建造された船は、カナリア諸島やインディアスへの輸送船として使われていた＊。フェルナンドは、一〇月二一日、通商院に通達を出す。香料諸島航海のためにかける時間・費用・労力を、いまはティエラ＝フィルメ（「本土」の意で、固有名詞としては南アメリカ北部を指す）で発見された金鉱山の開発に向けるがよい、というのである。これはコロンが報告し、コサらが見本を持ち帰ったベラグワ（パナマ西部）の金を指すものと思われる。

＊アメリゴもその一隻を率いてエスパニョーラ島に商品や乗客を運ぶ予定であったが、なぜかそれも止めている。

フェルナンドは香料諸島航海の夢を棄てたのであろうか。そう考える研究者もいる。たしかに、王室がこの航海のために用意した船は売却されたり、沈没したり、別の航路で利用されたりしていた。なるほど状況は計画断念のやむなきを思わせる。ところが、フェルナンドはまだあきらめたわけではなかった。一五〇七年一一月末、フェルナンドはアメリゴを宮廷に呼ぶ。呼ばれたのは彼だけではなかった。フワン＝デ＝ラ＝コサにも声がかかった。ただ、召集の目的を教えてくれる史料は何もない。本当に出向いたのかどうかも、確かではない。

しかし、その二か月後、アメリゴとコサに新たな指令が出される。インディアスから届いた黄金を宮廷まで届けよ、という。しかも、ピンソンとフワン＝ディアス＝デ＝ソリスも同行を求められた。ソリスの出自は不明だが、ポルトガルの航海事業に関与し、その商業や航海に深く関わっていた。二月八日にセビーリャを出た一行は、宮廷のあったブルゴスに二五日までに到着し、報酬としてアメリゴとコサは六〇〇〇マラベディ、ピンソンとソリスは五〇〇〇マラベディを受け取った。ちなみに、前回のトロ会議以降、航海準備に携わってきたアメリゴは三万マラベディ、ピンソンは二万四〇〇〇マラベディの年給を受領している。

ブルゴス会議

黄金の運搬云々は、ポルトガルの密偵の目を欺く表向きの任務であった。航海経験豊かな四人が、国王を交えてブルゴスで相まみえる。そこにはフォンセカ、その秘書ロペ＝デ＝コンチーリョスはもちろん、おそらくバルトロメ＝コロンもいた。

二月末から行われた会議の詳細はわからないが、三月上旬から半ば過ぎにかけて矢継ぎばやに出された勅令などから判断すると、少なくとも次の三点が決定された。

（一）　香料諸島へ通じる海峡を探すため、船団を派遣する。

（二）　ベラグワならびにウラバー地方に船団を派遣し、入植地を建設する。
（三）　海事教育の機関を設置する。

海峡探しの船団を率いるのはピンソンとソリスで、三月二三日に結ばれた協約によると、ひたすら航海して「水路もしくは開けた海（インド洋）」を探すことに賭けた。そしてかの地の住民とは争わず、交易することが求められた。トルデシーリャス条約で定められたカスティーリャ領の「北を西方へ」向かい、五月の出発を目指した。実際に出発したのは六月末で、海上ではソリスが、陸上ではピンソンが指揮を執ることになった。

問題の海峡はエスパニョーラ島の西方で捜し求めることになった。コロンの第四回航海では、ホンジュラス沖のグワナハ群島からベラグワまで南下したものの海峡を発見できなかったため、ピンソンたちは同群島から北を目指すことにした。そのことは、先の協約から五日後、コロンの最後の航海に参加したペドロ＝デ＝レデスマが航海士として加わったことからも裏付けられる。レデスマは、北緯二三度五〇分まで探検したと証言しているが、だとすれば、メキシコのタンピコ市付近まで進んだことになる。

ベラグワはコロンが、ウラバーとダリエンはバスティーダスとコサ、そしてオヘーダがかつて探検したところである。今回の目的は入植地の建設であったが、それまでの航海からここが産金地として注目され始めたことと無縁ではない。香料諸島への中継基地にもなり得るし、何よりもその航路開拓に必要な資金を調達することができる。そこへは、オヘーダ隊とディエゴ＝デ＝ニクエサ隊が派遣されることになった。先発のオヘーダは一五〇九年一一月に、ニクエサはそのすぐ後に出航する。オヘーダは現コロンビアのカルタヘナ市付近に上陸し、奴隷狩りを始めたが、激しい抵抗にあい、七〇余名の死傷者を出す。先住民の毒矢に倒れた犠牲者の中にはフワン＝デ＝ラ＝コサもいた。オヘーダは後発のニクエサに救出されたが、その後のウラバー湾入植にも失敗し、一五一五年頃、エスパニョーラ島で失意のうちに亡くなる。他方、ニクエサもベラグワ入植を試みるが、これもうまくいかなかった。

主席航海士《ピロトーマヨール》

大西洋航路を往来する船乗りは、ほとんど個人的な経験と情報に頼って航海していた。しかし、インディアスの形状がしだいにわかり始めると、国として情報を蓄積し、航海者らに正しい新情報を伝えると同時に外国に対しては機密を保持する必要が生まれた。そこで、専門的な航海士を育成するとともに、情報を一元的に管理する役職を設けることにした。航海術の指南役に選ばれたのがこのとき召集された四人で、一五〇八年三月二二日、ピンソン、ソリス、コサは勅任航海士《ピロトーレアル》、アメリゴは主席航海士に任命された。

アメリゴは五月末まで宮廷にとどまったが、六月一〇日、主席航海士として所属することになるインディアス通商院《カサーデーコントラタシオン》に出向いた。通商院はセビーリャに創設された公的機関（一五〇三年）で、その任務はインディアス・本国間の渡航に関する業務全般であった。渡航許可、船団の準備、インディアス交易に関する税の徴収や裁判などである。アメリゴは主席航海士として、年給五万マラベディに加え、諸経費として二万五〇〇〇マラベディを支給されることになったが、具体的な任務は八月六日以降にようやく決まる。

「カスティーリャには、四分儀やアストロラーベ等の天体観測儀の使い方を知らない航海士が多いため、これまで数多くの間違いを犯し、多数の人を危険な目にあわせ、王室や商人に多額の損害を与えてきた。今後は、航海器具を使える者だけを航海士とし、資格検査をする。そして、有資格航海士を乗せずにインディアス航海をしてはならない」としたうえで、アメリゴには自宅で希望者に器具の使い方などを教え、航海士の資格審査をするよう命じている。

その後も主席航海士としての仕事は増えていった。たとえば、航海に必要な地図・海図や航海用具を点検することが一つ。そして、最も重要な職務として、すべての世界地図のモデルとなる地図原簿《パドロン=レアル》を作成することが加わった。最新の航海情報が一元管理され、原簿に盛り込まれることになる。残念ながら、アメリゴが作った世界図の原簿は残っていないが、ペドロ=マルティルがフォンセカ邸での経験を語っている。ある部屋で彼は「発見された地域を書き込んだ地球儀や船乗りたちが海図《カルタス=デ=マレアール》と呼ぶ羊皮紙」を手に取ってみた。「うち一枚はポルトガル人たちが書いたもので、それにはフィレンツェ人のアメリコ=ヴェスプッチが手を加え」たものだった。カンティーノ図に

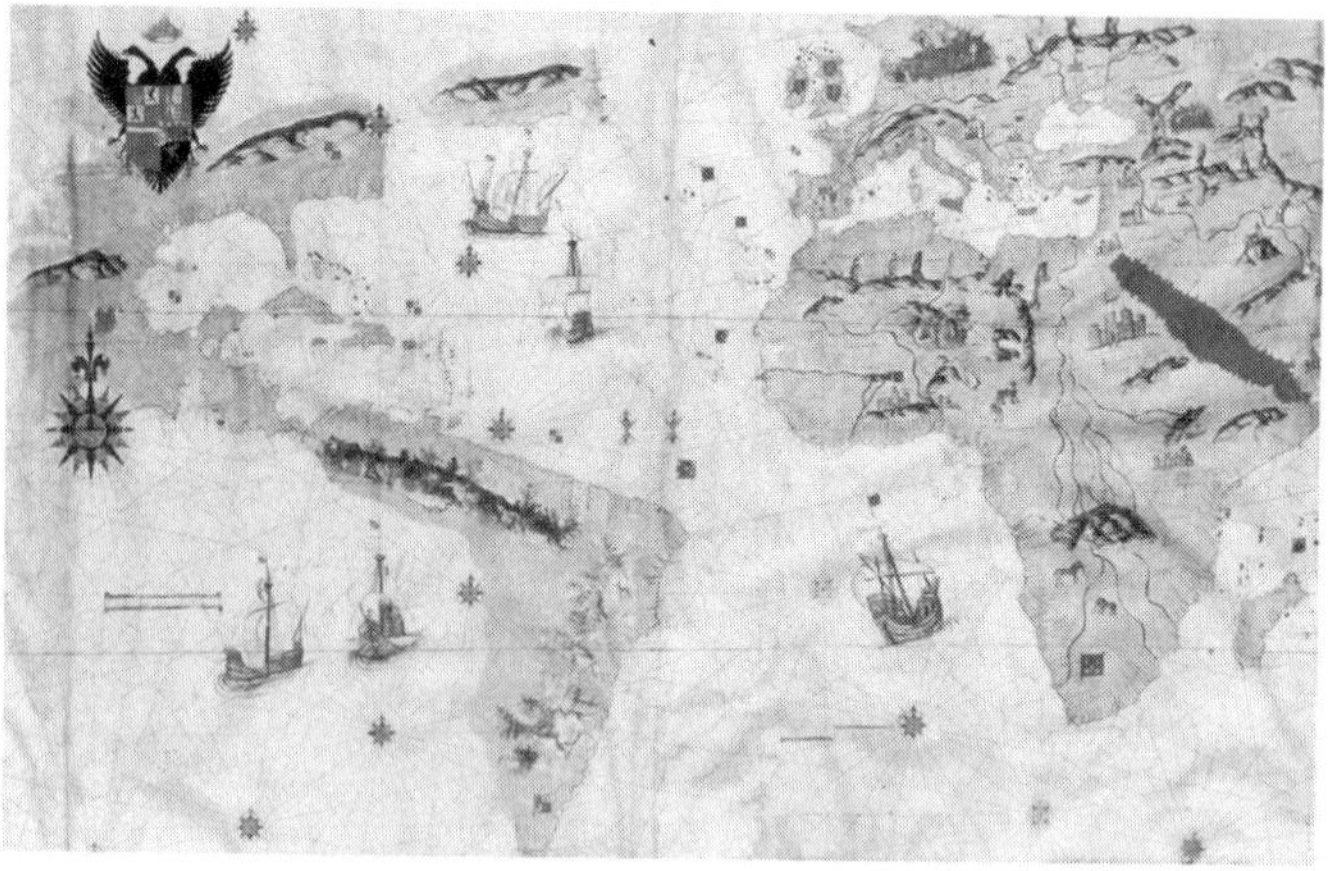

フワン＝ヴェスプッチ図（部分）：アメリゴから引き継いだ地図をもとに、ユカタン半島、マゼラン海峡など最新の情報をとりこんでいる(1526)。(K・Nebenzahl)

きわめて近い図であったと思われる。ペドロ＝マルティルはまた、アメリゴが「ポルトガル人たちによる支援と報酬に支えられて、赤道はるか南の南極に向けて航海し」たことにも触れている。

なお、アメリゴの甥フワンが描いた地図は、少なくとも二つ残っている。フワンはアメリゴから航海用具・書籍・地図などを相続し、勅任航海士になった。ポルトガルとスペインのアジアにおける境界をめぐって一五二四年に開かれたバダホス－エルヴァス会議にも、彼は参加している。現存する地図の一つは一五二六年に作成され、地図原簿を写したものである。アメリゴの死後、一四年の間に得られた新たな情報も盛り込まれているが、アメリゴの作った地図原簿から、甥の手を経て引き継がれた部分も少なくないと思われる。

陸に上がった航海士

アメリゴは、もはや航海に出ることをあきらめたのであろうか。いや、五四歳という年齢で主席航海士という官職を得てもなお、海への未練は断ちがたかったようだ。日々船乗りの世界と接し、新しい情報がいやでも入ってくるだけになおさらである。一五〇八年七月、フランチェスコ＝コルネルの書簡によると、ピンソンとソリスの出帆後、ポルトガル人が東回りで到達した陸地へ西回りで行きたいと願うアメリゴは、船喰い虫対策として船を鉛で覆うことにした。彼はスペイン北部のビスカーヤ地方でその船を調達するつもりで、近々出向く予定だという。

しかし、結局はそれも断念した。その代わりにという訳でもないが、一五〇九年のディエゴ＝デ＝ニクエサの航海には一〇万マラベディも出資している。年収の倍に当たる額である。また、頼まれれば、出発前の船団のために食料の買い付けなども自ら行った。むしろこちらのほうが、本来は得意な分野だったかもしれない。小麦の買い出しにブレネスへ、あるいはオリーブ油の買い付けでカンティリャーナへと、セビーリャの郊外にも足を運んだ。

一五〇八年一二月には、シスネロス枢機卿からインディアス交易のあり方について意見を求められ、アメリゴは自分の経験をもとに意見書を提出した。まず、ポルトガルとスペインの交易形態の違いを説明する。前者はアフリカ沿岸の数地点に商館をおき、そこに駐在する役人が内陸部と交易をするため、運ぶ商品の数が限られ、価格が一定している。それに対し、スペインでは入植者が必要とするものを何もかも送っているが、密輸も横行し、すべてを管理することは不可能である。対策は二つしかない。新世界への渡航も商品輸送も自由化したうえで全品に一定額を課税するか、交易は特定の商人に委ね、官吏がそれを監視し利益を折半するか、だと言う。

さて主席航海士という肩書きにもかかわらず、アメリゴの収入はそれほどでもなかった。自宅で航海士教育をする必要があったため、少し広いところに転居した。引っ越し先の家主はフォンセカで、賃貸料は年七五〇〇マラベディ。クリスマスの時期には、一五つがいの良質の鶏を家主に贈る条件が付いていた。同居人として、妻の妹とその連れ子、さらに甥のフワンがおり、召使二人と黒人奴隷五人を抱えていた。贅沢な暮らしでなかったであろうことは、残した遺産が少ないことから想像できる。

職務上、彼は最新の世界図の原簿を自由に使うことができ、それを海事教育の場で航海士の卵たちに写させていた。これは機密厳守という点で問題があったため、「写した地図を転売している、あるいはスパイに利用されている」と疑われたようである。噂は国王の耳にも入り、アメリゴは、一五一〇年六月一五日、今後むやみにそのようなことをしないと誓うよう、求められている。

VII　公刊書簡と「アメリカ」

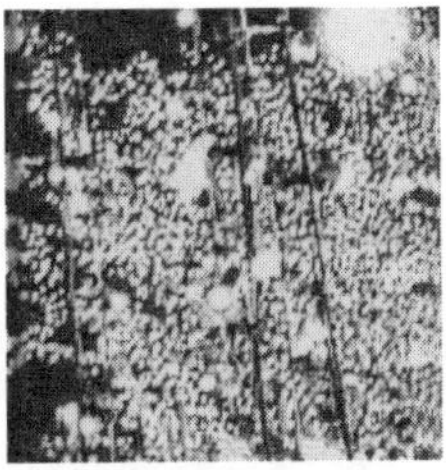

一六世紀のベストセラー

一四九三年から一五三二年にかけてヨーロッパで出版された書物のうち、新大陸関係のものは一二四点ある。そのうちコロンのサンタンヘル宛て「発見」報告書簡（一四九三年二月一五日付け）は二二点あるのに対し、アメリゴのものは六〇点にのぼり、全体のほぼ半数を占める。コロンの報告書簡は、最初の四年間で少なくとも一七版（ラテン語九、イタリア語五、スペイン語二、ドイツ語一）を数えるが、アメリゴの書簡が公刊されるとすぐその陰に隠れてしまう。コロンの航海日誌（実物は失われ、ラス＝カサスが筆写したものが出版されたのは、ようやく一九世紀になってから）はともかく、コロン書簡はおそらく王室の手で加工され、慌ただしく出された素っ気ない報告書であった。他方、アメリゴの公刊書簡、とりわけ『四度の航海』は読者が読みたいと思う情報を満載した未知の世界への旅行記になっていたから、このような差がつくのは当然かもしれない。

アメリゴの公刊書簡もさまざまな言語に翻訳された。ラテン語二三、ドイツ語一七、イタリア語八、フランス語八、オランダ・フラマン語三、チェコ語一の版がある。言語によって出版時期にも傾向がある。ドイツ語は〇五年から〇九年に集中し、イタリア語は一五年間にわたって少しずつ、フランス語はすべて一五一五年以降に出ている。ラテン語版はいろいろな国で出されている。『新世界』に限れば、パリで五版、ヴェネツィアで三版、あとは各地で一版ずつだが、ドイツ語圏の都市が六か所もある。『四度の航海』のラテン語版を出し、ブームを起こしたサン＝ディエという町もドイツ語圏とフランス語圏の境界にある。アメリゴの公刊書簡は、オランダ、チェコも含め中欧で出版された比率がきわめて高い。ところが、スペイン語やポルトガル語への翻訳版はなく、イベリア半島で出された版も一つとしてない。この奇妙なアンバランスは何を意味するのであろうか。

その答えを探る前に、公刊書簡の特徴をまず見定めておこう。『新世界』と『四度の航海』の内容を分析すれば、それぞれの執筆目的や想定読者が浮かび上がる。取り上げられた話題は、挨拶や事情説明などを除くと、大きく四種類に分けられる。

（A）航海誌：出港日・針路・寄港地・航行距離・航行日数・帰港日などに関する情報
（B）宇宙誌：天体観測、緯度・経度の試算、南の陸塊の規模・位置などに関する情報
（C）民族誌：先住民の風貌・風俗・習慣・宗教、自然環境や動植物などの観察記録
（D）エピソード：異文化観察を含まない、出来事の記録

以下、内容分析するにあたり、版型や文字のポイントをそろえるため、底本としてMAPFRE社の『発見史料集成』を使用する。

『新世界』

アメリゴがポルトガル船隊に参加して南の陸塊の南方を探検した（いわゆる第三回）航海の報告をした『新世界』の初版については、一五〇三年もしくは翌年初めのパリあるいはフィレンツェという説と、〇四年のアウクスブルクという説がある。後者は日付が記された最古の版でもある。出版年と出版地については諸説あるものの、ラテン語で書かれたという点では

どの研究者も一致している。ラテン語版は〇六年までにヨーロッパ各地で一二版、〇五〜〇六年からはドイツ語やオランダ語への翻訳が少なくとも一一版出ている。〇七年からは『新世界』のイタリア語版が、フラカンツィオ＝ダ＝モンタルボッドによる旅行記集成に入り、人気を博した。『新たに発見された国々、およびフィレンツェ人アメリコ＝ヴェスプティオによる新世界』(*Paesi novamente retrovati et Mondo Novo da Americo Vesputio florentino intitolato*)と題されたこの書も版を重ね、ラテン語をふくむ諸外国語に翻訳された。

『新世界』は全部で二九〇行あり、内容ごとに行数を示せば、航海誌(三〇):宇宙誌(八九):民族誌(九二):エピソード(〇)＊となり、先住民の身体的特徴や風習および南半球での天体観測の報告が六割以上を占める。さらに初版をラテン語で出していることから判断すると、もともと『新世界』は読者として、ある程度の知識人で民族誌や宇宙誌に関心のある人を想定していたと言える。

＊行の総数と(　)の行数の総計が合わないのは、挨拶などが含まれないため。

さて、『新世界』の民族誌は、おおむねリスボン書簡を下地にしたもので、セビーリャ書簡やコロンのサンタンヘル宛て報告書簡も利用している。リスボン書簡も『新世界』もロレンツィーノに宛てた書簡で、同じような内容の手紙を同じ人物に、しかも一年以内に書くことはないため、非日常言語で書かれた後者が創作であることは明らかである。では、誰が、どういう目的で書いたのか。

アメリゴの私信に目を通せる範囲の、おそらくフィレンツェ人と思われるが、カラッチはリスボン在住の人物と推測している。フィレンツェと違いリスボンなら編纂するための材料には事欠かず、文字化された情報だけでなく、イタリアをはじめ各地の商人、各国大使、そして何より現場を経験した船乗りから興味深い話がいくらでも聞けたからである。アメリゴ自身、〇二年秋から翌年五月までリスボンにいたため、彼も著者・共著者・編集協力者の候補から排除できない。いずれにせよ、アメリゴにかなり近い人物だったことは確かである。

では執筆目的は何か。それはこの小冊子のタイトルとしても有名になった「新世界（Mundus Novus）」宣言である。第三回航海から戻ったアメリゴはリスボン書簡を認めたが、そこでは自分は対蹠地へ行ったと控え目な言い方をしているにすぎない。それが『新世界』の冒頭では、「かの国々はまさに新世界と呼称するにふさわしい…なぜならば、われらの父祖の時代にはいずれも未知の国であった」からだと明言している。かつては多くの哲学者が赤道の南には大陸は存在せず、ただ大洋が広がるのみだと考え、大陸があると認める人も人間には居住不可能な環境だとしてきたが、自分はそれが事実とは異なることを証明したとも言い放っている。もっともポルトガルの船団が一四七三年に赤道を越えた時点で、そのことは誰の目にも明らかになっていた。

既知の世界とは違う「新世界」であることを示すために天体観測の結果を含め宇宙誌の材料を盛り込み、そこの住民たちも既知の世界の人間とは違うことを示すために民族誌にも多くのスペースを割いた。そして「新世界」宣言をより広く伝えるために、ヨーロッパの学術的な共通語であるラテン語で出版したのである。

なお、この書簡の末尾には「翻訳者ジョコンド（jocundus interpres）がイタリア語からラテン語へ訳した」とある。本当にイタリア語の原文があったのかは、怪しい。じつはイタリア語版ではやはりジョコンドが「スペイン語からローマ語に」訳したとなっている。このようなカモフラージュは当時の出版物では珍しいことではない。この翻訳者は、フンボルトが指摘したように、『四度の航海』に登場し、アメリゴをリスボンに連れていく橋渡し役をしたジュリアーノ＝ディ＝バルトロメオ＝デル＝ジョコンドであろう。

ジョコンドはリスボン在住のフィレンツェ商人で、フッガー家をはじめドイツ商人とも関係が深かったことが知られている。一五〇三〜〇四年にかけては、インド交易への合同投資を機にドイツ商人団とイタリア商人団の関係がますます緊密になった。その機会をとらえて新大陸への投資も促す目的で『新世界』が公刊されたのではないか、とカラッチは指摘する。いわば投資促進のパンフレットであり、ドイツ各地で出版されたのも両国商人団がその裏にいるからだ、と言う。

確かに、新世界が温暖で、金や真珠を大量に産し（先住民はそれらに価値を認めていないため手に入れやすい）、先住民は武器をもたず（征服が容易）、体つきは立派（奴隷として使いやすい）など投資心をくすぐるとも思えるフレーズも散りばめられている。しかし実際には金も香料も持ち帰っておらず、投資を促す宣伝文句としては弱すぎる。しかもドイツの投資家へのプロパガンダが目当てならば、最初からドイツ語に訳して出版した方がもっと効果が期待できたはずである。要するに、『新世界』は南の陸塊についての新見解を広く知らしめるための小冊子と見なすべきなのであり、名声を末永く残したいというアメリゴの夢も託されていたのかもしれない。

『四度の航海』

『四度の航海』の初版は一五〇五ないし〇六年のフィレンツェと考えられてきたが、最近では〇四年説も出ている。『四度の航海』は出版物としては大成功を収めたものの、後にはラス＝カサスたちから「発見者」コロンの名誉を奪うために嘘を並べたとして非難され、アメリゴの評価を貶《おとし》めることになった。マニャーギは次のような根拠を挙げ、この書はフィレンツェ在住の誰かがアメリゴの名を騙って書いた偽書であり、アメリゴに責任はないとした。

（一）出港日、航海の期間、帰港日が四つの航海とも似通っており、不自然。

（二）高位の人に宛てた書簡にもかかわらず、アメリゴにしては言葉遣いが下品で、不明瞭。

（三）四度航海したジェノヴァ人コロンに対するフィレンツェ人の対抗心から、アメリゴの航海回数も四回に合わせている。

（四）イベリア半島にいたアメリゴが書いたように見せるため、スペイン語やポルトガル語からの借用語を多用し、フィレンツェ人の名前を偽造して散りばめた。

(五) コロンより一年早く大陸を発見したことにするため、リスボン書簡を下敷きに第一回航海を捏造。それに紙数を割きすぎ、後の航海になるほど分量も内容も乏しい。

ながらくマニャーギ説は広い支持を集めてきたが、最近では反論も目立つ。たとえば、(一)や(五)の一部はまだ支持できるものの、『四度の航海』に登場するフィレンツェ人は実在することがわかってきた。また、アメリゴの私信にもスペイン語やポルトガル語から借用した語彙《ごい》や表現が数多く見られ、偽作者の意図的挿入とは言えないことが指摘されている。言葉遣いについても、マニャーギが依拠したテキストは刊本ではなく、フィレンツェ商人ヴァリエンティが筆写する際に、俗っぽく書き直したイタリア語版であったため、品がないと感じたに過ぎない。さらに、私信と公刊書簡のテキスト分析をした文献学者フォルミサーノによると、語彙(特に借用語)・文体・参照資料などの点で両者はきわめて親近性が高く、マニャーギがしたように公刊書簡を偽文書として切り捨て、無視することはできない。アメリゴが執筆していないとしても、アメリゴの複数の書簡が土台になっており、偽ヴェスプッチ文書というより疑似ヴェスプッチ文書であるという。

『四度の航海』の内容分析　『四度の航海』を執筆する際に資料として利用されたのは、セビーリャ書簡、リスボン書簡、『新世界』、コロンの報告書簡、ペドロ＝マルティルが主で、マルコ＝ポーロやジョン＝マンデヴィル〔一四世紀イギリスの医者。その著『東方旅行記』は東方の驚異を集めた奇譚集《きたんしゅう》だが、よく読まれ、多くの人が実話だと信じた」を彷彿させる箇所もある。コロンの航海日誌を読む機会があったかどうかは不明だが、先住民との最初の出会いの場面をはじめ、似ている部分も少なくない。なお、ペドロ＝マルティルの『十巻の書』はこの段階で未刊だが、その原稿をアンジェロ＝トレヴィザン［ヴェネツィアの駐スペイン大使の秘書］が転写したものが多少改編され、ヴェネツィアですでに出版されていた。アメリゴがそれを読んだという確証はないが、同書で取り上げられた話題は船乗り同士が交換した情報が多いため、別の経路で聞き知っていた可能性も低くない。

内容はきわめて偏っている。まず、全体で八八九行あるが、それぞれの航海に割かれた行数は、第一回（四二九）：第二回（二一一）：第三回（一六三）：第四回（八六）で、記憶が新たなはずの最近の航海ほど行数が大きく減っている。このバランスの悪さは計画を立てずに書き始め、最後の方は話題が尽きてしまったという印象を与える。

各回の内容を「航海誌：宇宙誌：民族誌：エピソード」の順で行数を示すと、

第一回航海　（三七：五：一八六：一八八）
第二回航海　（四六：五：二二：一三七）
第三回航海　（八五：八：九：四八）
第四回航海　（七九：七：〇：〇）

となる。回により偏りが激しいが、全体としてみると、航海誌（二四七）・宇宙誌（二五）・民族誌

（二一七）・エピソード（三七三）で、『新世界』とはまったく性質が異なることは明らかである。『四度の航海』では『新世界』にまったくなかったエピソードが大幅に増えて主力となり、読み物としての要素が前面に押し出されている。他方、宇宙誌は激減しており、「新世界」宣言すらなく、珍奇なものに目が向いている。私信では不謹慎を理由に避けられていた女性の体の特徴や性的な話題は、『新世界』では少し触れながらも言葉は控え目なのに対し、『四度の航海』では規制が大幅に緩んでいる。この書の執筆者あるいは編集者が想定した読者は、『新世界』のややお堅い知識人層ではなく、もっと幅広い一般読者だったと言えよう。

『新世界』に比べ、『四度の航海』では編集者がかなり幅を利かせていたと思わせる痕跡がある。そう思わせるのはエピソードの多さとその挿入の仕方である。エピソードの内容と行数は、第一回航海では水上家屋の村（四四）、浜小屋（八三）、食人種の奴隷化（六〇）、第二回ではカヌー追跡（四四）、ある村での滞在（一八）、噛みタバコ（コカ?）の村（三四）、巨人島（四一）、第三回では撲殺事件（四八）である。第一回の最初の二つ、第二回の四つはいずれも連続して挿入されている。また、第一回の三つ目は旅の最後、第三回のエピソードは旅の最初というように後から挿入しやすく、話の流れを断ち切らない箇所である。そしてこれら挿入箇所の前後には、「詳細は『四部の旅行記』（Le Quattro Giornare）にまとめたので、そちらを見てほしい」というメッセージが付いている。つまり、次回作を予告してさらに読者を取り込もうという魂胆が透けて見える。そもそも『四度の航海』自体が、『新世界』の成功に目をつけた誰かが二匹目のどじょうを狙って、一般の庶民をターゲットにした紀行読み物として創作したものと言えよう。

ラス＝カサスが言うように、『四度の航海』の著者はアメリゴがコロンよりも先に大陸部を発見したと喧伝したかったのであろうか。確かにそう思われても仕方がない点はある。第一回航海に割いた行数と、本来なら最も重要な意味をもつ第三回航海の行数を比べてもそう思いたくなる。アメリゴは事実を粉飾して第一発見者を装い、その名誉を奪おうとしたと、ラス＝カサスが非難したのもうなずける。ラス＝カサスが『インディアス史』を執筆していた一六世紀半ばには、少なくともピレネーの北側では「アメリカ」という呼称が定着していたからなおさらであった＊。

＊ラス＝カサスはコロンが呼んだように「恩寵の地《ティエラーデーグラシア》」、「聖なる地《ティエラーサンタ》」と呼ぶか、発見者に因んで「コルンバ」がふさわしいとしている。

なるほど『新世界』でも私信でも、アメリゴは名声を末永く残したいと何度も記している。だがそれは、北極星に匹敵する道標となる星を南半球で発見することや、地理学や宇宙誌の書を著すことによってであり、大陸に自分の名前をつけることによってではなかった。後で述べるように、新世界に「アメリカ」という名前を提唱したのはアメリゴではなかったし、彼自身は自分に因んだ名前が取りざたされているとは知らなかったか、知っていてもそれが定着するとは思いもしなかったであろう。事細かな指示を出している自分の遺書でも、彼は「アメリカ」についても公刊書簡についても一言も触れていない。知らなかったのか、少なくとも気掛りな存在ではなかったのである。

スペインにおける『四度の航海』

状況証拠だけではあるが、公刊書簡、とくに『四度の航海』はスペインでは少なくともアメリゴが他界する一五一二年頃までは知られていなかったか、まともに相手にされなかったと思われる。『四度の航海』がスペインで知られておれば、しかもその著者がアメリゴ＝ヴェスプッチという名前だとわかれば、大騒ぎになったはずである。ところが他国でいろいろな版が出た後も、アメリゴのスペインでの生活は安定しており、あまり波風は立っていない。彼とコロン家とは良好な関係を維持しており、アメリゴは一五一〇年の裁判でコロン家側の証人として証言し、提督とは数十年来の知己であると述べている。父の伝記を著し、蔵書家として知られたエルナンド＝コロンはラテン語版の公刊書簡を持っていたにもかかわらず、『提督伝』でアメリゴを批判することもしていない。主席航海士であったアメリゴの周りには、航海関係者や専門家もたくさんいただけに、事情通ならすぐ見破る嘘をついてまで、彼が名声を得ようと企んだとは思えない。露見すれば汚名を背負うことは誰の目にも明らかで、わざわざそのような自殺行為をする者はいまい。

この章の冒頭にも記したが、公刊書簡はポルトガル語版もスペイン語版もないうえ、両国で出版された他言語の版もない。確かにイベリア両国の出版業界の事情は他のヨーロッパ諸国とは少し違っていた。スペインへの印刷機の導入は一四七三年と遅く、出版作品数は、ヨーロッパ全体で一四五五年～一五三六年に四万以上に及んだのに対し、スペインでは一六世紀の最初の二〇年間に一五〇〇作品にとどまった。他方、政府の規制・監視は強力で、一四八〇年、出版には事前許可が義務づけられたうえ、印刷業者にはユダヤ教徒や改宗者が多かったため、彼らに対する政府の締め付けが一四九二年にピークに達したことも遅れを助長した。

さらに、出版物や一五世紀末から一六世紀初頭の有力商人、貴族や王室の蔵書（写本も含む）を見ても、ジャンルにかなり偏りがみられる。彼らの蔵書の主たる分野は宗教・法律関係で、旅行記は皆無に近かった。マルコ＝ポーロのスペイン語版の出版は一五〇三年、マンデヴィルも一五二一年と非常に遅かった。コロンもマルコ＝ポーロの書を耳学問である程度は知っていたが、実際に読んだのは第二回航海の後であった。旅行記も、荒唐無稽な騎士道小説も大差ないように思えるが、後者は一五〇八年に出版された『アマディス＝デ＝ガウラ』以降、空前のブームになる。ただし、このブームの到来も他の国々に比べると、驚くほど遅い。

このような事情を考慮すれば、公刊書簡がスペイン語やポルトガル語への翻訳もなく、出版もされなかったのは、イベリア半島では知られていなかったか、知られてはいても多くの人びとの関心を引かなかったためと考えざるをえない。政府が規制をかけるような内容ではないし、すでに他国で出ていたため、規制も意味がない。それにしても書名もまったく話題になっていない。一般人ならともかく、新世界情報を得るべくアンテナを張り巡らせ、情報発信もしたペドロ＝マルティルでさえも、アメリゴを個人的に知っていたにもかかわらず、公刊書簡への言及もない。エルナンド＝コロンもしかりである。また、『四度の航海』が信頼できる書簡とみなされておれば、その情報はコロン訴訟で王室にとって有利な材料になったはずだが、利用された形跡はない。

現状では、『四度の航海』の真の作者を特定する手がかりはない。ただ『新世界』の場合と同じく、アメリゴの周辺におり、彼の兄弟のことや若い頃の人間関係も知っていて、旅行文学に関心のある人物であることは確かである。しかし、『新世界』がアメリゴの考えに近い作品であったのに比べ、『四度の航海』はスペイン社会でアメリゴの立場を危うくしかねない作品であった。したがって、『新世界』とちがって、アメリゴ自身は『四度の航海』には関与していないと思われる。

公刊書簡と先住民のイメージ形成

アメリカ先住民のイメージの歴史は、コロンの書簡から始まる。彼の挙げた特徴をもとに先住民の図像が描かれ、図像によってイメージが修正あるいは変形され、人の記憶に固定された。出版されたコロン書簡に付された木版画では、先住民は裸ながら、恥部を葉っぱで隠し、風貌はヨーロッパ人そのものであった。

一五〇五年にドイツで出たブロードシート（一種のかわら版）は、『新世界』を題材とし、木版画と簡単な解説からなる。腰みの・羽根の冠・肩掛け・アンクレットをつけた先住民の顔立ちはまだ

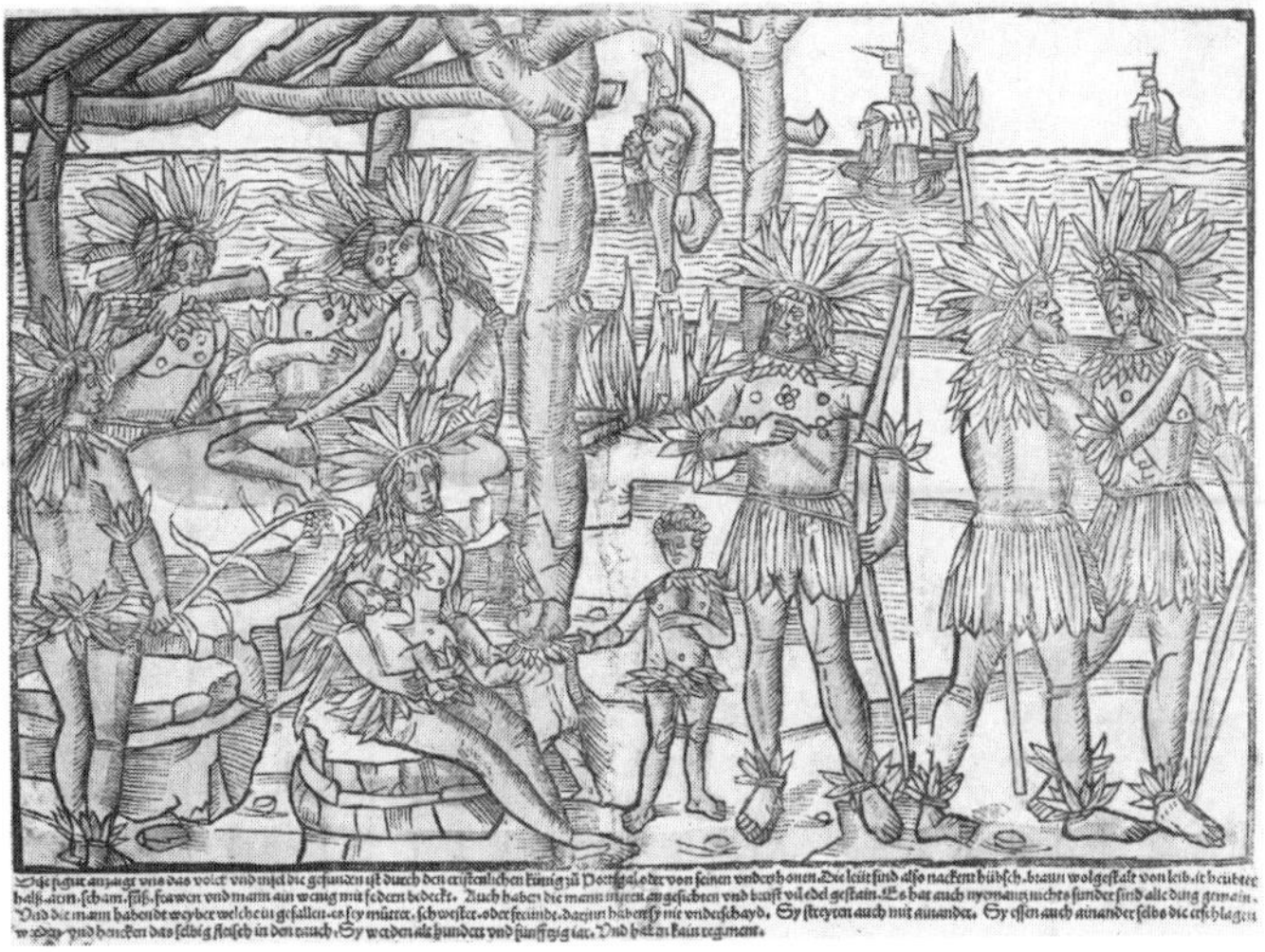

ドイツのかわら版：作者不詳だが、版画下の説明は『新世界』の先住民民族誌の要約。アウクスブルク(1505)。(H・Wolff)

西欧人的で、男は髭《ひげ》を蓄えている。小屋の中には、バラバラにされた人の頭部、手足が吊り下げられ、四人が取り囲む食卓には脚が一本乗せられ、腕をくわえた男もいる。絵の下には、『新世界』を要約したような解説文がある。「…男女とも裸だが、均整の取れた体で、肌の色は赤に近い。頬・唇・鼻・耳などに孔を開け、青い石、大理石などをはめているが、その習慣は男にしか見られない。私有財産はなく、すべて共有で、みな一緒に住み、王も長もいない。最初に出会った女性を妻にする。法律はない。彼らの戦争は戦法も、掟もない。敵を食べようとする。死んだ人の肉さえ食べる。人肉はごく普通の食べ物で、塩漬けにし、屋内に吊って乾かす。寿命は一五〇歳で、めったに病気にならない」。

　一五〇九年にストラスブールで出たドイツ語版にも、挿絵が三つ入っており、いずれも『四度の航海』の一

『四度の航海』の２枚の挿絵：右の絵は、人前で平気で小用を足し、後ろではヨーロッパの肉屋のように人の手足を切り刻んでいる。左の絵は、女性に取り囲まれた若者が背後から棍棒の一撃で倒れ、その肉は食べられた。1509年、ストラスブール。(H・Wolff)

節を描写している。一枚は第一回航海で出会った先住民が人前で平気で小用をし、背景には人の手足を切り刻む裸の男女が描かれている。もう一枚は第三回航海の場面で、上陸した若者の背後から裸の女性が今にも棍棒《こんぼう》を振りおろそうとしているところである。これらの絵では、先住民の男の顔から髭が消えている。ヨーロッパでは伝統的に毛むくじゃらの野蛮人を描いてきたから、一五〇九年になって「新世界的野蛮人」や弓矢を棍棒に持ち替えた「新世界版のアマゾネス」が登場したことになる。いずれの挿絵でも、アメリカ先住民の特徴とされるものの中から、当時のヨーロッパ人にとって最も印象的な部分（全裸・食人・野蛮さ）がピックアップされたもので、アメリゴが挙げた先住民の特徴がすべてイメージとして定着していくわけではない。健康的・長寿といった特徴はすぐに忘れ去られ、逆に、脆弱・無力・短命という負のイメージに取って代わられる。全裸・食人・赤い肌は増幅され、性的倒錯（近親相姦・男色・邪淫）のイメージが加えられる。

とりわけ食人というイメージは、ヨーロッパ人の脳裏にこびりついただけでなく、多くの先住民の運命を左右することになる。新世界住民の食人について最初に報告したのはコロンで、その後も多くの渡航者（第二回航海に参加したチャンカ博士、ミケーレ＝デ＝クネオなど）やペドロ＝マルティルなどの著述家が、人肉を食するカリベ人について述べている。アメリゴもその一人で、私信・公刊書簡を問わず、第四回航海を除いて、食人習慣に言及している。しかし、「カリベ人＝人食い」という図式は、スペイン人側の誤解・思い込みに過ぎない。たがいに言葉がわからず、身振り手振りでコミュニケーションをとっている時期に、「どこそこの島に住む連中はカリベ人で、人食いだ」という情報を理解できるだろうか。できたとしても、その話を伝えているのは「カリベ人」と敵対する部族である。彼らは「人食い」情報を流してスペイン人を味方につけ、積年の怨念を晴らすのに利用したにすぎまい。ところが、スペイン人はそれを逆手に利用する。

当初からスペイン人はカリブ海島嶼部の先住民を、おとなしい良い部族（タイノ人）と、抵抗する悪い部族（カリベ人）に分けていた。しかし、それだけでは後者の奴隷化を正当化できないため、彼らに「カリベ人＝食人種」というレッテルをはった。一四九五年には先住民の奴隷化に神学者から待ったがかけられ、一五〇〇年には王室の許可なくスペインに送られた奴隷を故郷の島に帰す王令が下された。そこで、先住民を容易に奴隷とするために新たな「人食いカリベ人」神話が必要となったのである。結局、王室は一五〇三年一〇月末、食人種であることを理由にカリベ人の奴隷化を認める勅令を出した。アメリゴが王室に直接働きかけてこの勅令を引き出したわけではないが、間接的に神話形成に加担したことは否定できない。

アメリゴの影響がさらに大きかったのは、ブラジル先住民＝食人種というイメージの形成過程である。「ブラジルの発見者」カブラルに同行し、最初の報告書を認めたカミーニャは食人については一言も触れていない。それだけに、最初に食人に言及したアメリゴのインパクトは大きかった。それがシュターデンの報告書などで再確認され、多くの地図（クンストマンⅡ、「ディオゴ＝オメン、S＝ミュンスター」など）にブラジル内陸で人の肉を貪る、あるいはバーベキューにする先住民の様子が描かれ、テオドール＝ド＝ブリ〔一六世紀後半、アメリカ先住民を題材にした版画を出版〕のエッチングが旅行記の挿絵に使われ、版画集となって、食人など野蛮な場面が次々と出てくると、そのイメージは消し難く、定着してゆく。

中世以降、一六世紀初頭でもなお、ヨーロッパでは、極東には地上の楽園がある一方、その近辺には、犬頭人キュノケパロイ、頭がなく胸に顔があるプレミュアエなどの怪物が棲むとも信じられていた。「発見」を報告した書簡でコロンは、自分は「多くの人が考えているような怪物には会わなかった」ものの、「尻尾のはえた人間」が生まれる場所や女だけのアマゾネスの島があると先住民から聞いた（言葉がわからないのにどうして意思疎通ができたのであろうか）と、怪物の存在を示唆して

クンストマンⅡ図（部分）：串刺しにされた人（ゴンサロ＝コエーリョ隊の一員）がバーベキューにされているが、これとほぼ同じ構図は13世紀にモンゴル人を描いた図にも出てくる。（H・Wolff、T・Lester）

テオドール＝ド＝ブリ図：ブラジル先住民の間で捕囚として暮らしたH＝シュターデンの記録に付された銅版画（1592）。食人の場面に驚く髭を蓄えた白人がシュターデン。（M・Rojas Mix）

いる。航海日誌でも「顔に目が一つだけの人間」や「犬のような鼻面で、人を食う人間」がいるとの伝聞情報を伝えており、コロンも怪物との遭遇を期待していたことがわかる。一方、アメリゴは人肉嗜食にしばしば言及しているほか、巨人と遭遇した経験談を披露した最初の人物でもある。食人種・巨人・アマゾネスなどの「怪物伝説」は、ヨーロッパ人が地理的知見を広げ、既知世界が広がるにつれ、その周縁部で再生産されてゆく。実際、巨人はパタゴニア（「巨足族の土地」の意）、アマゾネスはメキシコ西部やその名のついた南米の大河で「見出され」るが、アメリゴはそのようなイメージ形成の第一歩を印したことになる。

さて、H－J＝ケーニヒは、コロン書簡の読者は先住民文化に「黄金時代」＊や地上の楽園を彷《ほう》彿《ふつ》させる要素を読み取ったのに対し、アメリゴは人肉嗜食を前面に出しており、それまでの肯定的な先住民イメージを大きく変えたという。食人習慣を強調しているのは確かだが、アメリゴがマイナスイメージだけを増大させたとは言えない。なぜなら、アメリゴが挙げる「男女とも裸」、「私有財産がなくすべてを共有する」、「黄金・宝石・真珠に価値を認めない」、「王がおらず、法や裁判がなく、各人が自らの主人」といった特徴は、黄金時代を連想させたからである。

＊かつて存在したとされる、すべての人が平等で、すべてを共有し、誰からも抑圧・搾取されない幸せな時代で、オウィディウス以来、しばしば神話的に表現されてきた。

実際、トマス＝モア［一四七八～一五三五］が『ユートピア』（一五一六年）を書いたのは『四度の航海』に触発されたからである。モアが示した理想的社会の要素（共有財産、共住社会、貨幣や宝石を価値あるものとしない、衣服は質素で一様、自然の掟に従う、自領の境界を広げようとしないなど）は『四度の航海』に見られるもので、モアにユートピア国を紹介したラファエル＝ヒュトロダエウスというポルトガル人は、アメリゴと三度も航海をともにし、第四回航海でブラジルに残った二四人の一人という設定になっている。このことからもアメリゴの先住民像も、コロンのそれと同様、両義的であったと言える。それは自分たちが極東に近づきつつあり、そこにあると想定される地上の楽園とその周辺に棲む怪物の世界が内包する両義性と通底していた。

「アメリカ」の洗礼証明書

今日のフランス北東部、ヴォージュ山地にサン＝ディエという小さな町がある。その町の修道院付属学校に印刷機が導入され、最初の出版物としてプトレマイオスの『宇宙誌』が選ばれた。領主のロレーヌ公ルネ二世が、ポルトガルやスペインから入ってくる宇宙誌、航海の新情報に関心をよせ、文献や地図をさかんに蒐集《しゅうしゅう》していたからである。出版の準備段階で、公がフランス語版の『四度の航海』を入手する。学校関係者たちがそれを読み、プトレマイオスの地図に新しい知見を盛り込むことが決められた。

一五〇七年四月、プトレマイオス地理学を解説した本文に、『四度の航海』のラテン語訳、大判の世界図、小さな地球儀を付した『宇宙誌入門』（*Cosmographiae Introductio*）が出版された。その世

Nūc vo & hę partes sunt latius lustratæ/& alia
quarta pars per Americū Vesputiū(vt in sequenti
bus audietur)inuenta est/quā non video cur quis
iure vetet ab Americo inuentore sagacis ingenij vi
Ameri- ro Amerigen quasi Americi terrā/siue Americam
ca dicendā:cū & Europa & Asia a mulieribus sua sor
tita sint nomina. Eius sitū & gentis mores ex bis bi
nis Americi nauigationibus quæ sequunt̃ liquide
intelligi datur.

アメリカと命名：「アメリクス＝ヴェスプティウスにより発見された四番目の地域…をアメリゲもしくはアメリカと呼ぶ」ことを提言したリングマンのテキスト。(H・Wolff)

界地図には、「古代人が発見したものに近代人が発見したカタイなども加えられ、…あちらこちらで発見され、最近探検されたところがほぼすべて、一望の下に置かれている」と自信たっぷりである。『入門』の序文や本文は、ラテン語教授マティアス＝リングマンが中心になって書き、地図を作成したのはマルティン＝ヴァルトゼーミュラーであった。

同書第九章で、アメリゴが到達した土地をアメリカと呼ぶことが提唱されている。「諸大陸はいっそう包括的に踏査されてきたが、四番目の大陸がアメリクス＝ヴェスプティウスにより発見された。この大陸を、才知あふれる発見者アメリクスにちなみ、アメリゲもしくはアメリカと名づけることに反対する人はいないと思う」。アメリコではなく、アメリカと女性形（aで終わる）にしたのは、ヨーロッパ、アジア、アフリカがいずれも女性形なので、それに合わせたのだという。また、アメリゲというのは、アメリ（クス）にギリシア語で土地を意味する「ゲ」を加えたものである。

地図はヴァルトゼーミュラーが作成したが、この命名の部分はリングマンとの共同執筆、もしくはリングマンの単独執筆である。ギリシア語の知識、言葉へのこだわり具合、引用文献との関わりから判断すると単独である可能性が高い。つまり、アメリカという名前を作り出したのは、じつはヴァルトゼーミュラーではなく、彼の同僚で詩人、ラテン語やギリシア語に通じたマティアス＝リングマンで、ヴァルトゼーミュラーは地図を作成したにすぎないと思われる。

ヴァルトゼーミュラーの地図

アメリカ命名宣言だけではインパクトに欠ける。視覚に訴える地図のほうが、よほど影響力は強い。地図は一二枚からなり、全体で一三二〇×二三六〇センチメートルと圧倒的な大きさである。現存する地図は一つだけで、発見されたのは意外と最近、一九〇一年のことである。この世界図はハートをややいびつにした形をしている。その上部にも、旧世界を中心とした半球と、新世界を中心とした半球がある（以下、「半球図」と呼ぶ）。旧世界の半球の横にプトレマイオスが、新世界の半球の横にはアメリゴが描かれている。ユーラシアとアフリカはプトレマイオス、特に一四八九年のヘンリクス＝マルテルス図に依拠している。

メインの地図に目をやると、「新世界」はアフリカの西側に、南北に細長い二つの巨大な島あるいは大陸として描かれている。南の陸塊の南回帰線上にアメリカの名が書き込まれ、赤道の少し南にカスティーリャ王旗がはためき、大河の中流域には、新世界を象徴するオウムが描かれている。

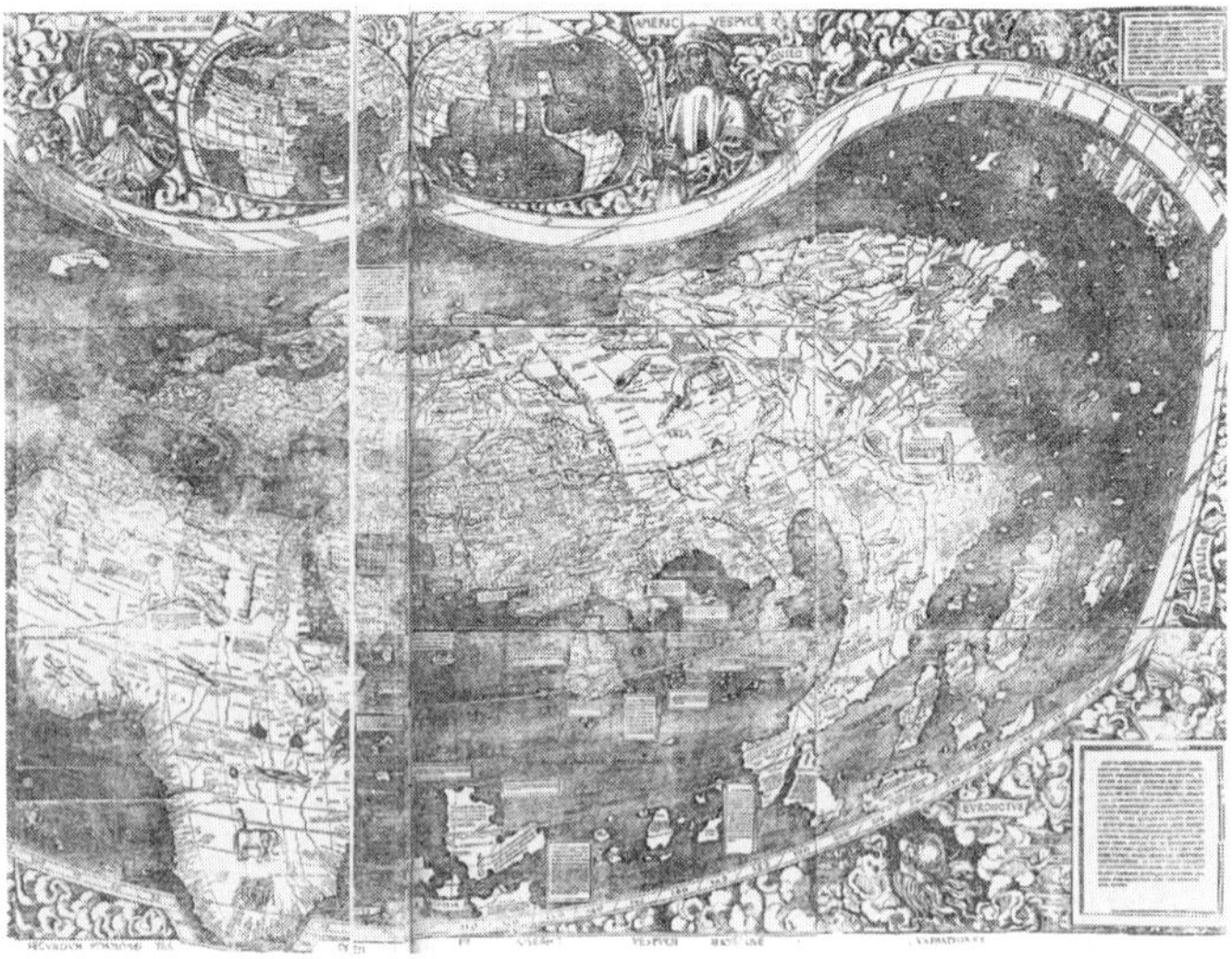

ヴァルトゼーミュラー図：旧世界は基本的に最新のプトレマイオス図を踏襲。新世界は南北の陸塊は海峡で分かれ、その西に未発見の太平洋が描かれ、新世界はアジアと陸続きになっていない。アメリカと名付けられた南の陸塊の南端は地図の枠をはみ出し、南緯50度にまで達している。(H・Wolff)

ヴァルトゼーミュラー半球図：ここでは北の陸塊（パリアス）と南の陸塊（アメリカ）は一続きになっている。(H・Wolff)

そこから南の果てまで地名がいくつも書き込まれ、最後にポルトガル王旗が立つ。この陸塊の西岸近くには山脈（アンデス山脈を連想させる）が描かれ、山脈と海に挟まれた狭い箇所に「未知の土地」とある。北西端は細長く海に突き出し、海峡を挟んで北にも、パリアスという大きな陸塊がある。カリブ海にはイサベラ（キューバ）島、エスパニョーラ島ほか、三〇ほどの島々が見える。

この新世界の図に最も影響を及ぼしているのはカヴェリ図、もしくはその原図から派生した図である。南の陸塊に記入された地名を比較すれば、その関係は一目瞭然である。また、南北の陸塊が巨大な島のように描かれ、その間に海峡がある点でも両者は共通しており、しかもそれは同時代のほかの地図とは一線を画している。コサは新大陸の西側の描写をぼかし、アジアと繋がっている可能性を暗示した。カンティーノは南の陸塊を巨大な島としたが、北の陸塊は島とも、アジアの一部とも取れるよう、うまくごまかしている。カヴェリは北を島としているが、すぐ近くに大陸があることを示唆している。それに対し、ヴァルトゼーミュラーは南北の陸塊を大陸規模の島として表し、その西側に大洋を描き、アジア大陸の東にシパンゴまで描きこんでいる。その形のほうが今日の我々にはなじみがあるものの、一五〇七年までに蓄積された探検情報や宇宙誌・地理学の知識から

判断すると、ヴァルトゼーミュラーの世界図はきわめて大胆、いや無責任とさえ言える。なにしろ、太平洋が発見されるのは六年も先の一五一三年、マゼラン隊が世界周航するのは一五二一年、ベーリング海峡が発見され、アメリカ大陸とアジア大陸が陸続きでないことがわかるのは……一八世紀になってからである。

アメリゴは「新世界」が大陸であるとの認識は示しているが、アジアから独立しているとは言っていない。ところが、リングマンは「（地球上の）陸地は四つの部分に分かれ、そのうち三つは大陸（ヨーロッパ、アフリカ、アジア）で、四つ目は周りを海で囲まれており、島である」と述べている。つまり、アメリカを巨大な島と認識している。その根拠は不明だが、おそらく『新世界』の一節、「われわれは地球の四分の一を航行した（nos navigasse quartam mundi partem）」を「地球の四番目の部分」と誤解したか、そこからインスピレーションを受けたのであろう。リングマンは一五〇五年に『新世界』を出版しており、『宇宙誌入門』に『四度の航海』のラテン語訳を入れたのも、前もってアメリゴの公刊書簡との出会いがあったからである。

ヴァルトゼーミュラー図のほぼ一年前に出たヨハネス＝ルイシュ〔オランダの地図製作者で、カボットの航海に同行し、その観察結果が彼の地図に反映されていると言われる〕の世界図のほうが、当時の宇宙誌学者の大部分の考えをより反映していると言える。彼は踏査済みの南の陸塊と北と東の海岸線は細かく描き、地名も入れているが、まだ誰も知らない西部は巻紙で隠している。陸塊のすぐ北には

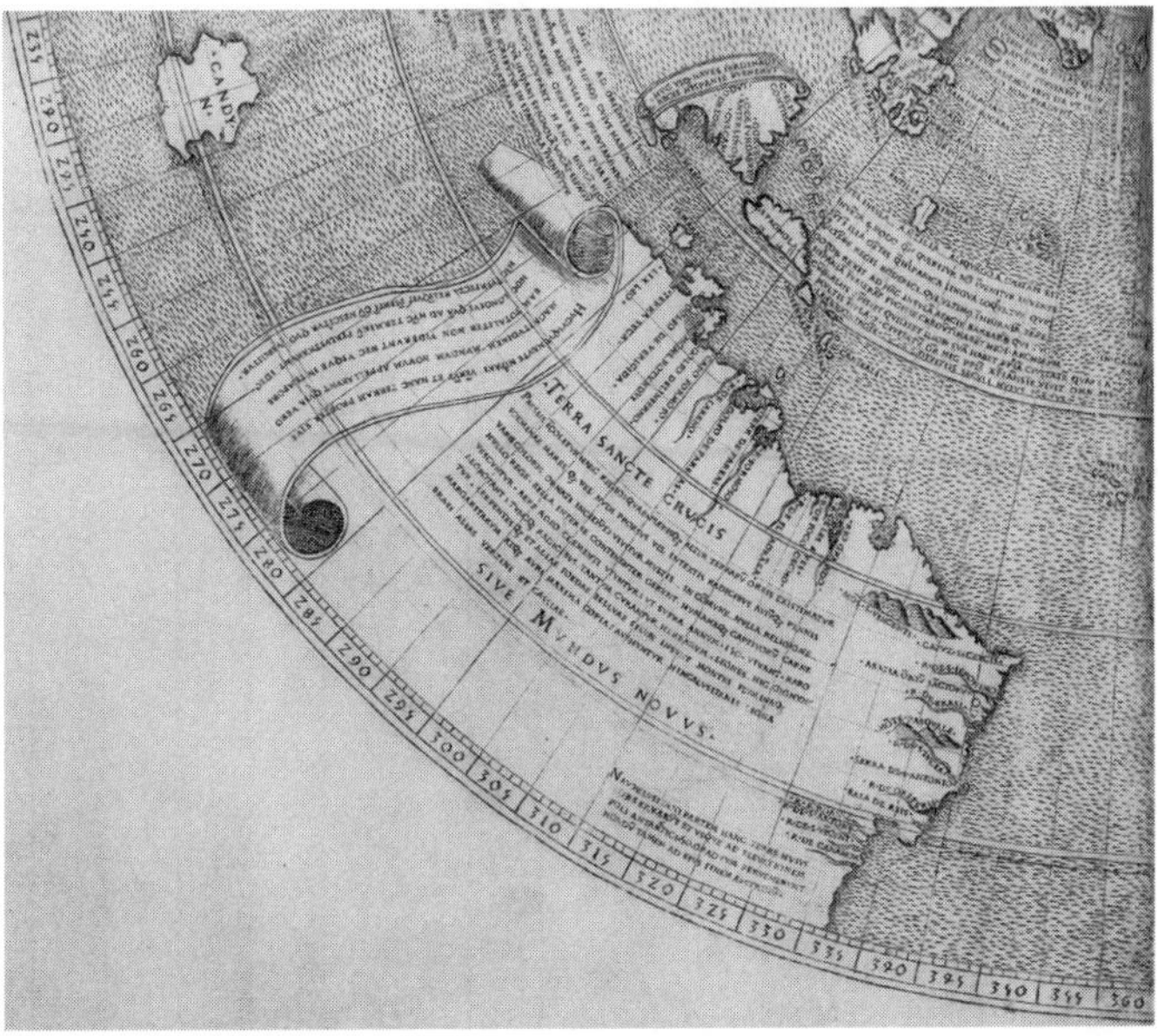

1507年版ルイシュの世界図：新世界の確認された地域のみが描かれ、未踏の地には憶測を入れず、不明のままにしている。（K・Nebenzahl）

キューバとエスパニョーラ島があるものの、島のすぐ西にはもうアジアの海岸線が迫っている。シパンゴを描かない理由を「スペイン人の発見した島々がマルコ＝ポーロの言うシパンゴの位置を占めている。エスパニョーラ島がシパンゴであろう。ここには、マルコがシパンゴの特徴として挙げているものが、偶像崇拝を除いてすべてあるからである」とする。太平洋がまだ発見されていない時代であり、慎重な宇宙誌学者、良心的な地図製作者ならば、シパンゴの位置や新大陸とアジアとの繋がりといった問題に、当然、悩まされたはずである。

　ルイシュは南の陸塊の名を「聖なる十字架の地、もしくは新世界」と記し、『新世界』から得た情報を書き加えている。食人種、健康、長寿（一五〇歳まで）、真珠や金の豊富さに触れ、ポルトガル船団が南緯五〇度まで航海したとも言う。陸塊西部の「巻紙」には、スペインの船団がここまで来て新世界と呼んでいるとしたうえで、「この全土を探検し、土地がどの方角に広がっているかがわかるまで、このように不完全な輪郭のままにしておく」と明記している。情報が乏しく誤解はあるものの、根拠のない推測を排除した一流の学者の心構えと言える。

独り歩きする「アメリカ」

サン＝ディエの『宇宙誌入門』は、初版一〇〇〇部を売り切り、翌月の再版を含め、年内に四版、その後もさらに版を重ね、その影響は徐々に広がってゆく。その後に作成された地図を頼りに、「アメリカ」という名称の普及過程をたどってみよう。フランチェスコ＝ロセッリ（一五〇八）、レノックス地球儀（一五一〇）、ベルナルデゥス＝シルバヌス（一五一二）、ヨハネス＝ストブニッツァ（一五一二）などは、南の陸塊を「未知の土地」、「聖なる十字架の地」などと呼んでいる。特に、ストブニッツァ図はヴァルトゼーミュラーの半球図を写しているにもかかわらず、名称は採用していない。「アメリカ」が増えるのは、一五一四年以降、アメリゴの死後二年を経過してからのようである。

早い採用例は、一五一〇年頃のハインリッヒ＝グラレアヌスで、ヴァルトゼーミュラーの半球図を写し、北の陸塊はパリアス、南の陸塊はアメリカとしている。セバスティアン＝ミュンスターも、

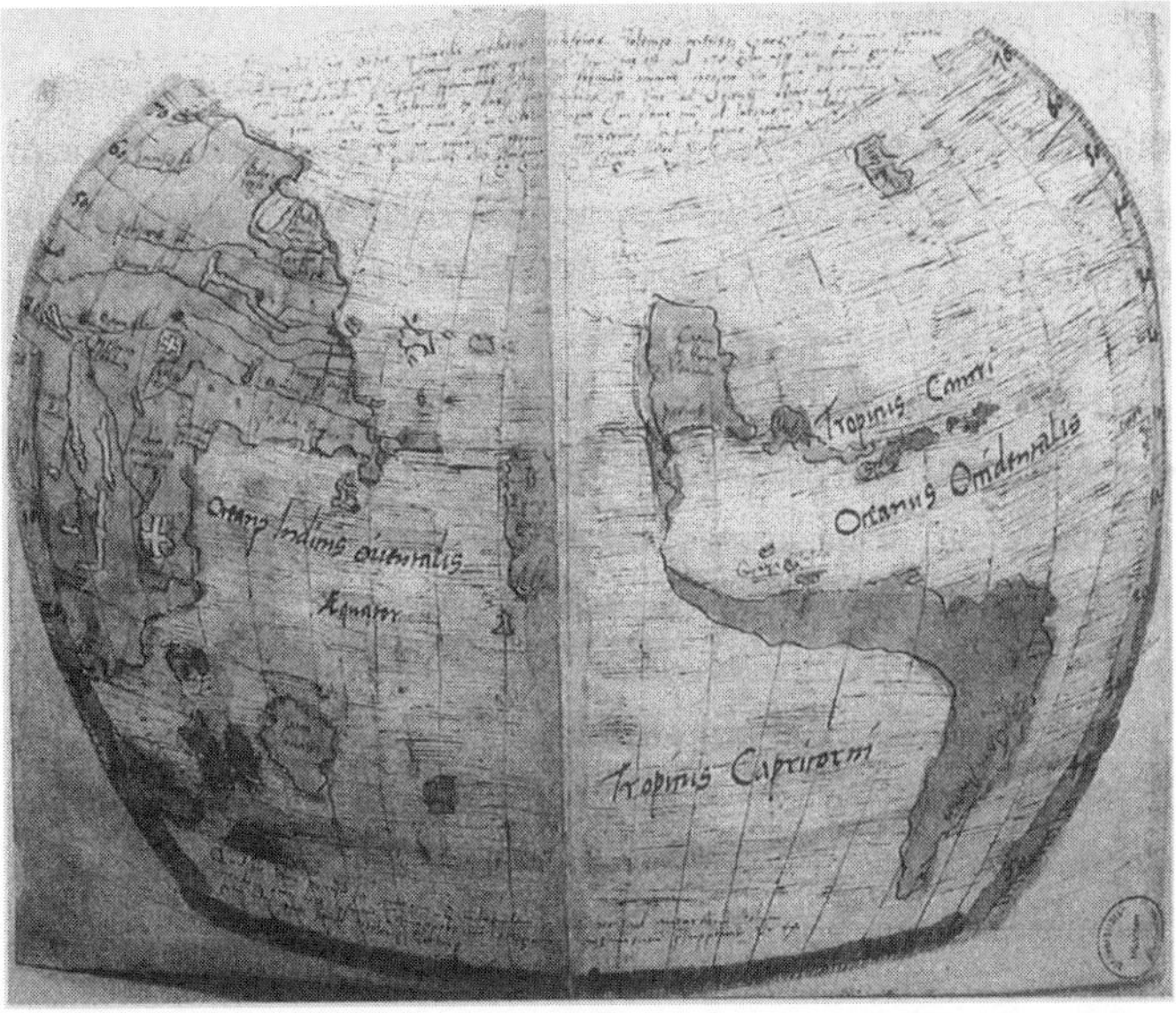

グラレアヌス転写の世界図：1510年頃にスイスの数学者・地理学者がスケッチしたヴァルトゼーミュラー図。アメリカの名を採用している。（T・Lester）

テュービンゲン大学時代（一五一五〜一八）の講義ノートにやはり同じ地図を書き写している。パリにある緑の地球儀（一五一五）も「アメリカ」派である。さらに、コルネリウス＝アウレリウス（一五一四）、ダ＝ヴィンチ（一五一四）、ルドビクス＝ボウレンゲル（一五一四）、ヨハネス＝シェーネル（一五一五）、ピエトロ＝アピアヌス（一五二〇）などの世界図も、南の陸塊をアメリカと呼んでいる。なかでもアピアヌスはさまざまな機会に世界地図を付し、「アメリカ」の普及に大いに貢献した。

一方、名付け親の一人ヴァルトゼーミュラーは、一五一三年と一六年にも新版の世界図を出している。彼がかつてアメリカと呼んだ土地は、一三年版では「未知の土地（Terra Incognita）」、一六年版では「新大陸（Terra Nova）」と呼ばれ、

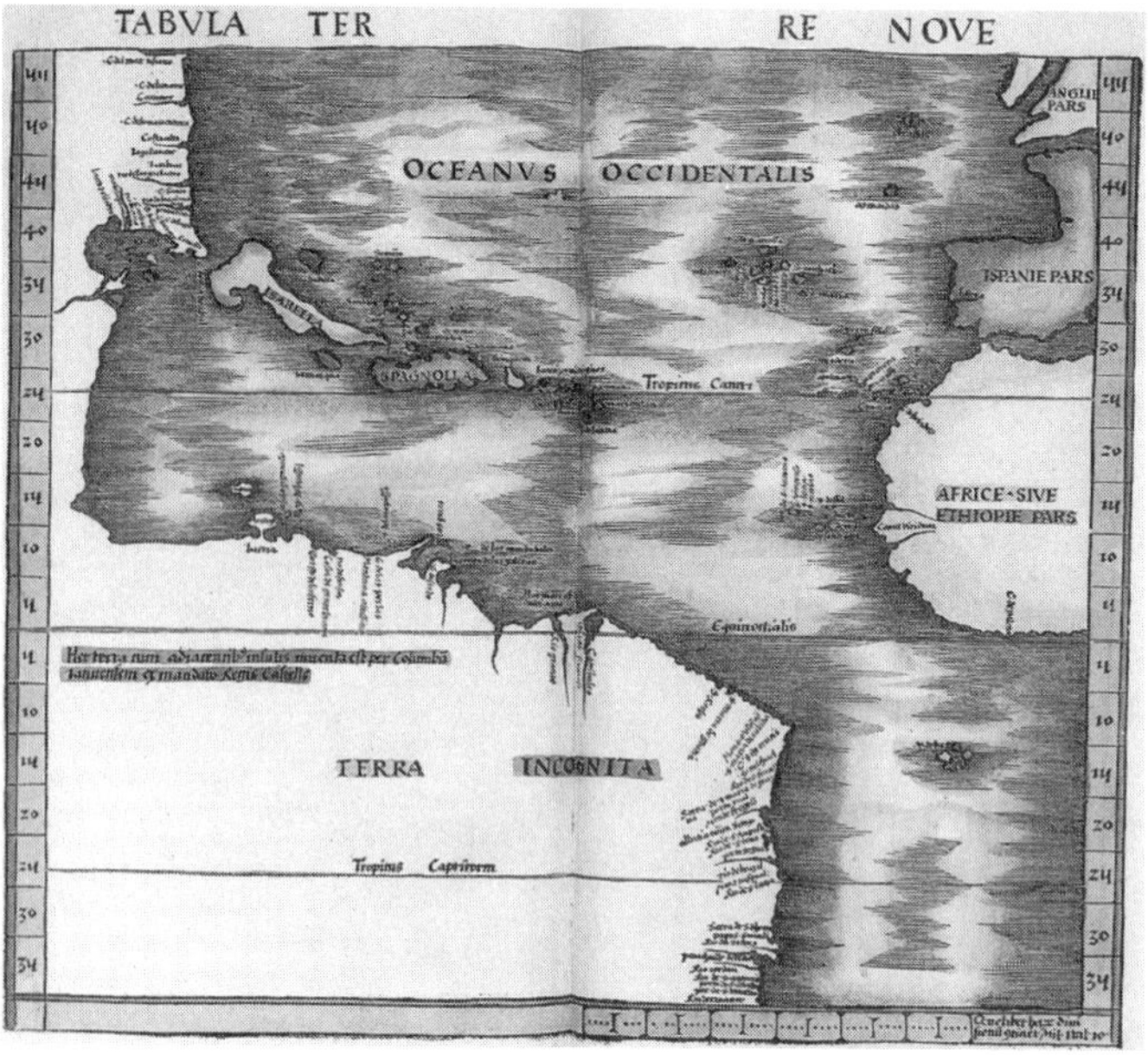

1513年版ヴァルトゼーミュラー図：ここでは新大陸の西側は描かれず、アメリカの名は消え、「未知の土地」とのみ記された。（K・Nebenzahl）

アメリカという名前は見当たらない。彼はその理由を説明していないが、自分の勇み足に気が付いたのであろう。ほかにも彼が手を加えた点がある。〇七年版では北の陸塊がパリアスと呼ばれていたが、一六年版では南の陸塊の北岸、オリノコ河口付近にパリアスという名前が見える。一方、首を傾げたくなる変更もある。北と南の陸塊は一三年版ではつながっているが、太平洋が発見されて三年後の一六年版では、その部分がぼかされている。そのうえ北の陸塊は、一六年版では「キューバの土地、アジアの一部（Terra de Cuba Asie Partis）」とされ、コロン説へ回帰してしまっている。このヴァルトゼーミュラーの揺れは、当時ヨーロッパでいかに情報が錯綜していたか、ま

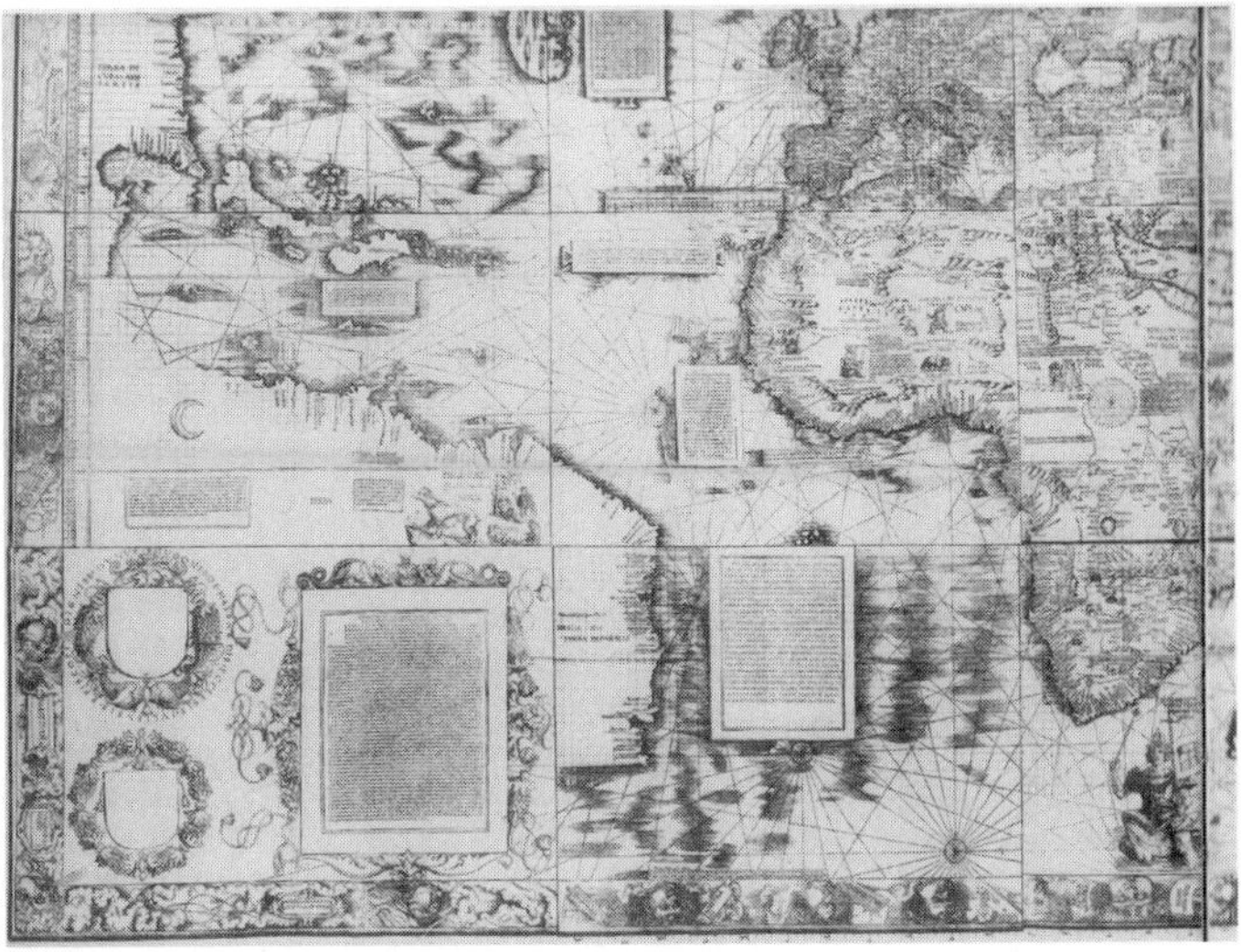

1516年版ヴァルトゼーミュラー図：南北の陸塊の関係は不明瞭になり、南は「新しい土地」、「ブラジルすなわちオウムの地」、北は「キューバの地、アジアの一部」に。（K・Nebenzahl）

た南の陸塊をめぐる解釈がいかに難しかったかを示す良い例である。早まってアジアから独立させ、そこに付けたアメリカという名が予想もしない速さで広がるのを知った彼は、二度とアメリカという名を使わなかった。しかし、時すでに遅く、半世紀前に発明された印刷機の威力は彼の想像をはるかに超えていた。アメリカという名は印刷された世界図と『宇宙誌入門』とともに、その響きのよさも手伝って、ピレネーやアルプスの北側では急速に定着しつつあった。もっともアメリカと呼ばれたのは、当初、南の大陸だけで、北の大陸にもアメリカという名を冠したのは、フランドルの地図製作者ゲルハルドゥス＝メルカトル［一五一二～九四］で、一五三八年のことである。

　アメリカという名称をすべての人が受け入れたわけではない。スペインでは一九世紀初頭までインディアスという呼称が使われ続けた。東洋のそれと区別するため、西インディアス（Indias Occidentales）という呼び名も登場したが、その範囲はしだいに限定され、西インド（アンティール）諸島を指すようになった。そして一八世紀になるころからスペインでもアメリカという言葉が徐々に浸透していった。それでも今なお、スペイン語の“América”という語の第一義は「アメリカ大陸」であり、「アメリカ合衆国」を指す時には、“Estados Unidos de América”もしくは“Norteamérica”（北アメリカ）と言わねばならない。

さて一八世紀ころにスペイン語圏でアメリカという語が使われるようになったのは、ハプスブルク朝からブルボン朝へ交代したことも無縁でない。ブルボン朝がスペイン領植民地の行政改革を推進した一八世紀後半には、我ら「アメリカ（大陸）人（americanos）」という言葉をよく目にするようになる。この語が彼らの連帯感を育み、芽生えつつあった独立運動の求心力を高めることが期待された。一八二〇年代半ばまでにスペイン領アメリカの多くの地域が独立を達成するが、実際には遠心力が強く働き大きな統一国家は生まれなかった。「アメリカ大陸人」とはアメリカ大陸生まれの白人、つまりクリオーリョのことであり、人口の大多数を占めていた先住民や混血のメスティソが排除されていたことも統合に寄与できなかった一因であった。アメリカ先住民は、インディアスに着いたと信じて疑わなかったコロンが名付けたインド人（インディオ）という名で今なお呼ばれている。

エピローグ：コロンとアメリゴの世界認識

リングマンがアメリカという名称を提唱したのは、そこが古代人も知らなかった新世界であるという認識をアメリゴを名乗る『新世界』の著者が最初に公表したからに他ならない。同僚のヴァルトゼーミュラー作成の世界図が「プトレマイオスの伝統とアメリゴ＝ヴェスプッチの諸航海による世界地図」と題されていたように、コロンよりもアメリゴの事績が重要視された。この世界図のあちらこちらに囲み記事があるが、左下には「古代の人々がまったく言及しておらず、最近、一四九七年から一五〇四年になって発見された地域も（この地図に）含まれる。この間にアメリゴ＝ヴェスプッチによって四度の航海が行われた。二度はカスティーリャのフェルナンド王が、残りの二度はポルトガルのマヌエル王が送り出した船団で、彼は航海士の一人であった」と記されている。サン＝ディエの修道士たちが、コロンの貢献を知らなかったわけではない。同じ地図のカリブ海の近くに「これらの島々は、スペイン王の命により、ジェノヴァ人提督コロンが発見した」という簡単な一文で、軽く敬意を表している。

コロンは最初、キューバが島か、アジア大陸の一部か迷ったすえ、フワナ島と名づけた。次の航

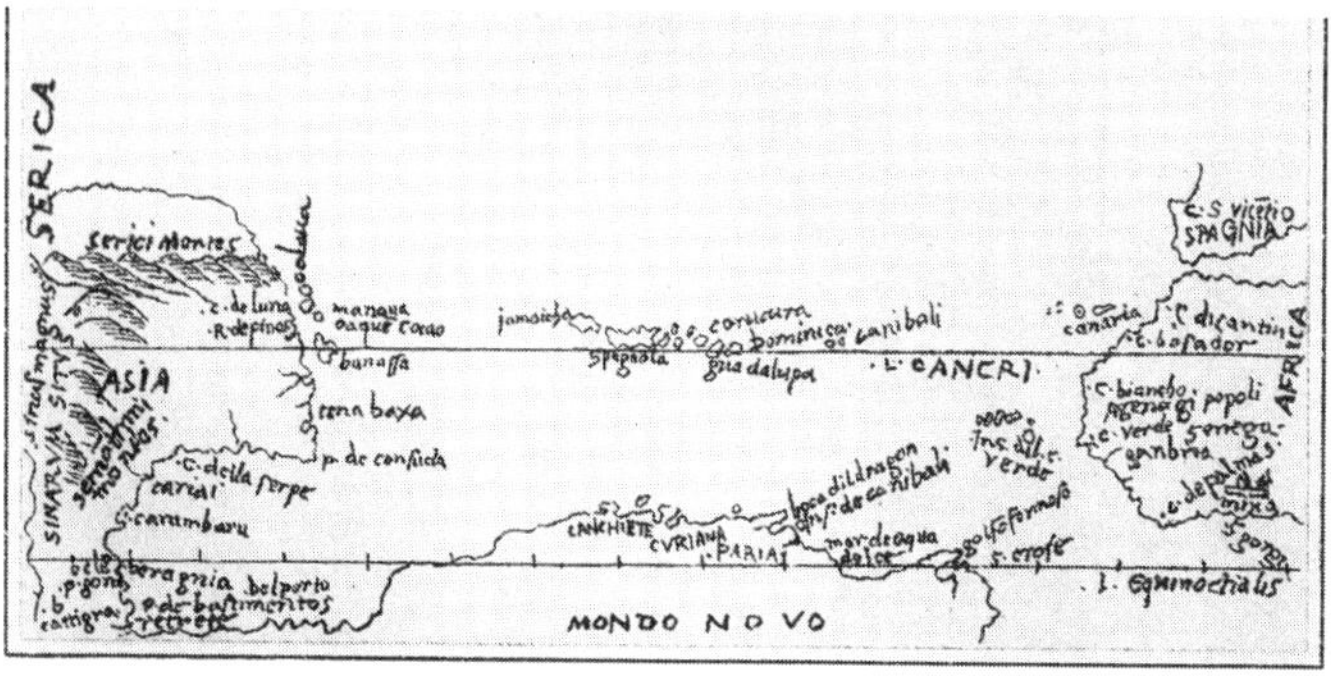

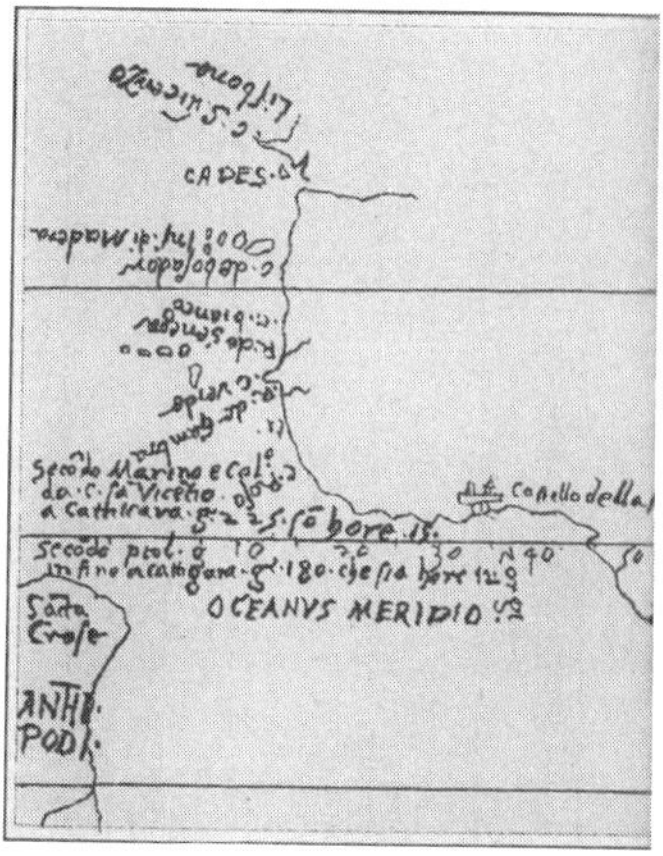

コロンの新世界図（3枚のうち2枚）：バルトロメ＝コロンの図を基にツォルツィが模写した図（1506年頃）。南米北岸が描かれ、“Mondo Novo（新世界）”の銘も見え、コロンの第四回航海で探検した中米と陸続きだが、その先はアジア、セリカ（絹の地＝中国）とも繫がっている。下の図の左下、南の陸塊には“Anthipodi（対蹠地）”とある。(K・Nebenzahl)

海でキューバの南海岸を一五〇〇キロメートル以上走破して、大陸であると確信した。三回目の航海でぶつかった南の陸塊をどう解釈するかが難しかった。コロンはそこが大陸で、その南にはさらに未知の大陸が広がっており、地上の楽園もそこに含まれると信じるようになった。ただし、この南の陸塊とアジアの間にあるはずの海峡をキューバの西で発見できると期待したが果たせず、バスティーダスらの情報を総合して、地続き説をとった。彼の新世界認識は、弟のバルトロメが描いたとされる三枚のスケッチ図に明瞭に現れている。「新世界《モンド・ノヴォ》」＊と記された南の陸塊の西端は、それよりも小さな陸塊と地峡部で繋がっている。地峡部にはカッティガーラ、北の陸塊にはアジアという銘のほか、中国を意味するセリカ（絹の地）、セリシ－モンテス（絹の山）、シナルム－シトゥス（中国人の土地）などの地名も見える。そして小さな陸塊（現在の中央アメリカ）の東海岸にはカリアイ、カランバル、レトレテなどコロンが四度目の航海で立ち寄った地名が連なっている。つまり、最後の航海を終えたコロンは南の陸塊を、想像以上に南へ、さらに東へ張り出した極東の大半島の突出部と理解するようになったのである。

＊現存する図はバルトロメ本人が描いたものではなく、旅行記を集めていたアレッサンドロ＝ツォルツィが写した手稿（一五二二年）に含まれる。したがって、「新世界」という用語をコロン兄弟が使ったのか、ツォルツィが後から付け加えたのか、判断が難しい。

では、アメリゴは南北の陸塊をどのように理解していたのか。ここでは私信から彼の考えを探ってみよう。オヘーダ隊が陸地（ブラジル北東部）に到達した後、アメリゴはカッティガーラを経て、大きな湾《シヌス－マグヌス》に入ることを目指した。つまり、中国東端から伸びる大半島に達したと考え、それを迂回して大きな湾に入るつもりだった。潮流に阻まれて針路を北に転じた後、陸塊（南アメリカ）の沿岸を西へ航行し、そこが大陸だと認識したが、そこは東洋の果て、西洋の始まる所と考えていた。次の航海の途中、ヴェルデ岬で、カブラル隊が到達した土地の話を聞いた時、アメリゴはそこが前に自分が着いた陸地と同じだがもっと東寄りだと考えた。この時点でも、以前の認識と変わっていない。

第三回航海後のリスボン書簡では、ヴェルデ岬を出て六四日目に「新しい陸地《テラーノヴァ》」に到達し、沿岸航海した後、そこを大陸と判断した。さらに南緯五〇度まで進み、北半球では目にしない星を多数観測したこの航海で、アメリゴは自分が地球の四分の一（北緯四〇度から南緯五〇度まで緯度九〇度分）を移動し、「対蹠地《たいせきち》」へ行ったと述べている。この時点でアメリゴは、南の陸塊をインディアスの一部とするコロンの解釈から脱却したのであろうか。

対蹠地（Antipodas）とは、古代ギリシアから見られる概念で、自分たちが居住する世界《オイクメネ》と反対側にあり、自分たちとは足（podium）が反対（anti-）を向いている人たちの住む世界を言う。アウグスティヌスに代表される中世のキリスト教会の権威はその存在を否定していたが、中世の大学で広く読まれた聖イシドルスの『起源論』やマクロビウス［四～五世紀の著述家］の『「スキピオの夢」注解』などには四番目の大陸があると記されていた。さらにコロンの愛読書の一つ、ピエール＝ダイイの『世界の姿』も対蹠地に人が住んでいる可能性を示唆し、一五世紀には両論あった。ただし古代から、赤道付近の灼熱帯は暑さのため人は住めないとされ、地球の大きさもわかっていなかったため、当時の航海技術では対蹠地へは行けないと思われていた。

しかし、灼熱帯が居住不可能であるという説も、対蹠地不在説も一五世紀後半にはポルトガルの航海によって否定された。ところがアメリゴはリスボン書簡で「自分のこの度の（第三回）航海で哲学者らの説が間違っていることを証明した」と言っており、そのままの意味だとすれば、彼はポルトガルの航海やその意味について何もわかっていないということになる。もちろんこれはアメリゴの無理解を意味するものではなく、彼の驕《おご》り、自分の経験の過大評価ととるべきであろう。

じつは対蹠地についても諸説あり、最古の地球儀を作ったとされるクラテス〔前二世紀〕によれば、オイクメネのほか、その南にアントイコイ（Antoikoi）、対角線上にアンティポデス（Antipodes）、北半球の対岸にペリオイコイ（Perioikoi）があった。また、ラス＝カサスも、対蹠人（antipodas）がいるなら、同緯度にペリエコス（periecos）、反対緯度にアンテオス（anteos）、極地にペリスセオス（perisceos）、灼熱帯にアンフィスシオス（amphiscious）がいる可能性も考えられたと言う。つまり、アメリゴの言う「対蹠地」はいくつかあるとされた対蹠地の一つという意味であった。アフリカ大陸は予想以上に南へ広がっていたので、そこがアントイコイだとすれば、コロンたちが発見した南の陸塊はその西にあるアンティポデスに違いないと考えたのである。

コロンもそれと近い考えであったことは、弟バルトロメの地図からもわかる。南の陸塊の東端とアフリカを描いた地図を見ると、南の陸塊には「聖なる十字架」、「対蹠地」と記されているからである。問題はその陸塊の西側がどうなっているか、であった。前にも述べたように、コロン兄弟はアジアと陸続きだと考えていた。アメリゴが対蹠地と言ったとき、陸続きか否かについては留保している。しかし、『新世界』の著者はそこから半歩進んでいる。つまり、南の陸塊を対蹠地としてしまえば、実態は不明ながら古代・中世をとおして論じられてきた陸地で、厳密には未知ではなかったが、それをあえて「新世界」と呼ぶことによって既成概念を取り払って見直すべきだと主張しているのである。

これまで見てきたように、コロンは聖書やプトレマイオス、トスカネリらの権威に基づいて、自分が想像した世界図をかたくなに信じ、自分の経験を通して得た情報をその地図に無理やり当てはめようと奮闘した。そのため、地上の楽園（第三回航海）やソロモン王のオフィール金鉱（第四回航海ほか）など聖書に答えを求めさえした。他方、アメリゴは自らの経験を信じ、時には聖書や教会の権威に疑問（言語の数、対蹠地など）を呈しながら、それまでの世界図を修正しようとした。この点でもコロンは中世人、アメリゴはルネサンス人と言われる所以《ゆえん》である。

補遺：アメリゴ＝ヴェスプッチの私信（翻訳）

【セビーリャ書簡】

セビーリャからロレンツォ＝ディ＝ピエルフランチェスコ＝デ＝メディチに宛てた書簡、一五〇〇年七月一八日

閣下。最後に閣下にお手紙を差し上げてかなりの時間が経ちましたが、これはひとえに、記録に値することが何も起こらなかったからにほかなりません。本状を認めましたのは、私がおよそ一か月前にインド諸地方《インディアス》から大洋を越え、神の御加護を得て無事にこのセビーリャ市へ戻ってきましたことをお知らせしたいがためであり、道中のさまざまな出来事や私が遭遇した不思議な事柄に、閣下なら喜んで耳を傾けてくださると拝察したためです。ただ、私は話が冗漫になるきらいがありますので、お暇な折に、あるいは食後の果物代わりにでもお読み下さい。

閣下もご存じのように、私はスペイン国王ご夫妻の委託を受け、二隻のカラベラ船で一四九九年五月一八日に出港し、大洋を越え西方へ発見に出かけました。私はアフリカの海岸に沿って進む針

路を取り、幸運《フォルトゥナテ》の島々、つまり今日カナリア諸島と呼ばれる所まで航行しました。必要な品々をすべて調達し、祈りを唱え、祈願した後、私たちはゴメラという島から出帆し、船首を南西に向け、強い風を受け二四日間航行しましたが、島影ひとつ見えませんでした。二四日目に陸地を望見した時には、カディス市からほぼ一三〇〇レーガ、南西方向へ来ておりました。陸地を望んで私たちは神に感謝を捧げ、ボートを降ろし、一六人で陸地へ向かったところ、そこは木々で覆いつくされており、樹木の巨大さも、まったく落葉しないため緑の濃さも、驚くほどでした。いずれの木も芳香を発散し、その甘い香りに鼻をくすぐられ、私たちは快感に包まれました。上陸に適した場所を探し、夜になるまで一日中、陸地に沿ってボートで進みましたが、浅瀬であるうえ、鬱蒼《うっそう》と茂った木々のせいで内陸に入る通路も、適所も見つかりませんでした。そこで船隊に戻ることにし、別の場所で上陸地点を探すことにしました。この海で私たちは不思議なことを目撃しました。陸地に着く手前、一五レーガ沖でも水は川のように淡水でしたので、私たちはその水をくみ上げ、空になっていた樽を満杯にしました。船隊に戻ると、錨を上げて出帆し、南へ向かいました。と申しますのも、私の目的はプトレマイオスがカッティガーラ岬と名付けた岬を回航することでして、この岬はシヌス＝マグヌスに近く、私見では、緯度と経度から判断して、そこからさほど遠くなかったからですが、それについては後で述べましょう。

海岸に沿って南へ航行すると、陸地から流れ出る二つの大きな川が見えました。一つは西から東へ流れ、川幅が四レーガつまり一六ミリャあり、もう一つは南から北へ流れ、幅は三レーガありました。これだけの大きさですから、この二本の川が原因で海水が淡水になっていたのだと思います。沿岸部はずっと浅瀬でしたので、一つの川にボートで入り、さかのぼって上陸する機会を窺うか、人が住む集落を探すことにしました。四日分の食料を積み、武装した二〇人が乗り込み、川に入って上流に向かって櫂で漕ぎ、ほぼ二日で一五レーガほど進みました。あちらこちら探ってみましたが、ずっと浅瀬で、鳥が飛ぶ隙間もないほど木々が生い茂っていました。こうして川を進むうち、内陸に人が住んでいる明らかな証拠を見つけましたが、カラベラ船隊は横風を受ければ危険な場所に碇泊しており、二日すれば戻ることにしていましたので、その通りにしました。

ここで私は無数の鳥を目にしましたが、形も色も千差万別でして、なかでもオウム（アジアの鳥とイメージされた）は数も多く、種類も豊富で、驚くばかりでした。エンジのような赤もおれば、緑、赤、レモン色、全身が緑のもの、黒や薄桃色のものがいました。木で休む他の鳥のさえずりも甘美で、調べも美しかったため聞き惚れ、うっとりすることが度々ありました。木々は美しく、優美でしたので、私たちは地上の楽園にいるかのような気になりましたが、あちらの木も果実もどれ一つとして、こちらのものとは似ておりません。川には多種多様な魚がおり、姿も形もいろいろでした。

船隊に戻るとすぐに、帆をあげて出発し、舳先はつねに南を向いておりました。沖へ出て南へ四〇レーガほど進むと海流にぶつかりました。それは南東から北西へ流れる海流で、たいへん大きく激しい流れでしたので、危険に晒《さら》され私たちはみな恐怖に震えました。あの海流に比べると、ジブラルタル海峡やメッシーナ海峡などは淀みにすぎません。そこで、流れが舳先の方から来ていましたので、強い風を受けてもにっちもさっちも行きませんでした。まったく進まず、危険でもありましたので、船首を北西へ向け、北へ進むことにしました。私の記憶が正しければ、閣下は宇宙誌に通じておられますので、私たちの船がどこまで進んだかを経度と緯度でお伝えしようと思います。南へ南へと航海して私たちは灼熱帯に入り、北回帰線の圏内に達しました。たしかに、灼熱帯を航海してほんの数日すると、太陽の影を四つ見ました。太陽が正午に天頂《セニテ》に達すると、つまり私たちの子午線上にある時には影がまったくできませんでした。このことを私は乗組員全員に教え、乗組員を証人にしようと何度も思いました。彼らは無知蒙昧の輩で、太陽の軌道が黄道帯を通ることも知りません。ある時は南に影が見え、ある時は北に、またある時は西に、あるいは東に影ができるのを私は見ましたし、一日のうち一、二時間は影がまったくできないこともありました。

灼熱帯をずいぶん南へ航海しましたので、私たちは昼夜平分線（赤道）の下にいて、一方の極ともう一方の極が水平線上の果てにある状態になりました。その線を六度越えると北極星がまったく見えなくなり、小熊座、つまり天空《フィルマメント》を回る見張り星もすっかり見えなくなりました。私は、南極の天空の星（いわば南半球における北極星）を自分が指し示したいと思い、南の極の星の動きを観察し、何日も徹夜しました。どの星の動きがより少ないか、どれが天空により近いかを見定めるため、眠れぬ夜をいくつも過ごし、四分儀や天文儀などいくつもの器具を使ったものの、天空付近で一〇度も動かない星を見つけることはできませんでした。いずれも天空の回りで大きな輪を描きますので、南の極を代表するような星を一つも挙げることができず、内心忸怩《じくじ》たるものがあります。このようなことをしていますと、我らが詩人ダンテの一節を思い出しました。「煉獄編」の最初の章で、ダンテは自分がこの半球を飛び出して、もう一つの半球に行くことを想像し、南極について次のように言っています。

私は振り返って右を見た。目の前には
もう一方の極があり、四つの星が見えた。
昔の人たちだけが見た星が。
空はその美しい炎で輝いていた。
男やもめの北（の極）よ、お前は炎を
未来永劫うばわれてしまったに違いない。

私の考えでは、ダンテは四つの星によって天空のもう一方の極を描こうとしているのです。彼の言うことがでたらめとは思いません。と申しますのも、私はアーモンドの形をした四つの星（南十字星）の動きが少ないことに気づいたからです。神が命と健康を私に授けてくださるならば、すぐにでもあちらの半球に戻り、極を見極めるまで帰らない所存です。要するに私たちは南に向かって航海し、カディス市から緯度で六〇度半（明らかな誤記）も離れたところに至ったのです。と申しますのは、カディス市で極は三五度半の高さにあり、私たちは昼夜平分線を六度越えたところにいたからです。緯度についてはこれだけにいたしましょう。この航海が七月、八月、九月に行われたことをお忘れになりませんよう。つまり、太陽はこちらの半球にずっと居座り、昼に大きな弧を、夜には小さな弧を描きます。私たちが昼夜平分線上、あるいはそこから四ないし六度の範囲にいる間、七月、八月がまさにそうでしたが、昼と夜の差はあまり感じられず、昼と夜は同じ長さに思え、差はごくわずかでした。

経度については知るのにたいへん困り、自分が進んだ距離を経度に正しく換算するのに大いに骨を折りました。いろいろ苦労した結果、夜を徹してある惑星と他の惑星の衝、ことに月と他の惑星のそれを観察するのが最良の方法と思われます。と申しますのも月は他のどの惑星よりも動きが早いためです。私はフェラーラ市の子午線をもとに作成されたヨハネス＝デ＝レギオモンタヌス〔一四三六～七六　ドイツの天文学者〕の天文暦《アルマナク》で確認し、アロンソ王〔一二五二～八四　カスティーリャ王アルフォンソ一〇世〕の天文表《タヴォーレ》の数値と照合しました。幾晩も観察しておりましたところ、一四九九年八月二三日は月と火星の合が起こる日でした。それは天文暦によると真夜中か、その半時間前に起こるはずでしたが、日没から一時間半後に月が水平線から出た時には、その星はすでに東の方へ移っており、月は火星よりも一度数分ほど東側にありました。そして真夜中にはほぼ五度半（一五度半とする研究者もいる）ほど東になっていました。したがって、換算しますと、二四時間で三六〇度ですから、五時間半はいくらになりましょうか。答えは八二度半になります。私はカディス市から経度でそれだけ離れていたことになります。一度を一六レーガと三分の二としますと、カディス市から一三六六レーガと三分の二、つまり五四六六ミリャと三分の二のところにいたことになります。一度を一六レーガ三分の二としたのは、プトレマイオスとアルフラガヌス［九世紀アラビアの地理学者］によると、地球の周囲は二万四〇〇〇ミリャつまり六〇〇〇レーガですから、それを三六〇度で割ると、一度が一六レーガと三分の二になるわけです。それを私は何度も航海士たちの見立てで確認し、本当で、正しいことがわかりました。

ロレンツォ閣下、多くの哲学者たちが今回の私の旅で否定されると思います。と申しますのも、彼らは灼熱帯では暑さのため人が住めないと言っていますが、この度の私の航海で事実はそれとは反対であることが分かったからです。大気は灼熱帯の方が他よりも涼しく、温暖であり、あちらに住む人の数も大変多く、数の上ではよそに住む人を上回っています。その理由は後述しますが、まさに論より証拠なのです。

ここまで私は南へ、そして西へとどれだけ航海したか、お話ししてきましたが、今度は私たちが見つけた土地の様子、住民の性質とその風習、目にした動物のほか、記憶にとどめておくべき多数の事柄について申し上げましょう。私たちが針路を北に向けてから最初に見た有人の土地は島で、昼夜平分線から一〇度離れていました。島に近づくと、海岸に多くの人が見え、不思議なものを見るように私たちを見ていました。岸から一ミリャほどのところに投錨し、ボートの装備を整え、二二人がしっかり武装して陸地へ向いました。こちらが上陸するのを見て、人々は私たちが自分とは種類の違う人間であると気づきました。と申しますのも彼らはまったく髭を生やしていませんし、服をいっさい着ておらず、男も女も母親の胎内から飛び出したままの姿で、恥部を隠そうともしないからです。また、肌の色も異なります。私たちが白いのに対し、彼らは暗褐色や茶褐色なのです。そのため私たちに恐れをなし、みな森の中に逃げ込んでしまいました。身振り手振りでどうにかこうにか信頼させて、話をしました。そしてこの人たちがカムバリ（camballi とあるが、caniballi カニバリの誤記か）と呼ばれる種族であり、その大部分または全員が人間の肉を主食としていることがわかりました。閣下、これは確かなことです。自分の仲間を食べることはありませんが、カノア（カヌー）と呼ばれる船のようなもので航海し、近くの島々や土地から敵対する種族や異種族を捕虜として連れてくる人たちなのです。女性を食べることはせず、奴隷とします。これについて私たちはこの人たちがいる各地で確かめました。というのは、平らげられた人々の骨や頭を何度も目にしましたし、彼らもそれを否定しませんし、彼らと敵対し、つねに恐れている人たちもそうだと言うからです。体の均整はとれ、背が高く、まったくの裸です。弓と矢を武器とし、それを射るほか、盾も持っています。勇敢かつ勇猛で、弓の名手です。最後に彼らと交流する機会をもち、二レーガほど内陸の彼らの村に連れて行ってもらいました。食べ物や求めるものを何でもすぐにくれましたが、親愛の気持からではなく、恐れたためだと思います。丸一日一緒にいた後、仲良くなり、船隊に戻りました。

この島の周りをぐるりと回ると、海岸にとても大きな集落がありました。ボートで陸へ向かったところ、私たちを待ち受けており、皆が食料を担いでいて、自分たちの食材を使ってごちそうを作ってくれました。とても善良な人たちで、厚遇してくれましたので、彼らのものは何一つ取りませんでした。帆をあげて、パリアス湾という湾に入り、とても大きな川の河口の沖で投錨しましたが、この川が原因で湾の水は淡水になっていたのです。海の近くに大きな集落があり、人が大勢いるので驚きましたが、誰も武器は持っていませんでした。ボートで平和裏に陸地へ向かうと、私たちを優しく迎え、自分たちの家に連れて行き、食べ物をあれこれと用意してくれていました。ここで三種類の酒を出されましたが、ブドウ酒ではなく、ビールのような果実酒で、とても美味でした。ここでは新鮮なミロバラン（インド産の果物でスモモの一種）の実をたくさん食べましたが、じつに気品のある果物です。他にもいろいろな果物を出してくれましたが、いずれも私たちの知る果物とは違うもので、おいしく、味も香りも芳醇でした。小さな真珠（アジア物産の典型と思われていた）を数個と大きな真珠を一一個くれたうえ、何日か待てば漁に行くのでたくさん持ってくる、と手振りで伝えてくれましたが、ぐずぐずする気はありませんでした。色とりどりのオウムを多数もらい、和やかに別れを告げました。ここの人たちから、前に名を挙げた島の人たちがカニバリで、人肉を食べていることを知りました。

この湾を出て、陸地沿いに進みましたが、つねに大勢の人がいました。機会があればそのつど交流し、彼らは持っている物を、そして私たちが求めた物を何でもくれました。皆、生まれたままの裸で、まったく恥らう様子もありません。彼らの開けっぴろげな様を細かくお話しますと、不謹慎な話題に触れますので、言葉を控えた方が良いでしょう。

同じ海岸をずっと四〇〇レーガほど航海してから、私たちはそこが大陸であるという結論に達しました。私の考えでは、それはアジアの東の果てであり、西の始まりなのです。なぜなら、獅子・鹿・ノロ鹿・猪・兎などさまざまな陸棲動物を目にしましたが、それらは島ではなく、大陸にしかいないからです。ある日、二〇人ほどで内陸へ入っていくと、長さが八ブラチョ（約一五メートル）、太さが私の腰回りほどもある蛇を見かけました。それを目にしたとたん私たちは足がすくみ、海へ引き返しました。見るからに獰猛な動物や大蛇を私は何度も目撃しました。

陸沿いに航海し、来る日も来る日も無数の、そして言葉の異なる人々を見つけましたが、四〇〇レーガほど沿岸を進むと、こちらとの友好を望まず、弓矢などの武器を手に待ち受ける人たちと出会うようになりました。ボートで陸に向うと、上陸を阻止しようとしますので、こちらも戦わざるを得ませんでした。戦いが終わると、負けているのはいつも彼らで、何しろ裸ですからいつも多くの死傷者を出しました。当方の一六人が二〇〇〇人を相手に戦っても、うち負かし、多数を屠《ほふ》り、彼らの家を略奪したことも一度ならずありました。ある日、黒山の人だかりを目にしましたが、みな武装してこちらの上陸をくい止めんとしていました。私たち二六人は武具に身を固め、奴らが射る矢を防ぐためボートに覆いを掛けました。いつも上陸するまでに何人かが必ず負傷していたからです。相手の必死の防御をかいくぐり、私たちはついに上陸し、懸命に戦いました。彼らは士気を高め、勇敢に立ち向かってきましたが、それは剣がどのような武器か、その切れ味も知らなかったためです。こうして戦ううち、こちらに襲いかかる敵の数はおびただしく、空を覆わんばかりの矢に私たちもこらえきれなくなりました。生きて帰る希望も失いかけ、ボートに引き返そうと敵に背を向けました。撤退し、逃げようとした時に、ボートを見張っていた同僚で五五歳のポルトガル人水夫が、こちらが危険に陥ったのを見てボートから飛び出し、大声でこう叫んだのです。「皆、敵と向き合え。きっと神が勝利を授けて下さるぞ」。そして跪《ひざまず》き、祈りを捧げたかと思うと、インド人《インディオ》たちに猛然と突進していったのです。私たちも皆、負傷した者でさえ彼の後に続きました。すると敵はこちらに背を向け、逃げ出したので、どうにかうち負かし、一五〇人を葬り、一八〇軒に火をつけました。当方も傷が深く、精も根も尽きていましたので、船隊に戻り、ある港に避難しました。ひたすら医者［オヘーダ隊尋問記録で証言したアロンソ］の治療を受けるため、そこに二〇日滞在し、左胸に傷を負った一人をのぞいて全員助かりました。回復すると再び海に乗り出し、同じ海岸部で無数の人を相手に何度も交戦しましたが、勝つのはつねに私たちでした。

航海を続けていると、大陸から一五レーガ沖にある島に到達しました。着いた時には人影が見えず、なかなか良さそうな島でしたので探ってみることにしました。一一人が下船し、道を一本見つけましたので、それに沿って二レーガ半ほど内陸部へ入り込んだところ、一二軒ほどの集落を見つけました。そこには七人の女しかいませんでしたが、いずれも背が高く、どの女も身長が私より一スパンナ半（三〇センチメートル強）以上は高かったのです。女たちはこちらを見て恐れているようでした。その中のリーダー格の女性は落ち着きがあり、手招きで私たちを家に入れ、飲み物をくれました。このような大柄の女性を見て、そのうちの二人を、どちらも一五歳ほどの娘でしたが、捕まえ、両王へ献上することにしました。並みの男よりずっと背の高い娘たちでした。そうこうしているうちに三六人の男たちが帰ってきて、私たちが飲んでいた家に入ってきました。男たちも背が高く、彼らが跪いても立っている私より高いほどでした。身の丈は巨人で、身体の大きさや均整も身長に合っていました。女はペンテシレイア［ギリシア神話で女戦士アマゾネスの女王］、男はアンタイオス［ギリシア神話でリビアに住む巨人］のようでした。連中が中に入ってくると怖じ気づいてしまい、今なお立ち直れない同僚もいます。彼らは弓矢や、剣の形をしたものすごく大きな棍棒を持っていました。こちらの背が低いのを見て、どこの誰なのか突き止めようと話しかけてきました。事を荒立てないよう私どもは平静を装い、身振り手振りで自分たちが穏やかな人間で、世界を見て回っていると答えました。結局、波風をたてずに立ち去ったほうが賢明と考え、来た道をそのまま引き返したのです。彼らは海辺までついてきましたが、私たちは船にたどり着きました。この島の木々の大部分はブラジル木で、品質はレバンテ産にも引けを取りません。

この島から一〇レーガ離れた別の島へ渡り、そこで非常に大きな集落を見つけましたが、ヴェネツィアのように海上に建てられた家で技術を駆使したものでした。それを目にして驚嘆し、家を見学しようとしましたが、近づくと彼らは中に入れまいと抵抗しました。それでも剣の切れ味の鋭さを目の当たりにすると、彼らも私たちを中に入れた方が得策と判断しました。家の中には上質の綿がいっぱいあり、梁はすべてブラジル木でした。綿やブラジル木を没収し、船隊に戻りました。上陸した所にはどこも綿が大量にあり、野原には綿の木が密生していました。世界中のカラック船や商船をすべて集め、この地方で綿とブラジル木を満載してもまだ余るほどでした。

結局、海岸に沿ってさらに三〇〇レーガ航海し、その間ずっと好戦的な人と出くわし、何度も何度も戦い、二〇人ほどを捕まえましたが、彼らの間には七つの言語があり、お互い通じないのです。世界には七七の言語しかないと言われていますが、一〇〇〇は超えるはずです。私が聞いたことのある言葉だけでも四〇以上になるからです。

この地を七〇〇レーガあるいはそれ以上航海し、さらに数々の島を見てきましたが、船の損傷も激しく、あちらこちらで浸水し、二台のポンプでは水をくみ出し切れないほどでした。乗組員も疲労困憊していて、食料も底をつきかけていました。航海士の見立てによると、私たちがいたのはコロン提督が六年前（ママ）に発見したエスパニョーラという島の近くで、距離も一二〇レーガほどでしたので、行ってみることにしました。そこならキリスト教徒も住んでいますので、船を修理し、乗組員を休ませ、食料を積み込むことにしたのです。と申しますのも、その島からカスティーリャまでは一三〇〇レーガの大海があり、陸地は一つもないからです。その島まで七日で行き、二か月ほど滞在し、船を修理し、食料を積み込み、北へ向かうことにしました。そこには無数の人々がおり、私たちは一〇〇〇以上の島を発見し、しかもそのほとんどに人が住んでいました。いずれも裸族で、みな臆病で、あまり勇気がなく、何でも言いなりでした。

私たちが最後に発見した地域には暗礁があり、浅瀬になっているため航海するには非常に危険で、何度も座礁しそうになりました。この海を二〇〇レーガまっすぐ北へ航海しました。乗組員は一年近くも海上で暮らし、一日にパン六オンス（一八〇グラム弱）、水は小さな椀三杯という生活に疲れ、憔悴しており、船も海洋を航行するには危険な状態でしたので、乗組員はカスティーリャの家へ帰りたい、運を天に任せて海を探るのはもううんざりだとこぼしました。そのため私たちは奴隷を捕まえて船に積み込み、スペインへ帰ることにしました。そしていくつかの島へ行き、力ずくで二三二名を捕え、船に乗せ、カスティーリャへ向かいました。六七日で大洋を横断し、アソーレス諸島に着きましたが、ここはポルトガル王の領土で、カディスから三〇〇レーガ離れています。そこで休息し、カスティーリャへ向かいましたが、逆風のためカナリア諸島へ、カナリア諸島からマデイラ諸島へ、マデイラからカディスへ向かわざるを得ませんでした。この航海に一三か月を費やし、何度も危険な目に遭遇し、アジアの広大な土地や多数の島々を発見してきましたが、そのほとんどには人が住んでいました。海図上で何度も計算を繰り返しましたが、私たちの航行距離はおよそ五〇〇〇レーガでした。

結局、私たちは昼夜平分線を六度半越え、その後、北へ向かい、北極星が水平線から三五度半の高さの所（カディス）まで戻りました。西方へは、カディス市とその港の子午線から西へ八四度分進みました。数多くの土地を発見し、多種多様な言語の無数の人々と会いましたが、みな裸族でした。陸地では多くの野生動物、何種類もの鳥、いずれも芳香の樹木を数多く見かけました。真珠や砂金を持ち帰りました。宝石を二つ持ち帰りましたが、一つはエメラルドの色、もう一つはアメジストでして、どちらもきわめて堅固で、長さ半スパンナ（約一〇センチメートル）、厚さは三ディト（約五・四センチメートル）あります。両王陛下はそれらをたいへん愛でられ、ご自分の宝石類に加えられました。水晶の大きな塊も一つ持ち帰りましたが、複数の宝石商によるとそれは緑柱石で、インド人らはそれが大量にとれると言います。女王陛下がいたくお気に召された薄桃色の真珠を一四個、色とりどりの美しい宝石類を持ち帰りました。持ち帰ったこれらの品々は量としてはわずかでしたが、それはどこにも停泊せず、ずっと航海していたために他なりません。カディスに着いて奴隷を売ったところ二〇〇人おりました。もといた二三二人のうち他は航海中に死んでしまいました。船の代金を支払うと、手元に残ったのはおよそ五〇〇ドゥカートで、それを五五等分せねばならず、一人の取り分はわずかなものでした。それでも無事に帰れたことで私たちは満足し、神に感謝を捧げました。何しろ、長旅の間、五七人いたキリスト教徒のうち、亡くなったのはインド人に殺された二人だけだったからです。私は帰国してから二度も四日熱が出ましたが、あまり長引きませんし、悪寒もありませんので、神の御加護を得てすぐ治るものと存じます。いつも以上に話が冗漫にならぬよう、記憶に値することもいくつか省きましたので、それについては筆と記憶の中にとどめておきます。当地では今、新たな発見に行くよう私のために三隻が艤装され、九月中頃には準備が整っておりましょう。神が私に健康と旅の無事を授けて下さいましたら、戻りしだい、大きな知らせをご報告でき、インド洋とガンジス海の間にあるタプロバーナ島を発見できると期待しております。その後、祖国に戻り、老後をのんびり過ごすのが私の夢なのです。

本状ではもうこれ以上あれこれ申し上げません。すべてを覚えてはいませんし、またこれ以上に冗漫にならないために、書かなかったことも少なくありません。

ロレンツォ閣下、これまで私の身に起こったことを手紙で報告して参りましたが、世界を描いた二枚の絵図を閣下にお届けすることにしました。私が自分の手で、持てる知識を総動員して作成した平面の地図と地球儀用の世界図で、フランチェスコ＝ロッティなる男に持たせ、海路お届けする所存です。この者は当地に在住するフィレンツェ人であります。どちらも、とりわけ地球儀は閣下のお気に召すことと存じます。少し前にこちらの両王のために同じ物を作りましたが、好評を博しました。自らお届けにあがりたかったのですが、再び発見に出かけることになったため、余裕も時間もなくなったしだいです。そちらには、世界の姿（宇宙誌）によく通じ、その（世界）図を修正したいという人には事欠かないことでしょう。しかし手を加えたいと思う人は、私が戻るまで待っていただきたい。自己弁護する機会をいただきたいのです。

閣下は、ポルトガル王が二年前に発見のためギネア方面へ送った船隊（ヴァスゴ＝ダ＝ガマ隊）がもたらした知らせについてもご存じでしょう。このような航海は私に言わせれば発見の航海ではなく、発見済みの土地への渡航にすぎません。と申しますのは、地図でおわかりのように、彼らの航海はつねに陸地を目視しながら進み、アフリカの南を回るもので、そこについては宇宙誌の著述家なら誰でも書いているからです。確かにそのような航海は大いに利益をもたらし、今日高く評価されています。とくに、歯止めの効かない欲望が渦巻き、手の施しようがないこの国ではそうです。彼らが紅海を横断し、ペルシア湾に入り、カリクート（カリカット）という町に着いたことは私も存じています。その町はペルシア湾とインダス川の間にあり、今やポルトガル王は新たに一二隻のたいへん豪華な船（カブラル隊）を艤装させ、かの地へ派遣しました。無事に到達すれば大仕事を成し遂げることになりしょう。

一五〇〇年七月一八日。これ以上申し上げることはありません。主が、崇高なる閣下のお命と荘厳なる国家をお守りくださり、ますますの繁栄をお与えくださいますよう。

閣下のしもべ、アメリゴ＝ヴェスプッチ

【ヴェルデ岬書簡】

アメリゴ＝ヴェスプッチが大洋のヴェルデ岬諸島からロレンツォ＝ディ＝ピエルフランチェスコ＝デ＝メディチに宛てた一五〇一年六月四日付け書簡の写し

拝啓。五月八日に差し上げましたのが閣下への最後の手紙でした。そのとき私はリスボンにおり、この度の航海に出かける準備をしていましたが、聖霊の援けを得て旅を始めたしだいです。帰国するまで閣下に手紙を差し上げることはないと思っておりましたが、幸運にも、遠く離れた外洋から一筆啓上する機会を得ました。

ロレンツォ閣下、私が認めました手紙やリスボン在住のフィレンツェ人からの手紙ですでにご存じと拝察しますが、セビーリャにおりました私はポルトガル王に召され、この航海を機に王に仕えるよう求められました。そして先月一三日、リスボンで乗船し、南に針路を取り、今日カナリアと呼ばれる幸運の島々を横目に通り過ごし、アフリカの海岸沿いに航海いたしました。ずっと航行を続け、ヴェルデ岬という岬に着きました。ここはエティオピア地方*が始まる地点で、幸運の島々と同じ子午線上にあり、緯度は平分線（赤道）から一四度のところにあります。偶然にも、そこに停泊中の二隻のポルトガル王の船と遭遇しました。それらは東インド地方から帰る途上にあり、今から一四か月前に一三隻でカリクートへ出かけた船隊（カブラル隊）の一部でした。私はその乗組員たちと大いに語り合い、彼らの旅のことだけでなく、探査した海岸やそこで見つけた財宝や持ち帰ろうとしている物品にも話は及びました。それについてここでごく簡単にお話ししましょう。ただ宇宙誌に基づいたものではありません。と申しますのは、この船隊には宇宙誌学者も数学者も参加していなかったためでして、これは大失態と申せましょう。そこで、聞いたことをそのまま、とりとめなくお話ししますが、プトレマイオスの宇宙誌に則り、多少修正しました。

*当時は、サハラより北をアフリカやリビア、南をエティオピア、西をギネアと呼んでいたが、アフリカの既知の範囲が広がるにつれ、指す範囲も変動した。

このポルトガル王の船隊は一四九九年四月にリスボンを出港し、南へ進み、ヴェルデ岬諸島まで来ました。そこは平分線から一四度ほど離れており、すべての子午線（標準子午線）より西の方にずれ、カナリア諸島より六度ほど西にあると言えましょう。ご存じのように、プトレマイオスもその他の宇宙誌学者の学派もほとんどが、人が居住可能な西の端を幸運の島々としており、天文儀と四分儀で測るところの諸島の位置は（原文破損）度になります。私もそのことを確認しました。経度はもっと難しい問題です。それを知ることができますのは、何日も徹夜し、月と他の星の合を観察したわずかな者だけです。経度計測のため私は睡眠時間を削り、おかげで一〇年は寿命を縮めました。それも致し方ありません。と申しますのも、この旅から無事帰国できましたら、長く名声を博すであろうと期待するからです。神がそれを私の傲慢と見なされぬことを祈ります。すべての苦労は神に奉仕するためなのですから。

さて本題に戻りましょう。先に述べた一三隻の船隊はヴェルデ岬の南へ、南と南西の間の風に乗って進み、二〇日間で七〇〇レーガ（一レーガは四ミリャ半に相当します）航海して、ある陸地に着きました。白い肌で裸の人たちがいたその陸地は私がカスティーリャ王のために発見した陸地と同じですが、もっと東寄りで、その地については別の書簡でお知らせしたとおりです。彼らはそこで新鮮な食料をあれこれ手に入れました。そこを出てから東に針路を取り、南東風に乗って少し東寄りに進みました。陸地からかなり離れてから、南西方向の海の嵐にあい、すさまじい暴風で船隊のうち五隻が乗組員もろとも海の藻屑となりました。彼らの霊に神のお慈悲がありますよう。残り八隻は裸マストの状態で、つまり帆を下げたまま、四八日の間、昼も夜も嵐にもまれました。そしてずいぶん走って、気がつけば喜望峰の風上にいたのです。それはエティオピア海岸にあるらしく、南回帰線の先、一〇度も南になります。つまり平分線からは三三度も南になります。したがって、緯度と比例して、その岬が人間の居住する西端から六二度の経度にあると彼らは考えました。アレクサンドリアとほぼ同じ子午線上にあると言えます。

　そこから彼らはやや北東寄りの方角へ、やはり海岸沿いに進みました。私が思いますには、そこからアジアが始まり、そこが幸福のアラビア《アラビアーフィリチェ》地方（現イエメン）であり、ヨハネ司祭《プレスト＝ジョヴァンニ》の土地なのです。と申しますのも、そこで彼らはナイル川の話を聞いたのですが、アフリカとアジアを分けるとされるこの川が彼らのいた所より西にあったからです。この海岸には無数の集落や都市があり、彼らは何か所かに立ち寄りました。最初に寄港したザファーレ（ソファラ）はカイロに匹敵する規模の町で、金鉱があり、租税として国王に年二〇万メティカル金貨相当分を払っているそうです。一メティカルはほぼ一カステリャーノ金貨に相当します。そこを出るとメジビーノ（モザンビーク）に来ます。多数のアロエと大量の樹脂、絹織物があり、人口はやはりカイロ並みです。メジビーノからは、キルア、モダサ（モンパサ）、モダサからディモダサ、メレィ・ンディ（マリンディ）、さらにモドダスコ（モガディシオ）、カンペライア、ゼンダック、続いてアマアル、ダブール、アルバカロンへ行きました。これらの町はいずれも大洋の沿岸にあり、紅海の海峡まで続いています。紅海の色はご存じかと思いますが、赤ではなく、我らの海と同じで、紅色とは名ばかりなのです。いずれの町も金・宝石・織物・香料・薬種がふんだんにありますが、そこで産するわけではなく、インド方面から荷車で運ばれてきます。すべての商品を挙げると、話がたいへん長くなることでしょう。

アルバルコンから紅海の海峡を渡ると、メッカへ着きます。彼らの船隊の一隻がそこへ向かいましたが、その船こそ、今この岬（ヴェルデ岬）にいる船なのです。ここまで幸福のアラビアの沿岸部についてお話してきました。今度は紅海からインド方面へ、つまり紅海の海峡の内側の話をいたしましょう。

海峡の入口に紅海に面した港があります。オドン（アデン）という名の大きな町で、さらに北へ行くとカマラム、アンスバという港があります。続いてオデインダという港があり、オデインダからラモイン、ラモインからジュダ（ジッダ）へと続くのです。このジュダという港はシナイ山の近くにありますが、その山が砂漠のアラビア《アラビアーデセルタ》にあることはご存じのとおりです。インドやメッカから来る船はいずれもここに寄港します。そしてこの港で香料・薬種・宝石など船の積み荷をすべて降ろすのです。さらにカイロやアレクサンドリアからラクダのキャラバン隊もやって来ます。八〇レーガも向こうからアラビアの砂漠を越えて来るのです。聞いた話では、紅海には浅瀬や暗礁があるため、日中しか航海しません。紅海については他にもあれこれ話を聞きましたが、冗漫になるため割愛します。

次に紅海の沿岸でもアフリカ側の話をいたしましょう。この海峡の入口にゾイケがあり、領主はアジ＝ダラビというモーロ人です。ジュダの港から三日の行程のところにおり、大量の黄金と多数の象を所有していて、食料も無尽蔵との話です。

ゾイケからダルバルイへ。これら二つの港からダルボイアム、アザラにかけて領主はヨハネ司祭です。その対岸にあるトゥイという港は、バビロニアの大スルタンのものです。トゥイからエデム、エデムからゼオンへ。紅海について私が知りえたのは以上でして、後はもっとよくご存じの方にお任せしたいと思います。

さて今度は、メッカの海岸部、ペルシア海の内側について聞いたことをお話ししましょう。メッカを発ち、海岸に沿って進みますと、オルムズという町に着きます。ペルシア海の入口にある港です。オルムズからトゥンス、トゥンスからトゥナス、そこからカパン、レコール、さらにドゥア、トルフシス、パレス、スクカン、さらにタタールへと続きます。これらの町はいずれも人口稠密で、ペルシア海に面しています。私が帰る頃にはもっと増えていると思います。じつは以上はガスパールという人物が語った話の受け売りにすぎません。彼は信頼できる人物で、カイロからモレッカ（マラッカ）という地方まで踏破したのですが、そこはインド洋沿岸にある地方です（プトレマイオスがゲドロシアと呼ぶ地方（パキスタン西部、イラン南東部）のことと思われます）。ペルシア海は非常に豊かだという話ですが、鵜呑みにすべきではありません。あとは、実情をよくご存じの方の筆にお任せします。

さて次はペルシア海の海峡からインド洋への沿岸について、この船隊に参加した多くの人がしてくれた話をしましょう。とりわけ、例のガスパールはさまざまな言葉に通じ、多くの地方や町の名前を知っています。実際、彼はポルトガルからインドまで二度も航海しておりますので、その話は信用できましょう。

ペルシア海峡の入口から、ザブルという町へ行きます。ザブルからはゴガへ、ゴガからゼデウバへ、さらにヌイ、バカヌール、ついでサルール、マンガルール、バテガラ、カルヌール、ドレメペタム、ファンドラナ、キアカット、そしてカリクート（これは大きな都市で、ポルトガル船隊はここに停泊しました）へと続きます。カリクートの後はベルフール、スカイラット、レモンディ、パラヴランガリ、タヌイ、プロポルナット、クニナム、ロナム、ベリングット、パルール、グロンゴロール、コチン、カインコロン、テインクゥオロン、カイン、コロンカラム、スコモンデル、ナガイタン、デルマタン、カレパタン、コニマット。以上がポルトガル船隊の到達した地点です。この航海で経度、緯度は計測されませんでしたが、それを知るための航海術に慣れていない人にはできないことなのです。先に述べた箇所の大部分を、この度の航海で私はもう一度訪れ、探査し、さらにたくさん発見したいという希望を抱いております。帰国した暁には、さまざまなことについて嘘偽りのない確かな報告をいたします。聖霊のお恵みがありますよう。

以上がガスパールの話でして、いくつかの現場に立ち会ったキリスト教徒の多くもそれで間違いないと申しております。彼は、インド内陸部のパルリカットという王国にも行ったのですが、たいへん大きな王国で、黄金・真珠・宝石・貴石がふんだんにあるとの話です。彼はまた内陸部のマイレプール、ギアパタン、メラータ、タナセール、ペギオ、スカルナイ、ベンゴラ、オテザン、マルキンなども訪れたと言っています。マルキンの近くにはエンパルリカットという大河が流れており、エンパルリカットの町には使徒の聖トマス［インド伝道者とされる使徒］の遺骨があって、キリスト教徒も数多くいるのです。

他にもいろいろな島に行ったことがあるそうです。なかでも周囲が三〇〇レーガもあるジロン（現セイロン島）という島は、かつてはさらに四〇〇レーガあったものの、海や川に襲われた（津波？マンデヴィルにも同じ話がある）のです。この島は宝石・真珠、ありとあらゆる香料・薬種、その他の財宝に恵まれ、象や馬も多数いるようで、彼の話から判断するかぎり、これこそタプロバーナ島であろうと推測されます。ところが、彼はタプロバーナという名前をその地方で聞いたことがないと言うのです。この島がインダス川（河口）の沖にあることは閣下もご存じのとおりです。

同じく、彼はスカマタラ（現スマトラ島）という名の島にもいたことがあるそうです。そこはジロンと同じような大きさで、あまり離れていません。そのうえ豊かさでも引けをとりませんから、ジロンがタプロバーナでないとすれば、スカマタラがそうなのかもしれません。この二つの島からペルシアやアラビアへ、ありとあらゆる香料・薬種・宝石を満載した船が無数にやってきます。その地方から来る数多くの船を彼らは目撃していますが、たいへん大きな船で、容量は四万から五万カンタラ（スペインのキンタルに相当する重量単位だが、地域により違う）もあり、ジャンク船と呼ばれているそうです。大型船並みのマストを何本か備え、各マストに中檣帆が三ないし四枚あります。帆は葦でできており、鉄製ではなく、紐で織り込んでいます（かの地の海はあまり荒れないためだと思われます）。彼らの船は臼砲《ボンバルダ》を乗せていますが、船足は遅く、海岸を離れて沖を航海するわけでもなく、つねに陸地を目視しながら航海します。このポルトガル船隊がカリクートの王の要請に応えるために、船を捕まえたことがあります。その船は象や米のほか、三〇〇人以上の人を乗せていましたが、七〇トンのカラベラ船が拿捕したのです。またある時は一二隻を沈めました。その後、アラブガ、マルーカ（モルッカ）という島や、インド洋に浮かぶ多くの島々へも足を運びました。それらはいずれも、プトレマイオスによると、タプロバーナの周辺にある豊かな島々です。

この船隊はポルトガルへ向かいましたが、帰路、残っていた八隻のうち、多くの財宝を乗せていた船が行方不明になりました。一〇万ドゥカートの価値があったという人もいます。嵐で五隻が旗艦から見えなくなりましたが、そのうち一隻は、先に述べたように、ここに到達しました。残りの船も無事に来ると信じています。神が嘉《よみ》されますよう。

これらの船の積載する品物は次のようなものです。肉桂・生生姜・乾燥生姜、多くの胡椒、丁子・肉荳蔲・荳蔲花・麝香・霊猫香・蘇合香・安息香・スベリヒユ・肉桂枝・乳香・焚香・没薬、赤と白の白檀、キダチアロエ・樟脳・竜涎香・漆・瀝青・藍・亜鉛・阿片・蘆薈・インド葉などの薬種＊で、他にも挙げればきりがないほどです。宝石の量はわかりませんが、ダイヤモンド・ルビー・真珠はたくさん見ました。なかでも私が見たのは未加工のルビーで、色も非常に美しく、重さが七カラット半もありました。これ以上詳しくは申し上げられません。と申しますのは船が（本文欠落）で、書く余裕がありません。ポルトガルからまた知らせが届きましょう。要するに、ポルトガル王は多大な富と交易を手にしたのです。神がそれを増やしてくださいますよう。香料は、質や価格によって、これらの地方からアレクサンドリアやイタリアへと流れていくのでしょう。それが世の流れなのです。

＊肉桂《にくけい》（cannella）はシナモン：生姜《しょうが》（gengiavo）：胡椒《こしょう》（pepe）：丁子《ちょうじ》（garofani）はクローブ：肉荳蔲《にくずく》（noci moscad）はナツメグ：荳蔲花（mace）はナツメグの種皮を乾燥させたメース：麝香《じゃこう》（muschio）はマスク、霊猫香《れいびょうか》（algalia）シベット動物性香料：蘇合香《そごうこう》（istorac）はフウの樹脂ストラックス：安息香《あんそくこう》（bongioui）エゴノキの樹脂ベンゾイン：スベリヒユ（porcellane）：肉桂《にくけい》枝（casia）はカシア：乳香《にゅうこう》（mastica）と没薬《もつやく》（mirra）は芳香ゴム樹脂：焚香《ふんこう》（incenso）：白檀《びゃくだん》（sandali）は香木：キダチアロエ（lrgno aloe）：樟脳《しょうのう》（canfora）：竜涎香《りゅうぜんこう》（amba cane）は海洋動物性の香料：漆《うるし》（lacca）：瀝青《れきせい》（mumia）：藍《あい》（anil）：亜鉛（atuzia）：阿片《あへん》（oppio）：蘆薈《ろかい》（aloe patico）：インド葉（folio indico）はインド－シナモンか。

ロレンツォ閣下、ここに書いたことは嘘ではありません。地方・王国・都市・島などの名前が古代の著述家の名称と合っていないとすれば、名前が変わったということです。それはヨーロッパでも珍しいことではなく、古い名前を聞くことはめったにありません。嘘でないことをジェラルド＝ヴェルディがさらにはっきりさせてくれましょう。これはカディス在住のシモン＝ヴェルディの弟で、彼もその場におりました。彼は私の旅仲間で、閣下にお仕えする所存です。

今回行っている私の航海は、人間らしく気ままに生活しようとする者には非常に危険なものです。しかしながら、私は神に仕え、世界の役に立ちたいと心に決め、参加しました。神が私の働きを認めてくだされば、力を授けてくださるでしょう。神がどのような思いでおられようと、覚悟はできています。私の霊魂に永遠の安らぎを与えてくださるのならば。

【リスボン書簡】

ポルトガル国王陛下により発見を命じられた新しい陸地から戻ったアメリゴ＝ヴェスプッチから、一五〇二年にリスボンよりロレンツォ＝ディ＝ピエルフランチェスコに届いた書簡の写しロレンツォ閣下。まず、謹んでご挨拶申し上げます。最後に閣下へお手紙を差し上げましたのは、ギネア海岸のヴェルデ岬という場所からでした。その書状で私の旅の前半部分についてお話ししましたので、本状では旅のその後を結末まで以下のとおりご報告します。

ヴェルデ岬を出た当初は順調で、水も薪も他の器具類も、新しい陸地を探すべく大洋を沖へ沖へと進むにあたって必要なものはすべて整っていました。私たちは南西と南の間に針路をとって航海し、六四日で新しい陸地に到達しました。後述するさまざまな根拠にもとづき、そこは大陸であると私たちは見ています。その陸地に沿って八〇〇レーガ近くも航行しましたが、針路はつねに南西と南の間でした。その土地は人口も多く、私たちは神と自然が織りなす不可思議な業を数多く目にしました。それについては、これまでの航海でもしてきたように、閣下にご報告いたします。

この海洋を航海して私たちは灼熱地帯に入り、昼夜平分線を、さらに南回帰線を越えました。南の極が私の水平線より五〇度も上にあったので、平分線からもそれだけ離れていたことになります。私たちは九か月と二七日も航行しましたが、その間、北の極も大熊座も小熊座もまったく見えませんでした。反対に、南の空には明るく美しい星がいくつも現われていましたが、それらは北半球では見えない星でした。そこで私はそれらの星の動き方や大きさなど不思議な仕組みを記し、軌道の径を測って図式で書き表しました。他にも天空の動きに関して気づいたことが多々ありますが、それを書き連ねるのは冗漫になりましょう。しかしながら、この航海の間、私が経験した特筆に値する事柄についてはすべてささやかな作品に書きとめました。いずれゆとりができましたらそれを整理し、死後に多少なりとも名声が残せればと願っております。要約して閣下にお届けするつもりでしたが、小品は（ポルトガル）国王陛下がお手元に保管されているため、返却していただければ、そうする所存です。結論から申し上げると、私は対蹠地《アンティポディ》へ行ったのです。つまり、私の航海は世界の四分の一に及んだのです。かの地で私の天頂が最高に達した時、こちら北半球の緯度四〇度に住む人のそれと直角をなしていました。この件に関しては以上です。

さて、私たちがかの地で目にした土地・住民・動物・植物、そのほか人間の生活に役立つ身の回りのものについてお話しましょう。

そこは快適で、緑豊かな巨木が群生していて、落葉することなく、いずれも馨《かぐわ》しい香りを発し、たわわにつけた実は味もたいへん優れ、体にも良いものでした。野原は無数の草花で覆われ、じつにまろやかで美味な根菜類が育ち、私は草花の心地よい香りと果物や根菜の旨さに心を奪われ、自分が地上の楽園の近くにいるのではないかと思ったほどでした。いま挙げたような（食べ）物に囲まれますと、楽園が近いと考えても致し方ありません。おびただしい数の鳥、その羽根、色彩、千差万別のさえずり、美しさについては言葉もありませんし、申し上げても信じていただけないでしょうからこれ以上は言葉を控えます。数限りない野生の動物を列挙できるものがいるでしょうか。

無数の獅子や豹、さらに猫はスペインのものとは違い、対蹠地のもので、オオヤマネコ・狒々《ヒヒ》・ある種の猿《ガッティ・マモーニ》は数多く、大蛇もたくさんいます。他にも多数の動物を目にしましたが、とてもノアの箱舟に入りきれないほどです。猪・ノロ鹿・ダマ鹿・野兎・兎も多数います。一方、家畜はまったく見かけませんでした。

理性を具《そな》えた動物に話を戻しましょう。いたるところで私たちは全身裸の人たちを見ましたが、男女とも恥部を隠そうともしません。体格は立派で、均整も取れています。肌の色は白く、黒髪を長く伸ばしていますが、髭を生やした者はほとんどいません。暮らしぶりや風習を知りたいと思いましたので、二七日間、彼らと寝食を共にしました。私が知りえたのは次のようなことです。

彼らには法律も、宗教もまったくなく、自然のままに暮らし、魂の不滅など知る由もありません。また、私有財産というものもなく、すべてを共有しています。王国や地方の境界もありません。王はおらず、誰にも仕えていません。それぞれが自分自身の主だからです。裁判もありません。彼らには物欲というものがなく、裁判など必要ないのです。山小屋《カパンナ》風のたいへん大きな家で共同生活を送っています。彼らには鉄などの金属がありませんので、そのような小屋あるいは家は立派なものだと言えましょう。長さ二二〇パッソ（一パッソは約七〇センチメートル）、幅三〇パッソもある、技巧を凝らした家を何棟か見ました。そこに五〇〇人から六〇〇人も暮らしています。空中に吊った綿織りの網で、掛け布なしで寝ます。地べたに座って食事をし、根菜や葉もののほか、美味な果物も多く、魚介類は種類も数も言い尽くせないほどです。雲丹・蟹・牡蠣・大海老・小海老など海産物に恵まれています。彼らが口にする肉、しかも普通に食べているのは、後述するように、人肉なのです。他の動物の肉や鳥肉が手に入ればそれも食べますが、そのような機会はほとんどありません。彼らには犬がおらず、土地は鬱蒼とした木々に覆われ、獰猛な野獣が跋扈《ばっこ》していますので、まとまった人数でないと森の中へ入ることがないからです。

男は自分の唇や頬に孔をあけ、その孔に骨や石を通します。しかも決して小さな孔ではありませんし、たいていの連中は少なくとも三つ、なかには七つから九つも孔をあけた者もいます。その孔に緑や白の雪花石膏《アラバスター》を通しているのですが、長さは半パルモ（一〇センチメートル強）ほどで、大きさはカタルーニャの李《すもも》ほどもあり、とてもこの世のものと思えません。自分をより獰猛に見せるためにそうしているらしいのですが、下品の極みです。

彼らは一人の女性と結婚するのではなく、好きなだけ娶《めと》り、大げさな儀式も行いません。私たちが知り合った男たちの中に一〇人も妻がいる者もいました。妻に対して疑り深く、妻の誰かが良からぬことをすれば、罰として殴り、放り出して離縁します。たいへん子沢山ですが、私有財産がないため相続はありません。自分の子どもが、つまり娘が子を生める年齢になると、父親以外で最も近い親戚が最初にその娘を破瓜しなくてはなりません。その後で結婚させるのです。

かの地の女性は私たちのとは違い、お産のときも儀式ばったことをしません。何でも食べますし、お産の日に外へ出て体を洗い、痛がることもほとんどありません。

彼らはたいへん長寿で、四世代も子孫のいる人が何人もいました。彼らは日にちや年月の計算ができませんが、太陰月で時間を表わします。何かの時間を示すときには石ころで表わし、ひと月につき石ころを一個置きます。私が出合った最年長の人は一七〇〇か月も生きてきた、と石ころを置いて示しました。一年を一三太陰月としますと、一三二歳ということになります。

また彼らは戦いが好きで、敵にはきわめて残虐です。彼らが使う武器はペトラルカの言う「颪まかせ」［『カンツォニエーレ』］のもの、つまり弓矢・投げ槍・石つぶてなどで、生まれ出たままの裸体には何も防具をつけません。戦場では秩序らしい秩序もなく、長老たちの助言に従う程度です。戦闘になると残忍な殺し合いが行われ、戦場を支配した側は亡くなった仲間をみな埋葬しますが、敵の戦死者は切り裂いて食べてしまいます。捕えた者は捕虜とし、家で奴隷として使い、女なら床を共にし、男なら娘と結婚させます。そしてある時期、悪魔さながらの激情に襲われると、親戚や村人を招き、その人たちの前に彼らを、つまり母親とその腹から生まれた子どもを全員並べ、儀式をした後、弓を射て殺し、食べてしまうのです。奴隷やその子どもたちがそのような日にあうのです。彼らの家には燻製にした人の肉がたくさんありましたから、これは確かなことです。犠牲《サクリフイシオ》というより妖術《マレフイシオ》に捧げられそうになっていた一〇人の男女を私たちが買い受け、彼らをきびしく叱責したのですが、改心するかどうか怪しいものです。彼らの戦争と残虐行為に関して私が最も驚いたのは、戦争の原因を彼らに聞いてもわからなかったことです。私有財産があるわけでも、帝国や王国を領有しているわけでもありませんし、物欲たるものも知らないため、あらゆる戦争や無秩序の原因と思われる財欲や支配欲もありません。原因を尋ねてみましたが、大昔にこの災いが始まり、自分たちは亡き祖先の弔い合戦をしているとしか答えません。要するに、獣のなせる業です。彼らの一人は二〇〇体以上もの人肉を食べたと告白しましたが、大げさではないと思います。

風土に関して言えば、ここは快適、温暖かつ健康的な土地で、私たちが一〇か月にわたって当地を踏査した間に、仲間の誰一人として死なず、病気になった者もほとんどおりませんでした。前にも申し上げたとおり、彼らはたいへん長生きですし、ペストや空気の汚れによる疫病もありません。自然死か、人が手をかけて窒息させるしかありませんので、医者もここでは生活が大変でしょう。

私たちは発見《ディスコプリーレ》（当時は「調査・探検」ほどの意味）の名目で航海をし、そのような使命を帯びてリスボンを出たのであり、利益を求めてはいませんでしたので心置きなく土地を探索し、儲けは度外視していました。そのため、そこに何か役に立つものがあるのか尋ねることもしませんでした。いかなる富も産出しないと私が判断したからではありません。何しろ風土は申し分なく、恵まれた緯度帯に位置しているのです。利益を生むものをまったく見聞きしなかったのも何ら不思議ではありません。何しろ、そこの住民は金銀財宝には目もくれず、前にも申し上げたとおり、羽根や骨にしか関心がないからです。国王陛下が視察《ヴィジターレ》するよう命令を下されれば、ポルトガル王国に多大な利益と収入をもたらすのにさほど年月はかからないと期待しております。

私たちは無数の、しかも良質のブラジル木を見つけました。今日航海しているすべての船に満載できるほどあり、しかもカシアの木と同様、原価はいっさいかかりません。水晶も見かけましたし、香料や薬種の多種多様な味と香りが充満していましたが、いずれも初めて目にしたものばかりでした。この国の人たちは黄金などの金属や草根木皮に不思議な効能があるという話をします。しかし、私は聖トマス［アクィナス、一二二五〜七四］と同じ意見でして、時間がすべてを明らかにすると思っています。

空はほとんどいつも澄みわたり、きらめく無数の星で飾られています。すべての星の軌道を私は記録しました。

以上、私がかの地で見たものの中から重要事項のみをかいつまみ、お知らせしました。他にも記憶に値すると思われる事柄はたくさんありますが、冗漫にならぬよう割愛しました。それについては私の「旅行記」でご覧いただけましょう。

私はここリスボンに留まり、国王陛下が私にどのような沙汰を下さるのか待っています。私が神のお役に立ち、私の魂が健全であることを神が嘉されますよう。

【リドルフィ断片書簡】
リスボンからフィレンツェのロレンツォ＝ディ＝ピエルフランチェスコ＝デ＝メディチ宛て（一五〇二年九月～一二月？）

（…原文破損…）　夜は長く、昼は短くなり、差が開いていく気がしました。確かに、私たちが（南緯）五〇度に達したのは海上においてであって、陸上ではありませんでした。陸地を離れた時（の緯度）はせいぜい三二度で、そこから南東《シロッコ》の方向へ航行し、先述の五〇度に到達したのです。陸地はありませんでしたが、目にした多くの証拠から陸地が近いと判断しました。種類もさまざまでおびただしい数の鳥、海上に浮かぶ無数の木ぎれが確かな証拠と言えましょう。しかし、海は荒れ狂い、水が冷たいうえ、一六か月におよぶ航海で船の損傷は激しく、乗組員は食料不足に喘《あえ》ぎ、疲労困憊していました。他にもあれこれありましたので、その陸地の探検をあきらめ、一路、ポルトガルへ引き返すことにしました。私たちが到達し、引き返した地点は、リスボン市から南へ直線距離でおよそ一六〇〇レーガの所でした。地球《テッラ》の円周を二万四〇〇〇ミリャとすると、私たちはリスボン市から南へ九二度近く航海したということになります。つまり、地球《モンドーテレストレ》の四分の一以上になることがおわかりでしょう。

あちらの人たちは裸で生活していると前に言いました。自説の擁護には、自然の理《ことわり》を挙げ、数え切れぬほどの人をこの目で見たと言えば十分でしょう。貴殿はご自分たちが第六もしくは第五緯度帯《クリマ》*の端にいて、あの者たちは第七にいると理解しておられ、私たちが何枚も服を重ねているのに、裸の彼らはどうして寒さをしのげるのか、などと問われますが、それは議論しても意味がありません。大哲学者も言うように、習い、性となるからです。実際、これまで三度の航海でどれだけの陸地を私は探検航海したことでしょう。そのうち二度は、大洋《オチェアノ・マーレ》を西方へ航海し、さらに南と南西《リベッキオ》の間に針路をとり、三度目は大西洋《マーレ・アトランティコ》を南へ航海しました。これらの航海で私は大陸沿岸を二〇〇〇レーガほど、島を五〇〇〇以上も見てきました。ほとんどの島には人が居住しており、大陸部は無数に人がおりいっぱいでした。しかし、服を着た人はひとりも見ていません。それどころか、男も女も自分の恥部を隠そうともしないのです。私が見、航海した陸地は次の二本の回帰線、つまり緯線の間に含まれる範囲です。一本は北にあり、昼夜平分線から三三度離れ、もう一本は平分線から三二度離れています。しかも一本の子午線に沿って（の航海）ではなく、何本もの子午線を越えました。緯度については、前にも申し上げたように、私は九二度に及ぶ海陸を旅してきました。そしていくつもの子午線を越えてきました。私が越えた最も遠くの西方の子午線は、このポルトガルの都の子午線とは五時間と三分の一の違いがあり、フェラーラのそれとは八時間近くの差がありました。これは標準時間（彼岸の頃の一時間。当時は時期により一時間の長さが異なった）のことご理解ください。私の正しさを手短に証明し、意地の悪い連中の発言から我が身を守るために言っておきますが、私はそれ（経度）を月と惑星との食や合によって知ったのです。私はいく晩も徹夜をし、二つの星や彗星の運行・合・星位・食について記し、先哲たちの作成した計測表と照合しました。つまり、賢王アルフォンソが天文表で、ヨハネス＝デ＝レギオモンタヌスが天文暦で、ブランキヌス［ヨハネス、フェラーラ出身の天文学者］、ユダヤ人ラビのザクート［アブラハム、サラマンカのユダヤ人天文学者］が万年天文表で記していることです。ちなみにアルフォンソ王はトレド、ヨハネス＝デ＝レギオモンタヌスはフェラーラ、後の二人はサラマンカを基準子午線としています。確かに私はあれだけ西方にいたのですが、そこは無人ではなく、人口稠密《ちゅうみつ》で、アレクサンドリアから一五〇度、つまり標準時間で八時間も離れているのです。まだ信じられないという疑り深い人、あるいは意地の悪い人がいるなら、私のところへ来ればよろしい。理由をあげ、権威と証拠に基づいて説明してあげましょう。経度についてはこれで十分でしょう。私が多忙でなければ、自分で観察した多くの合に関して詳細を解説して送りたいところですが、その件に関わりたくありません。これは本読みがいだく疑問であって、貴殿がなさる質問とは思えないからです。以上です。

＊年間最長の日照時間によってオイクメネを七つの帯状区域に分けたもの。目安となる緯度は第五が四〇度、第六が四五度、第七は四八度（いずれも概数）。

あちらにいる人たち（の肌）は白くて、黒くはない、特に灼熱帯の住民がそうだと私が言ったことに関して意見がある人に、哲学に敬意を払いつつ、お答えします。灼熱帯に住む人の誰もが皆、エティオピア人やエティオピア地方に住む人々の大部分のように、生まれつき、あるいは血の気が多いせいで色が黒いということには必ずしもなりません。それというのも、前にも申し上げたとおり、私はモロッコからエティオピアの端までずっと、昼夜平分線を南へ三二度も越えたところまで航海し、アフリカやエティオピアの各地に赴いたことがあります。そしてカティン岬（サフィ。九五ページ参照）、アンギーラ岬（不詳）、サナーガ（不詳）、ヴェルデ岬、リオーグランデ（ガンビア付近？）、平分線から七度のところにあるシエラーレオネまで足を伸ばし、無数の人と会い、話をしました。いずれも肌の色は黒いのですが、場所により濃淡があります。先の見解は哲学者によるものですが、どう思われようとも、私は自分の考えを引っ込めはしません。（肌の色に違いがある）第一の原因はその地の風土にあると見ています。エティオピアは全土が人口希薄で、淡水が不足し、雨もめったに降らず、土地は砂が多く、太陽の熱で焼かれ、砂漠がどこまでもひろがり、森林はごくわずかしかなく、吹く風は主に、暑さを運ぶ東風や南東風だからです。また、生まれにより彼らの肌の黒さは体質となってしまったからでもあり、このことはこちらでも確認できます。黒人からは黒人が生まれます。白人の男と黒人女性が結婚して生まれてくる子は暗褐色で、母親ほど黒くなく、父親ほど白くありません。その反対も言えましょう。これは生まれと習慣は風土よりも強く作用するという証です。したがって、結論を申せば、先述のアフリカやエティオピアと同じような地域、つまり私が見た同じ緯度の地域はもっと快適かつ穏やかで、風土も良好ですから、これが人々の肌も白い原因でしょう。（白い）とはいえ、獅子のたてがみの色に近いのです。その理由は前述したように、あの地方はエティオピアより大気が穏やかで、だんぜん快適な土地で、淡水も豊富にあり、ほぼ毎日、朝露がおり、風は南または北から吹くため、エティオピアのような焼けつく暑さがなく、風が吹き、露がおりるので木々は緑を保ち、落葉しないのです。これは本当のことで、信じられないというのであれば、私のように自ら行って見てくることです。密林や森林があちらには数多くあり、木々はきわめて巨大で、つねに緑を保ち、こちらのとは形が異なるのですが、感嘆に値します。しかもその大半は樹液・ゴム・油を出し、芳香を発散させます。この件に関してはさらに詳述し、太陽の通り道での衝や、かの地で力をもつ第八天球の天体について論じてもよいのですが、あれこれ理屈を並べるのはやめ、賢明な方々の判断に委ねることとしましょう。

私が南回帰線を越えたのかと尋ねておられますが、書簡を見ていただければわかります。南回帰線は昼夜平分線から二三度五一分離れており、私は南極圏のすぐ近くの五〇度まで行ったのです。じつにくだらない質問です。

すでにお話ししたように、向こうの半球では四季が私たちの半球とは反対になります。太陽が白羊宮の第一点に入ると、私たちには春ですが、彼らには秋なのです。太陽が巨蟹宮《きょかいきゅう》にいるときには私たちは夏ですが、彼らは冬なのです。同じことが天秤宮《てんびん》や磨羯宮《まかつ》でも起こります。私が経験した最も長い昼間は一二月の半ばで、逆に、夜が最も長かったのは六月半ばでした。以上の件は私が自分の計測儀を総動員して何度も観測しました。

貴殿はかの地が寒冷であることを示す根拠として、太陽が巨蟹宮の第一点にいるときにあちらでは光線が最も遠くから来ると言っておられますが、これは間違っています。というのも、数学的に証明されているように、太陽はその円周軌道に二つの点があり、一つは遠地点、もう一つは反遠地点と呼ばれることはご存じでしょう。太陽が遠地点にあるとき、つまり私見では巨蟹宮の第三点にいるとき、太陽は他のどの時期よりも地球から直線距離で遠く離れています。そのため、こちらでは空気がひんやりするはずなのですが、それと反対のことが観察され、その時期には暑さが最もひどくなります。そのようになるのは、その時期、太陽がこちらの天頂に最も近づき、太陽の光は最も垂直に近い形で降り注ぐからなのです。そのため、この地方で大気中から生じる濃い水蒸気（雲や霧）もすぐに消えてしまいます。そこで、太陽が巨蟹宮の第三点にいるときは、向こうの半球の人たちには（太陽が）最も横から入ってくることになりましょう。そこで私たちに対してあの地方ではその時期たいへん寒く、ちょうど太陽が反遠地点の磨羯宮の第三点近くにいるころの寒さになるのです。つまりこちらは最も太陽が傾き、最も横から日が射し、高く上がった水蒸気を消散するほどの力がない時期で、向こうの半球の人たちと同じなのです。他にもあれこれ無数の理由を挙げることができますが、とりあえずこれでよしとしましょう。

私が書簡の第一節の末尾で言った二本の線、つまり私の天頂の線と緯線が交差して直角をなすという点に関する貴殿のご意見についてですが、私は本当のことを申しましたし、今も言っています。ただ、貴殿がそのくだりを誤解しておられるのです。もし私の天頂から一本の線を垂直に引き、もう一本の線を、昼夜平分線から四〇度離れたリスボン市の子午線から引けば、それが世界の、（…原文破損…）の円周の（…原文破損…）分の一、になることがおわかりいただけるでしょう。私が走破した緯度を数で示すには、以上の説明も不都合ではないと存じます。

また、私たちの間では評価され、大いに価値が認められている黄金などの富をかの地の人たちは評価していないとも申しました。ところが、彼らから奴隷を買いとったとも言っているため、矛盾だとあげつらわれていますが、これはいわれのない非難で、それに応じるのは時間の浪費であり、紙とインクの無駄遣いと思えます。そんな質問をする輩は学究《マテマティコ》の徒ではなく、学窮《メターマスティカ》の徒と呼ぶべきでしょう。前に言ったように、あちらの人たちの生活ぶりは禁欲的《イストイカ》あるいは観念的《アカデミカ》ではなく享楽的《エピクラ》です。というのも、繰り返しますが、彼らは私有財産をもたず、王国や地方の境界線もなく、すべてを共有しているからです。そこで、彼らが私たちに奴隷をくれた、あるいは売ってくれたと私が言ったのは、金銭でいくらという売却ではなく、ただ同然でくれたという意味なのです。二束三文の木櫛や鏡と交換で（原文破損）を一頭くれたのですから。その後は、世界中の金をすべて積もうが、彼らは（一度手に入れた）櫛や鏡と交換しようとしませんでした。何度も黄金の十字架や真珠の指輪をあげようとしましたが、ほしがらないのです。しかも、私たちが彼らの持ち物の中で最も貴重なものをねだると、見返りの品を何もあげなくても、くれるような人たちなのです。その証拠にこの話をしましょう。カスティーリャの両王のために二度目の発見航海をしたときのことです。ある土地で物々交換し、私たちは一一九マルコの真珠を手に入れ、それらはカスティーリャで一万五〇〇〇ドゥカートと評価されましたが、元手は一〇（ドゥカート）もしませんでした。私の場合、あるインディアス人《インディアーノ》に鈴を一個あげたところ、真珠を一五七個ももらい、それだけで一〇〇〇ドゥカートの値打ちがありました。しかも彼はそれで損をしたとは思っておらず、鈴を手に入れるが早いか口の中にいれ、さっさと森へ帰っていき、再び会うことはありませんでした。こちらが後悔するのではないかと、彼は思ったのでしょう。お話ししても信じていただけないようなことが他にもあれこれ起こりました。彼らにとって財宝と言えば鳥の羽根や魚の骨といった類ですが、それは富というよりも、遊びに出かけたり、戦争に行く時に自分の身を飾るためのものなのです。さて、彼らの村どうしが戦い、捕虜をとりあうとも述べましたので、中傷屋には私が矛盾したことを言っていると思えたかもしれません。と言いますのも、戦争したり、捕虜をとるのは支配欲や現世的な財欲によると思われたのでしょうが、彼らはそのような欲から戦っているのではありません。私も争いの原因を聞いてみましたが、昔からのことだからとしか言いません。自分の親もそうしていたし、親が言い残していったからと言うだけで、他には理由を言いません。私が思いますに、人肉を食すのを常とする彼らのことですから、たがいに相手を食べようと戦っているのです。残酷で、非理性的な習慣です。これについては以上で終わります。

昼夜平分線を通過した直後、磁石というか、磁針あるいは針がどのような動きをしたかもお尋ねです。ずっと北を指しながらも、北西から四分の一の方角を向いていた、というのが私の答えです。磁針の尾は常に南極を指していましたが、南東から四分の一の方角を向いていたのでそう言えるのです。航海中、ずっと同じ磁針を使っていました。つまり、磁石は南（半球）でも、北でもなんら変わりないということです。

緯度帯の記述については、正確を期すべきであったとおっしゃっていますが、私のことを信用しておられないとは驚きです。私たちのいるこちらの半球には各緯度帯の始点、中間点、終点があり、どちらの半球でも各惑星はそれぞれの軌道を動いており、第八天球の星は（…原文破損…）、したがって、第一および第七緯度帯の始点、中間点、終点は昼夜平分線の地帯でもこちらの半球と同じであるというのが答えになります。これに関しては以上でよしとしましょう。

日周弧と夜周弧および、私がかの地にいた期間の詳細については、あまり大した問題ではなく、中身も乏しいと思えます。私がかの地にいた九か月と七日の間、昼間および夜間の長短さまざまな弧をすべて見たからです。私的な手紙（の内容）についてどこの無知蒙昧の輩が貴殿にそのような質問をしたのでしょうか。じつを言えば、自分の書いた手紙が何か大それた作品と見なされているようで面映ゆいのですが、私はほんのたまたま、内輪向けの手紙のつもりで書いたにすぎません。

とはいえ、私は神の温情に期待し、神があと三年の命をお与えくださるならば、死後にもしばらくは残るようなものを、だれか学識ある方の手助けを得て、書きたいと思っています。日周弧と夜周弧については、太陽の動きを平均し、その弧を計時器具で計測しながら何度も記録しました。一日だけではありません。五〇日もそうしたことは多くの方がご存じです。（…原文破損…）

アメリゴ＝ヴェスプッチ年譜

西暦	年齢	アメリゴ関連	その他の出来事
一四五一			コロン、ジェノヴァで誕生
一四五四	0	3・9、フィレンツェで誕生。一週間後、受洗。	
一四五五			グーテンベルク、四二行聖書
一四五七	4	カタスト（アメリゴ四歳）	
一四七三			ギルランダイオ、「慈悲の聖母」
一四七六	22	叔父ジョルジョ＝アントニオのもと、ラテン語を学習	
一四七八	24	叔父グイド＝アントニオのパリ使節に同行（〜八〇）	
一四八二	28	父、ナスタジオ死去	
一四八四	30	メディチ家（ロレンツィーノ）に仕える（〜九二）	
一四八八			B・ディアス喜望峰回航
一四八九	35	セビーリャの代理人カッポーニの不正経理疑惑 セビーリャ行きを依頼されるが中止	
一四九一	37	11以降、セビーリャへ	
一四九二	38	3、セビーリャに滞在。その後、ベラルディに仕える。	スペイン、レコンキスタ完了 スペイン、ユダヤ人追放令 コロン、大西洋を横断

一四九三	39	1、ニッコリーニとともにバルセロナ滞在	コロン、第一回航海から帰還
一四九四	40	コロンの第二回航海の準備に奔走	コロン、第二回航海に出発
一四九五	41	12、ベラルディの死去に伴い、同商会の整理を任される	国王、インディアス航海自由化 インディオ奴隷化禁止令 ベラルディ死去
一四九六	42	2、インディアスに向け四隻派遣するも、座礁	コロン、第二回航海から帰還
一四九七	43	5・10、第一回航海に出発？	J＝カボットの第一回航海（英） V＝ダ＝ガマ隊が出発
一四九八	44	10・15、第一回航海から帰着？	コロン、第三回航海に出発
一四九九	45	5・13、代理人にマリア＝セレソを指名 5・18、（16？）オヘーダ隊（アメリゴも参加）が出発 9・5、オヘーダがエスパニョーラ島に現れる？	6初、ゲラ&ニーニョ隊出発 冬、ピンソン隊、V＝デ＝メンドサ隊出発
一五〇〇	46	6・18頃、オヘーダ隊が帰国（『四度』では9・18） 7・18、セビーリャ書簡	4・22、カブラル隊がブラジル到達 5、フワン＝デ＝ラ＝コサの世界図 8、外国人排斥条令 バスティーダス隊ウラバーへ出発

一五〇一	47	5・13、リスボンから出航 6、ヴェルデ岬でカブラル隊と遭遇（ヴェルデ岬書簡）	
一五〇二	48	8中、ブラジル東部に到達 7・22、アメリゴら、帰着（『四度』では9・7） 秋？、リスボン書簡	5・29、コロン第四回航海に出発
一五〇三	49	5？、『新世界』の出版	セビーリャにインディアス通商院設置
一五〇四	50	5・10、四度目の航海に出発？ 6・18、アメリゴら帰着？ 9・4、『四度』の日付け（リスボンに滞在？） 末（翌年初？）、『四度』の出版	11・7、コロン第四回航海から帰還 11・26、イサベル女王死去
一五〇五	51	2・5、セビーリャでコロンと面談 3、トロで航海士会議：香料諸島への航海計画 4・24、カスティーリャに帰化	
一五〇六	52		5・20、コロン死去 9・25、新王フェリペ一世死去
一五〇七	53		4・25、『宇宙誌入門』出版 11、モンタルボッドの旅行記集出版
一五〇八	54	2、ブルゴスで航海士会議 3・22、アメリゴ、主席航海士に	

一五一〇	56	地図・海図の扱いに関して注意を受ける 裁判でコロン側証人として証言
一五一一	57	遺言状を作成（のちに破棄）
一五一二	58	2・22、セビーリャにて死去 5・22、フワンが勅任航海士に

参考文献

《アメリゴ＝ヴェスプッチの邦訳史料》

「アメリゴ・ヴェスプッチの書簡集」（長南実訳）、コロンブス、アメリゴ、ガマ、バルボア、マゼラン『航海の記録』大航海時代叢書Ⅰ期　第1巻 ―― 岩波書店、一九七二年所収、二五九〜三三八頁

「アメリゴ・ヴェスプッチの私信（その1）（その2）（その3）」（篠原愛人訳）―― 『摂大人文科学』第一五号、二〇〇七年、第一六号、二〇〇八年、第一七号、二〇〇九年

《その他の邦訳史料》

逸名作家「司祭ヨハネの手紙（1）」（池上俊一訳）『西洋中世奇譚集成　東方の驚異』―― 講談社学術文庫　二〇〇九年　所収、五九〜一一二頁

オドリコ『東洋旅行記』（家入敏光訳）―― 桃源社　一九六六年

オビエド『カリブ海植民者の眼差し』（染田秀藤・篠原愛人訳）アンソロジー・新世界の挑戦 ―― 岩波書店　一九九四年

カミーニャ「国王宛て書簡」（池上岑夫訳）大航海時代叢書第Ⅱ期『ヨーロッパと大西洋』―― 岩波書店　一九八四年

コロン、エルナンド『コロンブス提督伝』（吉井善作訳）―― 朝日新聞社　一九九二年

コロンブス『コロンブス航海誌』（林屋永吉訳）―― 岩波文庫　二〇〇〇年

同『完訳コロンブス航海誌』（青木康征訳）――平凡社　一九九三年
同「第一回航海の『航海日誌』」（青木康征訳）『完訳　コロンブス航海誌』――平凡社　一九九三年　所収、三三〜二八五頁
同「アラゴン王国　糧食書記ルイス・デ・サンタンヘル宛のコロンブスの書簡」――平凡社　一九九三年　所収、二八六〜三〇一頁
同「第三回航海について報告するため、コロンブスがカトリック両王に宛てた書簡」――平凡社　一九九三年　所収、三七六〜四〇七頁
同「息子ディエゴへの書簡」――平凡社　一九九三年　所収、六六六〜六七一頁
ダンテ『神曲』（寿岳文章訳）――集英社　一九七六年
テヴェ、アンドレ「南極フランス異聞」岩波書店　大航海時代叢書　第Ⅱ期　一九　『フランスとアメリカ大陸　一』所収　一五七〜五〇一頁
ネブリハ、エリオ・アントニオ・デ『カスティリャ語文法』（中岡省治訳）――大阪外国語大学　一九九六年
ハンスターデン（ハンス＝シュターデン）『蛮界抑留記　原始ブラジル漂流記録』（西原亨訳）――帝国書院　一九六一年
プトレマイオス『プトレマイオス世界図　大航海時代への序章』――岩波書店　一九七八年
同『プトレマイオス地理学』（中務哲郎訳）――東海大学出版会　一九八九年
ペトラルカ『カンツォニエーレ　俗事詩片』（池田廉訳）――名古屋大学出版会　二〇〇〇年
ポーロ、マルコ『全訳　マルコ・ポーロ　東方見聞録』（月村辰夫・久保田勝一訳）――岩波書店　二〇〇二年
マルティル、ペドロ『新世界とウマニスタ』（清水憲男訳）アンソロジー・新世界の挑戦

マンデヴィル、ジョン『東方旅行記』(大場正史訳)――――岩波書店　一九九三年
モア、トマス『改版　ユートピア』(澤田昭夫訳)――――東洋文庫　平凡社　一九六四年
ラス・カサス、バルトロメ・デ『インディアス史（一）～（五）』(長南実訳)――――中公文庫　一九九九年
岩波書店　大航海時代叢書　第Ⅱ期　第二一巻～第二五巻　一九八一～一九九二年
レリー、ジャン「ブラジル旅行記」大航海時代叢書　第Ⅱ期　二〇『フランスとアメリカ大陸　二』所収　五～三六五頁

《大航海時代に関する邦語参考文献》

青木康征『コロンブス　大航海時代の起業家』――――中公新書　一九八九年
生田滋『大航海時代とモルッカ諸島　ポルトガル、スペイン、テルナテ王国と丁字貿易』――――中公新書　一九九八年
エリオット、J・H『スペイン帝国の興亡　一四六九―一七一六』(藤田一成訳)――――岩波書店　一九八二年
応地利明『「世界地図」の誕生』――――日本経済新聞出版社　二〇〇七年
オゴルマン、エドムンド『アメリカは発明された』(青木芳夫訳)――――日本経済評論社　一九九九年
織田武雄『古地図の世界』――――講談社　一九八一年
同『古地図の博物誌』――――古今書院　一九九八年
コウト、ジョルジェ＆ゲデス、マックス・ジュスト『大航海時代におけるブラジルの「発見」』(東明彦訳)――――大阪外国語大学　二〇〇〇年
合田昌史『マゼラン　世界分割を体現した航海者』――――京都大学学術出版会　二〇〇六年

色摩力夫『アメリゴ・ヴェスプッチ　謎の航海者の軌跡』――中公新書　一九九三年

染田秀藤『ラス・カサス伝　新世界征服の審問者』――岩波書店　一九九〇年

同　『ラス＝カサス』　人と思想　一四三――清水書院　一九九七年

染田秀藤・篠原愛人監修『ラテンアメリカの歴史　史料から読み解く植民地時代』（大阪外国語大学ラテンアメリカ史研究会訳）――世界思想社　二〇〇五年

高橋均「世界地図が書きかえられれば歴史観も変わるのか――アメリカの「発明」が旧世界にもたらしたもの」『歴史を問う　3　歴史と空間』――岩波書店　所収、二〇〇二年

ツヴァイク、ステファン「アメリゴ　歴史的誤解の物語」（河原忠彦訳）――みすず書房『ツヴァイク全集　一六』一九六二年

トーマス、ヒュー『黄金の川　スペイン帝国の興隆』（林大訳）――大月書店　二〇〇六年

ドリュモー、ジャン『地上の楽園　楽園の歴史①』（西澤文昭、小野潮訳）――新評論　二〇〇〇年

フェルナンデス＝アルメスト、フェリペ『コロンブス　不可能を征服した男』（永井淳訳）――草思社　一九七七年

増田義郎『コロンブス』――岩波新書　一九七九年

同　『新世界とユートピア』――中公文庫　一九八九年

諸田實『フッガー家の時代』――有斐閣　一九九八年

山田憲太郎『香料の道　鼻と舌　西東』――中公新書　一九七七年

ラデロ・ケサーダ、ミゲル・アンヘル「コロンブス時代のアンダルシア」（大内一訳）立石博高・関哲行監修『大航海の時代　スペインと新大陸』――同文舘　二〇〇三年　所収

《欧文史料》

Anglería, Pedro Mártir de *Décadas del Nuevo Mundo,* Buenos Aires, 1944

"Carta del Rey don Manuel de Portugal" in *Obras de don Martín Fernández de Navarrete* II, Madrid, 1964

Colección Documental del Descubrimiento (*1470 – 1506*), 3 vols., Madrid, 1994

Iddio ci dia buon viaggio e guadagno, Firenze, Biblioteca Riccardiana, ms. 1910 (*Codice Vaglienti*) Edizione critica a cura di Luciano Formisano, Firenze, 2006

Luzzana Caraci, Ilaria *Amerigo Vespucci* (Nuova Raccolta Colombiana vol. 21,tomo 1&2), Roma, 1996

Obras de D. Martín Fernández de Navarrete, 3 vols., Biblioteca de Autores Españoles, LXXV~LXXVII, 1964

Pleitos de Colón (*Colección de Documentos Inéditos de Ultramar,* #7 y#8), Nendeln, 1967

Pesquisa contra Ojeda, en Luzzana Caraci, pp. 109 – 132

Simone dal Verde "Letter to Mateo Cini, 2 January 1499" in Symcox, Geoffrey ed., *Italian Reports on America, 1493 – 1522.* Accounts by Contemporary Observers, Turnhout, 2002

Symcox, Geoffrey ed., Italian Reports on America, 1493 – 1522. Accounts by Contemporary Observers, Turnhout, 2002

Trevisan, Angelo *Libretto de tutta la navigatione de Re de Spangna de le isole et terreni novamente trovati,* in Symcox, pp. 81–106, pp. 207 – 231, 2002

Vespucci, Amerigo *Cartas de viajes* (prologado y anotado por Luciano Formisano), Madrid, 1986

Id. *Letters from a New World, Amerigo Vespucci's Discovery of America* (edited by Luciano Formisano), New York, 1992

《欧文参考文献》

Abulafia, David *The Discovery of Mankind,* New Haven, 2008

Anderson, Gerald "Alonso de Ojeda : Su primer viaje de exploración" *Revista de Indias,* #79, 1960

Arciniegas, Germán *Amérigo y el Nuevo Mundo,* Madrid, 1990

Fernández-Armesto, Felipe *Amerigo The man who gave his name to America,* London, 2007

id. *1492 : The Year the World Began,* New York, 2009

Formisano, Luciano "Amerigo Vespucci : la vita e i viaggi" in *Amerigo Vespucci La vita e i viaggi,* Firenze, 1991

Gentile, Sebastiano "L'ambiente umanistico fiorentino e lo studio della geografia nel secolo XV", in *Amerigo Vespucci La vita e i viaggi,* Firenze, 1991

Id. *Firenze e la scoperta dell'America Umanesimo e geografia nel '400 Fiorentino,* Firenze, 1992

Hirsch, Rudolf "Printed Reports on the Early Discoveries and Their Reception", in Fredi Chiappelli ed. *First Images of America. The Impact of the New World on the Old,* Berkley, 1976

König, Hans-Joachim "Newly Discovered Islands, Regions, and Peoples", in Hans Wolff ed. *America Early Maps of the New World,* Munich, 1992

Layafe, Jacques *Albores de la imprenta El libro en España y Portugal y sus posesiones de ultramar* (*siglos XV y XVI*), México, 2002

Lester, Toby *The Fourth Part of the World,* New York, 2009

Levillier, Roberto *América, la bien llamada,* Buenos Aires, 1948

Lindgren, Uta "Trial and Error in the Mapping of America during the Early Modern Period" in Wolf (ed.), pp. 145 – 160

Luzzana Caraci, Ilaria 《*Per lasciare di mie qualche fama*》 *Vita e viaggi di Amerigo Vespucci,* Roma, 2007

Manzano y Manzano, Juan *Los Pinzones y el Descubrimiento de América,* Madrid, 3 vols., 1988

Martínez, José Luis *Pasajeros de Indias,* Madrid, 1983

Nebenzahl, Kenneth *Atlas of Columbus and the Great Discoveries,* Chicago, 1990

Pérez-Mallaína, Pablo E. *Spain's Men of the Sea,* Baltimore and London, 1998

Pohl, Frederick J. *Amerigo Vespucci. Pilot Major,* London, 1966

Pozzi, Mario *Il Mondo Nuovo de Amerigo Vespucci,* Milano, 1993

Pulido Rubio, José *El piloto mayor,* Madrid, 1950

Ramos Pérez, Demetrio *Audacia, negocios y política en los viajes españoles de descubrimiento y rescate,* Valladolid, 1981

Rojas Mix, Miguel *América imaginaria,* Barcelona, 1992

Sanz, Carlos *Biblioteca Americana Vetustíssima, Ultimas Adiciones,* 3 vols., Madrid, 1960

Tibón, Gutierre *Diccionario etimológico comparado de nombres propios de persona,* México, 1986

Varela, Consuelo *Colón y los florentinos,* Madrid, 1986

Id. *Amerigo Vespucci,* Madrid, 1988

Vignolo, Paolo *Cannibali, giganti e selvaggi Creature monstruose del Nuovo Mondo,* Milano, 2009

Wolff, Hans ed. *America. Early Maps of the New World,* Munich, 1992

Id. "Martin Waldseemüller. The Most Important Cosmographer in a Period of Dramatic Scientific Change", in Wolff, Hans ed. *America. Early Maps of the New World,* Munich, 1992

図版資料

応地利明『「世界地図」の誕生』――日本経済新聞出版社　二〇〇七年

コウト&ゲデス『大航海時代におけるブラジルの「発見」』――大阪外国語大学　二〇〇〇年

染田・篠原編『ラテンアメリカの歴史　史料から読み解く植民地時代』――世界思想社　二〇〇五年

『プトレマイオス世界図』――岩波書店

Ezquerra Abadía, Ramón “La etapa colombina”, *Historia General de España y América*, t.VII, Madrid, 1982

Fernández-Armesto, Felipe “Maps and Exploration in the Sixteenth and Seventeenth Centuries”, *History of Cartography*, vol. III, part I, Chicago, 2007

Lester, Toby *The Fourth Part of the World*, New York, 2009

Nebenzahl, Kenneth *Atlas of Columbus and the Great Discoveries*, Chicago, 1990

Rojas Mix, Miguel *América imaginaria*, Barcelona, 1992

Sauer, Carl Ortwin *The Early Spaish Main*, Los Angeles, 1966

Varela, Consuelo *Cristóbal Colón : Textos y documentos completos*, Madrid, 1982

Wolff, Hans *America. Early Maps of the New World*, Munich, 1992

さくいん

アメリゴ＝ヴェスプッチ■人と思想192　　定価はカバーに表示

2012年8月10日　第1刷発行©
2016年4月25日　新装版第1刷発行©

・著　者 ……………………………… 篠原《しのはら》　愛人《あいと》
・発行者 ……………………………… 渡部　哲治
・印刷所 ……………………………… 広研印刷株式会社
・発行所 ……………………………… 株式会社　清水書院

〒102-0072　東京都千代田区飯田橋3-11-6
Tel・03(5213)7151〜7
振替口座・00130-3-5283
http://www.shimizushoin.co.jp

検印省略
落丁本・乱丁本はおとりかえします。

CenturyBooks

Printed in Japan
ISBN978-4-389-42192-2